Grundsätze ordnungsmäßiger Bilanzierung von Kundenbeziehungen nach GoB im Vergleich zu IFRS

Jana Katharina Müller

Grundsätze ordnungsmäßiger Bilanzierung von Kundenbeziehungen nach GoB im Vergleich zu IFRS

Objektivierung des immateriellen Vermögensbegriffs

 Springer Gabler

Jana Katharina Müller
Lingen (Ems), Deutschland

ISBN 978-3-658-40543-4   ISBN 978-3-658-40544-1   (eBook)
https://doi.org/10.1007/978-3-658-40544-1

Die Deutsche Nationalbibliothek verzeichnet diese Publikation in der Deutschen Nationalbibliografie; detaillierte bibliografische Daten sind im Internet über http://dnb.d-nb.de abrufbar.

Planung/Lektorat: Marija Kojic
Springer Gabler ist ein Imprint der eingetragenen Gesellschaft Springer Fachmedien Wiesbaden GmbH und ist ein Teil von Springer Nature.
Die Anschrift der Gesellschaft ist: Abraham-Lincoln-Str. 46, 65189 Wiesbaden, Germany

Geleitwort

Obwohl die Bilanzierung immaterieller Vermögensgegenstände nach den Grundsätzen ordnungsmäßiger Buchführung (GoB) bzw. immaterieller Vermögenswerte nach International Financial Reporting Standards (IFRS) in den letzten Jahren wenig gesetzgeberische und regulatorische Veränderung erfahren hat, wurden Unternehmen durch das Aufkommen neuartiger Sachverhalte und Geschäftsvorfälle, wie Cloudprodukte und Kryptowährungen, vor bilanzielle Herausforderungen gestellt, die sich nicht ohne weiteres innerhalb der bestehenden Regelwerke lösen lassen. Eine weitere Herausforderung stellen nach wie vor die durch das Bilanzrechtsmodernisierungsgesetz (BilMoG) 2009 geschaffenen Regelungsunsicherheiten bei der Bilanzierung selbstgeschaffener immaterieller Vermögensgegenstände dar, die auch durch die Veröffentlichung des Deutschen Rechnungslegungs Standards DRS 24 in 2015 nicht ausgeräumt werden konnten.

Dieser Herausforderung nimmt sich die vorliegende Dissertation an: Es werden am Beispiel der immateriellen Vermögensgegenstände mit Fokus auf Kundenbeziehungen konkrete Vorschläge für eine von der Steuergerichtsbarkeit losgelöste handelsrechtliche Normkonkretisierung entwickelt, und zwar methodisch, indem eine mögliche Legitimation des DRSC diskutiert wird, und inhaltlich, indem eine moderne Konkretisierung des Greifbarkeitskriteriums unter besonderer Berücksichtigung des umstrittenen DRS 24 sowie durch Einbezug aktueller Themen und Sachverhalte und neuerer BFH-Urteile vorgenommen wird. Bezüglich der IFRS zeigt die Verfasserin pointiert das Spannungsverhältnis zwischen der vom Standardsetzer gewollten Abgrenzung immaterieller Vermögenswerte vom Goodwill bei Unternehmenszusammenschlüssen und der damit einhergehenden Entobjektivierung auf, das zu Recht kritisch gesehen und als wichtiger Unterschied zu den handelsrechtlichen GoB herausgearbeitet wird, wo insbesondere an die selbständige Bewertbarkeit aus Objektivierungsgründen deutlich höhere Anforderungen gestellt werden. Auch leistet die Verfasserin durch intensive Auseinandersetzung mit den potenziellen Folgen der in 2018 vollzogenen Änderungen auf IFRS-Rahmenkonzeptebene einen wertvollen Forschungsbeitrag, der als Leitlinie für die zukünftige Standardsetzung dienen kann.

Es ist die Verbindung aus wissenschaftlicher Exzellenz innerhalb der normativen Forschungsmethode sowie Relevanz für Normgebung und Bilanzierungspraxis, die diese Arbeit auszeichnet.

Prof. Dr. Sonja Wüstemann

Vorwort

Die vorliegende Arbeit entstand während meiner Tätigkeit als wissenschaftliche Mitarbeiterin am Lehrstuhl für allgemeine Betriebswirtschaftslehre, insbesondere Rechnungslegung und Controlling der Europa-Universität Viadrina Frankfurt (Oder) und wurde im Juli 2021 von der Wirtschaftswissenschaftlichen Fakultät in unwesentlich veränderter Form als Dissertation angenommen.

Die Erstellung dieser Arbeit und die während dieser Zeit ausgeübte Lehrstuhltätigkeit war eine höchst bereichernde Erfahrung, wozu zahlreiche Personen auf unterschiedliche Art und Weise beigetragen haben. Für die vielfältige Unterstützung möchte ich ihnen an dieser Stelle gerne Danke sagen.

Mein besonderer und herzlichster Dank gilt meiner Doktormutter, Frau Professor Dr. Sonja Wüstemann, dafür, dass sie mich ermutigt hat, diese Arbeit zu schreiben, und deren Entstehungsprozess mit Interesse sowie konstruktiver Kritik begleitet hat. Für die mir gegebenen Freiheiten sowie das entgegengebrachte Vertrauen bin ich überaus dankbar. Frau Professor Dr. Susanne Tiedchen danke ich vielmals für die freundliche Übernahme des Zweitgutachtens.

Für den fachlichen Austausch, die gegenseitige Unterstützung und die gute Stimmung am Lehrstuhl danke ich meinen Kolleginnen und Kollegen. Hervorheben möchte ich Dr. Annemarie Conrath-Hargreaves und Dr. Annekatrin Jendreck, denen ich für die vielen wertvollen Diskussionen und Anregungen danke, ganz besonders aber für die freundschaftliche Zusammenarbeit und Verbundenheit. Sie haben meine Zeit am Lehrstuhl maßgeblich mitgeprägt. Elvira Fleischer, Aileen Schubert und Tim Schwertner danke ich ganz herzlich für ihre Unterstützung, besonders in der Endphase meiner Promotion.

Nicht genug danken kann ich meinem Mann. Auf seine Unterstützung und seinen Rückhalt konnte ich während des Studiums und der Promotion jederzeit und ohne Einschränkung zählen. Meinen Eltern danke ich von Herzen für ihr stetes Vertrauen und ihre bedingungslose Unterstützung auf meinem bisherigen Lebensweg.

Jana Katharina Müller

Inhaltsverzeichnis

Abkürzungsverzeichnis

a. A.	anderer Ansicht
AEUV	Vertrag über die Arbeitsweise der Europäischen Union
a. F.	alte Fassung
Art.	Artikel
BaFin	Bundesanstalt für Finanzdienstleistungsaufsicht
BB	BetriebsBerater (Zeitschrift)
BC	Basis für Conclusions
BeckRS	Beck-Rechtsprechung
BFH	Bundesfinanzhof
BFH/NV	Sammlung amtlich nicht veröffentlichter Entscheidungen des Bundesfinanzhofs
BGH	Bundesgerichtshof
BFuP	Betriebswirtschaftliche Forschung und Praxis (Zeitschrift)
BilMoG	Bilanzrechtsmodernisierungsgesetz
BilRuG	Bilanzrichtlinie-Umsetzungsgesetz
BMF	Bundesministerium der Finanzen
BMJV	Bundesministerium der Justiz und für Verbraucherschutz
BR-DrS	Drucksache des Deutschen Bundesrats
BSG	Bundessozialgericht
BStBl.	Bundessteuerblatt
BT-DrS	Drucksache des Deutschen Bundestags
Buchst.	Buchstabe
CCCTB	Common Consolidated Corporate Tax Base
CF	Conceptual Framework
DB	Der Betrieb (Zeitschrift)
DFB	Deutscher Fußball-Bund e.V.

DK	Der Konzern (Zeitschrift)
DP	Discussion Paper
DPR	Deutsche Prüfstelle für Rechnungslegung
DRS	Deutscher Rechnungslegungs Standard
DRSC	Deutsches Rechnungslegungs Standard Committee
DSGVO	Datenschutz-Grundverordnung
DSR	Deutscher Standardisierungsrat
DStR	Deutsches Steuerrecht (Zeitschrift)
DStRE	Deutsches Steuerrecht – Entscheidungsdienst
DStZ	Deutsche Steuer-Zeitung
ED	Exposure Draft
EFG	Entscheidungen der Finanzgerichte
EFRAG	European Financial Reporting Advisory Group
ESMA	European Securities and Markets Authority
EStG	Einkommensteuergesetz
EuGH	Europäischer Gerichtshof
f.	folgende
FASB	Financial Accounting Standards Board
FG	Finanzgericht
FISG	Gesetz zur Stärkung der Finanzmarktintegrität
GastG	Gaststättengesetz
GG	Grundgesetz für die Bundesrepublik Deutschland
GoB	Grundsätze ordnungsgemäßer Buchführung
GrS	Großer Senat
HGB	Handelsgesetzbuch
IAS	International Accounting Standards
IASB	International Accounting Standards Board
IASC	International Accounting Standards Committee
IDW	Institut der Wirtschaftsprüfer
IDW PS	IDW-Prüfungsstandard
IFRIC	International Financial Reporting Interpretations Committee
IFRS	International Financial Reporting Standards
IRZ	Zeitschrift für Internationale Rechnungslegung
i. V. m.	in Verbindung mit
JbFfStR	Jahrbuch der Fachanwälte für Steuerrecht
KoR	Kapitalmarktorientierte Rechnungslegung (Zeitschrift)
krit.	kritisch
NJW	Neue Juristische Wochenschrift (Zeitschrift)
NZG	Neue Zeitschrift für Gesellschaftsrecht (Zeitschrift)

m. w. N.	mit weiteren Nachweisen
OLG	Oberlandesgericht
PiR	Praxis der internationalen Rechnungslegung (Zeitschrift)
PublG	Publizitätsgesetz
RefE	Referentenentwurf
RFH	Reichsfinanzhof
RFHE	Sammlung der Entscheidungen und Gutachten des Reichsfinanzhofs
Rn.	Randnummer
RsprEinhG	Gesetz zu Wahrung der Einheitlichkeit der Rechtsprechung der obersten Gerichtshöfe des Bundes
SGB V	Sozialgesetzbuch, 5. Buch, Gesetzliche Krankenversicherung
SIC	Standing Interpretations Committee
Slg.	Sammlung der Rechtsprechung des Europäischen Gerichtshofs und des Gerichts Erster Instanz
SME	small and medium sized enterprises
Sp.	Spalte
StuB	Steuern und Bilanzen, Zeitschrift für das Steuerrecht und die Rechnungslegung der Unternehmen
StuW	Steuer und Wirtschaft (Zeitschrift)
WPg	Die Wirtschaftsprüfung (Zeitschrift)
WpHG	Wertpapierhandelsgesetz
ZfB	Zeitschrift für Betriebswirtschaft
ZfbF	Schmalenbachs Zeitschrift für betriebswirtschaftliche Forschung
ZGR	Zeitschrift für Unternehmens- und Gesellschaftsrecht
ZIP	Zeitschrift für Wirtschaftsrecht

Problemstellung 1

Bilanzierungssysteme haben die Aufgabe, die unternehmerische Realität in modellhafter Weise abzubilden und so der jeweiligen Zwecksetzung gerecht zu werden.[1] Immaterielle Werte stellen einen wichtigen Teil der gegenwärtigen unternehmerischen Realität dar und gewinnen, u. a. durch die zunehmende Digitalisierung, stetig an Bedeutung.[2] Insbesondere die Beziehungen zwischen Unternehmen und Kunden spielen eine besondere Rolle für den Wertschöpfungsprozess, denn jedes profitorientierte Unternehmen existiert durch die Nachfrage seiner Kunden. Wegen ihrer schweren Erfassbarkeit und der ihnen inhärenten Unsicherheit stellen immaterielle Werte Werttreiber und Unsicherheitsfaktor zugleich dar.[3] Die Abbildung dieser Charakteristiken und damit eine die Wertrelevanz[4] entsprechende bilanzielle Abbildung immaterieller Werte außerhalb des Geschäfts- und Firmenwerts im Allgemeinen und verschieden gearteter Kundenbeziehungen im Speziellen findet gegenwärtig jedoch in wohl keinem Bilanzierungssystem angemessen statt,[5] sodass die „financial statements" ihrer Aufgabe als „important reality check"[6] keineswegs gerecht werden.

---

[1] Vgl. Storey/Storey (1998), S. 71.

[2] Bspw. Canibano u. a. (2000), S. 102; Esser/Hackenberger (2004), S. 402; Lev/Gu (2016), S. 82 f.; Anderson (2017); Barker/Teixeira (2018), S. 154.

[3] Penman (2009), S. 2; vgl. auch Müller (2006), S. 6.

[4] Der Unterschied zwischen Buch- und Marktwert wird als Wert der immateriellen Bestandteile interpretiert. Vgl. dazu bspw. Lev u. a. (2005), S. 1018; Basu/Waymire (2008), S. 182; Lev/Gu (2016), S. 84–86.

[5] Bspw. erklärt SAP SE die enorme Diskrepanz zwischen Buch- und Marktwert „due to certain internally generated intangible resources that the applicable accounting standards do not allow to be recorded [...] [like] customer capital" (2020), S. 95).

[6] Hoogervorst (2017); vgl. zur Bedeutung geprüfter Finanzberichte sowie anderer Informationsquellen Anderson (2017).

© Der/die Autor(en) 2023

J. K. Müller, *Grundsätze ordnungsmäßiger Bilanzierung von Kundenbeziehungen nach GoB im Vergleich zu IFRS*, https://doi.org/10.1007/978-3-658-40544-1_1

Kundenbeziehungen können verschieden ausgestaltet sein und bedürfen aufgrund dessen einer differenzierten Betrachtung. Darunter fallen bloße Kundenkontakte, die als rein zwischenmenschliche Beziehungen in Form der Loyalität eines Kunden zum Unternehmen ausgedrückt werden können und eine hohe Flüchtigkeit und Unsicherheit aufweisen, aber auch mehr oder weniger aufbereitete Kundendaten, die in Form einer Kundenliste oder eines Kundenstamms eine vergegenständlichte Ansammlung von Informationen darstellen. Darüber hinaus können Kundenbeziehungen als (vorhandene oder potenzielle) Kundenverträge, also als rechtlich durchsetzbare Ansprüche, vorliegen. Diese vielfältige Ausgestaltung erschwert die Beurteilung, wo die Linie zwischen aktivierungsfähiger und aufwandswirksamer Behandlung anfallender Kosten gezogen werden muss.

In der Vergangenheit hat es in der Bilanzierung nach den Grundsätzen ordnungsgemäßer Bilanzierung (GoB) und den International Financial Reporting Standards (IFRS) Auseinandersetzungen und partielle Änderungen zur Bilanzierung immaterieller Werte gegeben, die implizit und explizit auch verschieden geartete Kundenbeziehungen betraf. Für die handelsrechtliche Bilanzierung wurden die Grundsätze zur Bilanzierung immaterieller Vermögensgegenstände durch die Rechtsprechung weiter konkretisiert.[7] Zudem können seit den Gesetzesänderungen im Zuge des Bilanzrechtsmodernisierungsgesetzes (BilMoG) auch selbst erstellte immaterielle Vermögensgegenstände des Anlagevermögens in der Handelsbilanz angesetzt werden, sofern sie nicht – wie bspw. Kundenlisten – einem expliziten Ansatzverbot unterliegen (§ 248 Abs. 2 HGB).[8] Die Bilanzierung immaterieller Vermögenswerte nach IFRS, die grundsätzlich durch IAS 38 *Immaterielle Vermögenswerte* bestimmt ist, wurde durch die Einführung von IFRS 3 *Unternehmenszusammenschlüsse*[9] sowie durch die Überarbeitung des Rahmenkonzepts und die im aktuellen Rahmenkonzept von 2018 neue Definition eines Vermögenswerts[10] maßgeblich bestimmt. Dabei wird vom International Accounting Standards Board (IASB) zunehmend eine Orientierung am statischen

---

[7] Vgl. bspw. BFH (1970), Gr. S. 1/69, S. 383; BFH (1989), X R 176–177/87, S. 16 f.; BFH (2014), X R 20/12, S. 326–328.

[8] Vgl. Laubach u. a. (2009), S. 19 f.; Wehrheim/Fross (2010), S. 73–79; Wüstemann/Wüstemann (2010a), S. 764–766.

[9] Vgl. Carvalho u. a. (2016), S. 5 f.

[10] Vgl. Brouwer u. a. (2015), S. 550 f.; Dehmel (2015), S. 1170–1774; Barker/Penman (2020), S. 329 f.; Pelger (2020), S. 10–12.

Asset-Liability-Ansatz angestrebt, in dem die Vermögensermittlung als entscheidende Aufgabe der Rechnungslegung angesehen wird.[11] Anders als im an der Gewinn- und Verlust-Rechnung orientierten Revenue-Expense-Ansatz[12] ergeben sich Aufwendungen und Erträge als Veränderungen der Vermögenswerte und Schulden; die „examination of assets and liabilities" nimmt deshalb eine zentrale Rolle ein.[13] Aktuelle Projekte, bspw. die Veröffentlichung des Discussion Paper *Business Combinations – Disclosures, Goodwill, and Impairment*[14] durch das IASB oder auch das von der European Financial Reporting Advisory Group (EFRAG) initiierte *Research Project on Better Information on Intangibles*[15], zeigen die Wichtigkeit des Themas im Rahmen der internationalen Rechnungslegung.

Durch diese Überarbeitungen und Weiterentwicklungen wird aber nicht nur der Stellenwert (selbst erstellter) immaterieller Werte deutlich, gleichzeitig gehen damit in beiden Rechnungslegungssystemen offene Bilanzierungsfragen einher. Für die GoB-Bilanzierung stellt die Maßgeblichkeit „die große Klammer [dar], die das Handelsrecht und das Steuerrecht verbindet"[16]; das seit dem BilMoG bestehende Wahlrecht der handelsrechtlichen Aktivierung selbststerstellter immaterieller Vermögensgegenstände des Anlagevermögens führt bei Ausübung zu einer Abweichung von der steuerrechtlich sofort aufwandswirksamen Bilanzierung[17]. Eine aufgrund dieses Auseinanderfallens nunmehr fehlende Konkretisierung durch die steuergerichtliche Rechtsprechung, insbesondere durch den Bundesfinanzhof (BFH), führt zu einer unzureichenden Behandlung hierdurch auftretender, unklarer Bilanzierungssachverhalte, sodass die „große Klammer" in Zukunft möglicherweise zu lösen oder zumindest insoweit zu lockern ist, dass die Ableitung einer zweckkonformen Lösung für den Bilanzierenden handhabbar ist.[18] Ob und inwieweit diese Aufgabe einem privaten Standardsetzer, bspw. dem Deutschen Rechnungslegungs Standards Committee (DRSC), übertragen werden kann und welchen Stellenwert die von einer solchen Institution entwickelten Standards im Rahmen der Bilanzierung nach GoB einnehmen können, ist fraglich.

---

[11] Vgl. Storey/Storey (1998), S. 72–80; Bullen/Crook (2005), S. 3 und S. 7; Gore/Samuelson (2008), S. 108–110; Miller/Bahnson (2010), S. 426–433; Wüstemann/Wüstemann (2012b), S. 14–23.

[12] Vgl. Paton/Littleton (1940), S. 66 f.; Dichev (2017), S. 6–8.

[13] Vgl. Sprouse/Moonitz (1962), S. 46–53 (auch Zitat, S. 53).

[14] Vgl. IASB (2020), DP/2020/1.

[15] Für einen in diesem Zusammenhang entstandenen Literaturüberblick vgl. EFRAG (2020).

[16] Döllerer (1971b), S. 1334; vgl. auch Moxter (1999).

[17] Vgl. Küting u. a. (2008), S. 696; Theile (2008), S. 1065; Wehrheim/Fross (2010), S. 79.

[18] Vgl. Weber-Grellet (2021), S. 1454 m. w. N.

Auch innerhalb der IFRS-Rechnungslegung bestehen im Hinblick auf die Bilanzierung (selbst erstellter) immaterieller Werte zahlreiche Unklarheiten und Abweichungen, sowohl innerhalb der Einzelstandards als auch im Hinblick auf das Rahmenkonzept. Bspw. können Kosten für selbst erstellte Entwicklungsprojekte gemäß IAS 38 nur dann aktiviert werden, wenn die im Standard vorgeschriebenen Ansatzkriterien – namentlich die Wahrscheinlichkeit des Nutzenzuflusses sowie die verlässliche Bewertbarkeit – erfüllt sind (IAS 38.21). Werden Forschungs- und Entwicklungstätigkeiten aber durch einen Unternehmenszusammenschluss erworben, gelten sie typisiert als erfüllt (IAS 38.25; IAS 38.33). Die in Abhängigkeit der jeweiligen ökonomischen Situation unterschiedliche Würdigung der mit dem potenziellen Vermögenswert verbundenen Unsicherheiten und infolgedessen unterschiedliche bilanzielle Behandlung ist nicht für alle denkbaren Fälle nachvollziehbar.[19]

Aufgrund einer bislang fehlenden Klarheit der Bilanzierung immaterieller Vermögensgegenstände und -werte werden sie nicht zu Unrecht seit jeher als die „Sorgenkinder des Bilanzrechts"[20] bezeichnet. Die zunehmende Bedeutung immaterieller Werte in der unternehmerischen Realität führt zu vermehrt strittigen Bilanzierungssachverhalten. Es ist grundsätzlich fraglich, wie der Begriff des immateriellen Vermögens nach GoB und vergleichend dazu nach IFRS im Allgemeinen, aber insbesondere im Hinblick auf Kundenbeziehungen, zweckadäquat zu konkretisieren ist. Der Zugang immaterieller Werte ist in drei getrennt voneinander zu beurteilenden Konstellationen möglich: Als einzelner Erwerb[21], als Erwerb im Rahmen eines Unternehmenszusammenschlusses oder durch Selbsterstellung. Die diesen Konstellationen zugrunde liegenden ökonomischen Situationen haben einen wesentlichen Einfluss auf die Abgrenzbarkeit und werfen unterschiedliche Probleme auf, sodass eine differenzierte Betrachtung der Einzelfälle notwendig ist. Eine Einordnung und Bewertung der jeweils einschlägigen Rechtsgrundlagen macht es in diesem Zusammenhang erforderlich, die grundlegenden Rechnungslegungskonzeptionen ebenso wie die bisherige

---

[19] Vgl. Hommel u. a. (2004), S. 1270 f.; Rogler u. a. (2014), S. 580 f.

[20] Moxter (1979), S. 1102.

[21] Gemäß der seit 2018 anzuwendenden EU-Datenschutz-Grundverordnung (DSGVO) sind an die Weitergabe personengebundener Daten besondere Anforderungen geknüpft. Danach können kundenbezogene Daten grundsätzlich nur weitergegeben werden, wenn die Weitergabe zur Vertragserfüllung bzw. -anbahnung notwendig ist, ein berechtigtes wirtschaftliches Interesse besteht oder der Kunde eingewilligt hat. Regelhaft sind bereits in den durch die Kunden bspw. im Zuge einer Registrierung zu akzeptierenden Datenschutzbestimmungen entsprechende Regelungen zur Weitergabe der Daten verankert.

Entwicklung des immateriellen Vermögensbegriffs im notwendigen Detail zu thematisieren.

Unsicherheiten, die aus der Immaterialität im Allgemeinen und bei Kunden-beziehungen insbesondere aus der ihnen anhaftenden subjektiven Komponente resultieren, gilt es, anhand eines vor dem Hintergrund der jeweiligen Zwecke geeigneten Maßstabs zu beurteilen und durch geeignete Kriterien angemessen zu berücksichtigen. Die Rechnungslegung, unabhängig davon, ob sie sich auf die Höhe der Ausschüttung an die Gesellschafter oder auf die Informationsver-mittlung an Abschlussadressaten auswirkt,[22] und unabhängig des ihr zugrunde liegenden bilanztheoretischen Ansatzes, verlangt eine Objektivierung[23] von Inhal-ten im Sinne der „Eliminierung subjektiver Elemente"[24]. Diese Notwendigkeit ergibt sich insbesondere aus dem Rechtsnormcharakter der GoB und den in europäisches Recht übernommenen IFRS, sowohl durch den damit verbundenen Anspruch an Rechtssicherheit[25] als auch durch die grundsätzliche Forderung nach einer Manipulationsfreiheit[26] der Rechnungslegung.

Um Sachverhalte angemessen abzubilden, ist die Ausübung von Ermessen des Bilanzierenden in jedem Rechnungslegungssystem von essenzieller Bedeu-tung.[27] Ermessensentscheidungen werden sowohl bei der Ermittlung als auch bei der Anwendung und Auslegung von Rechnungslegungsvorschriften gefor-dert. Zwar variiert das Objektivierungserfordernis im Sinne der Rechtssicherheit in Abhängigkeit des der jeweiligen Rechnungslegung zugrunde liegenden Sys-tems,[28] objektivierte Normen sind als Grundlage für die Ermessensausübung aber unerlässlich.[29] Dabei ist keineswegs eine materielle Interpretation der Rechts-sicherheit im Sinne der Vergegenständlichung zielführend, sodass bspw. nur

---

[22] Zu den unterschiedlichen Zweckverständnissen nach GoB und IFRS vgl. Moxter/Engel-Ciric (2019), S. 47–49.

[23] Vgl. Wagner (1965), S. 603–605 für eine Begriffsanalyse; Wojdak (1970), S. 88 f. mit einer Unterscheidung verschiedener Objektivierungslevel; Moxter (2007), S. 4 zu den Objek-tivierungsauswirkungen; Küting (2011a), S. 1404 f. mit einer vergleichenden Darstellung der Objektivierungsnormen nach GoB und IFRS; Moxter/Engel-Ciric (2019), S. 43 zu einem Überblick über die Objektivierungsnormen nach GoB.

[24] Baetge (1970), S. 16; vgl. auch Paton/Littleton (1940), S. 18.

[25] Vgl. Beisse (1994), S. 16.

[26] Vgl. Wagner (1965), der von „relative absence of perceptual defects in the exercise of professional judgement" spricht (S. 600); Hax (1989), der die Manipulationsfreiheit als ein Prinzip der Periodenzurechnung diskutiert (S. 163).

[27] Vgl. Wüstemann/Wüstemann (2013), S. 5 m. w. N.

[28] Vgl. Ijiri/Jaedicke (1966), S. 477.

[29] Vgl. Wüstemann/Wüstemann (2010b), S. 3.

Sachen und rechtliche Ansprüche im Sinne des bürgerlichen Rechts aktivierbar wären; sie würde die tatsächlichen wirtschaftlichen Gegebenheiten unsachgemäß einschränken und weder unter Ausschüttungsbemessungs- noch Informationsgesichtspunkten angemessen sein.[30] Vielmehr ist dem Rechtssicherheitserfordernis durch den Grad der Normbestimmtheit, d. h. die Beschränkung des subjektiven Ermessens des Bilanzierenden durch die zugrunde liegende Norm, Rechnung zu tragen.[31] Die Ermittlung, Anwendung und Auslegung von Rechnungslegungsvorschriften aus einem prinzipienbasierten Regelungsansatz, auf dem die GoB gründen, erfolgt durch eine Ableitung übergeordneter Grundsätze.[32] So kann – auch für bislang unbekannte oder unklare Sachverhalte – eine zweckadäquate Bilanzierungslösung hervorgebracht werden.[33] Die Ableitung einer angemessenen Bilanzierungslösung erfordert angesichts des allgemeinen und abstrakten Auslegungsrahmens die Ausübung des Ermessens des Bilanzierenden;[34] an die übergeordneten Prinzipien werden folglich besonderes hohe Anforderungen an das Maß der Objektivierung gestellt.[35]

Die umfassende Regelungsdichte eines regelbasierten Ansatzes, der prinzipiell den IFRS zu Grunde liegt, schränkt den Bilanzierenden in seinen Ermessensentscheidungen grundsätzlich ein.[36] An die Normbestimmtheit wird aber gerade in einer auf Regeln basierten Rechnungslegung eine besondere Anforderung gestellt, denn einerseits sind unbestimmte Rechtsbegriffe durch den Bilanzierenden auszulegen, ebenso sind Schätzungen und Wertungen vorzunehmen (IAS 1.222 f.; IAS 8.10), andererseits können Regelungslücken entstehen, die gemäß IAS 1 *Darstellung des Abschlusses* und IAS 8 *Rechnungslegungsmethoden, Änderungen von rechnungslegungsbezogenen Schätzungen und Fehler* im Ermessen des Bilanzierenden zu schließen sind.[37] Das Rechtssicherheitserfordernis verlangt jedoch auch

---

[30] Vgl. Moxter (2003), S. 16; Berndt (2005), S. 211.

[31] Vgl. Berndt (2005), S. 212.

[32] Vgl. Moxter (1994), S. 710; zur Auslegung anhand des juristischen Methodenkanons vgl. Larenz/Canaris (1995), S. 141–186.

[33] Vgl. Beisse (1990b), S. 500; Ballwieser (1997), S. 382.

[34] Vgl. Moxter (1994), S. 710; Tweedie (2007), S. 7.

[35] Vgl. Backes (2019), S. 20.

[36] Vgl. Wüstemann/Wüstemann (2010b), S. 3 f.; für einen grundlegenden Vergleich zwischen regel- und prinzipienbasierten Ansätzen vgl. Dworkin (1967), S.; ferner Raz (1972), S. 834–839; für einen Vergleich zwischen regel- und prinzipienbasierten Rechnungslegungsstandards vgl. Schipper (2003), S. 63–71; Benston u. a. (2006), S. 168–171.

[37] Ebenso besteht die Gefahr der Scheinobjektivierung, bspw. durch Sachverhaltsgestaltungen. Ausführlich dazu Backes (2019), S. 16 f.

für die Ermessensausübung des Managements eine Objektivierungsnotwendigkeit im Sinne einer objektiven Auslegung.[38]

Mit der Forderung nach Rechtssicherheit eng verknüpft – aber keineswegs durch sie determiniert – ist die Forderung nach einer manipulationsfreien Rechnungslegung. Dabei ist der Ausschluss „aller subjektiven Willkür"[39] des Bilanzierenden weder handhabbar noch zielführend.[40] Vielmehr ist es angemessen, der Gefahr einer einseitigen oder sogar manipulativen Ermessensausübung[41] durch eine insoweit gestaltete Objektivierung dadurch zu begegnen, dass eine intersubjektive Nachprüfbarkeit der Rechnungslegungsinhalte ermöglicht und somit die Forderung nach Manipulationsfreiheit erfüllt werden kann.[42] Der erforderliche Grad der Nachprüfbarkeit ist dabei in Abhängigkeit des Bilanzzwecks festzulegen; die Rechenschafts- und Ausschüttungsbemessungsfunktion sorgen für eine höhere Gewichtung der geforderten Nachprüfbarkeit[43] als die Informationsvermittlungsfunktion.

In dieser Arbeit wird weder eine absolute noch eine einheitliche Objektivierung[44] intendiert, sondern vielmehr ein am jeweiligen Bilanzzweck orientiertes, interdependentes Objektivierungserfordernis; der Grad der Objektivierung wird maßgeblich durch die zugrunde liegende Ordnung bestimmt. Dies spiegelt sich in den Bilanzierungskriterien und deren Interpretationen wider, sodass es nicht verwundern darf, dass die Konkretisierung des immateriellen Vermögensbegriffs nach GoB und IFRS auch bei teilweise gleichlautenden Kriterien – in Abhängigkeit des notwendigen Objektivierungsgrads – inhaltlich divergieren kann. Darüber hinaus ist eine differenzierte Konkretisierung unterschiedlicher Kundenbeziehungen in Abhängigkeit des ihnen inhärenten Objektivierungsgrads bzw. der aus ihnen resultierenden Objektivierungsnotwendigkeit erforderlich. Die Objektivierung bietet sich daher sowohl als Beurteilungsmaßstab der bereits bestehenden Aktivierungskriterien als auch zur Entwicklung neuer Kriterien an.

Obwohl aufgrund der bisher in beiden Rechnungslegungssystemen nur unzureichenden Konkretisierung immaterieller Werte grundsätzlich eine alternative

---

[38] Vgl. OLG Frankfurt a. M. (2016), WpÜG 2/15, Rn. 51–53; OLG Frankfurt a. M. (2019), WpÜG 3/16, WpÜG 4/16, Rn. 88–94.

[39] Beisse (1993), S. 83.

[40] Vgl. Berndt (2005), S. 209.

[41] Vgl. Baetge/Ballwieser (1978), S. 514–516; Beechy (2005), S. 199.

[42] Vgl. zur Abgrenzung des Earnings Managements Healy/Wahlen (1999), S. 368 f.; Ewert/Wagenhofer (2012), S. 1–3.

[43] Vgl. Berndt (2005), S. 210 f.; Lorson u. a. (2008), S. 561.

[44] Vgl. Paton/Littleton (1940), S. 18 f.

Beurteilung der bilanziellen Behandlung denkbar ist, werden in der Literatur bisher nur vereinzelt Alternativen diskutiert.[45] Ob ein alternatives, von
den bisherigen Begriffsdefinitionen gelöstes Verständnis, bspw. auf Basis der
Property-Rights-Theorie,[46] einen tragfähigen Anhaltspunkt für die Entwicklung
des Vermögensbegriffs – sowohl nach GoB als auch nach IFRS – bietet, soll in
dieser Arbeit diskutiert werden.

Um den Begriff des immateriellen Vermögens nach GoB und vergleichend
dazu nach IFRS zu entwickeln, wird in einem ersten Schritt der Auslegungsrahmen beider Rechnungslegungsordnungen dargestellt. Dafür wird sowohl der
Status quo der Normermittlung nach GoB und IFRS dargestellt als auch – in
Anbetracht einer unzureichenden handelsrechtlichen Konkretisierungsmöglich-
keit – eine potenzielle alternative Auslegung konzipiert. Da der Begriff des
immateriellen Vermögens und der ihm inhärente Objektivierungsgrad maßgeblich
durch die der jeweiligen Rechnungslegung zugrunde liegende bilanztheoretische
Konzeption bestimmt wird, werden die Zwecksetzungen und die sich daraus
ergebenden Rechnungslegungsinhalte dargestellt. Vor diesem bilanztheoretischen
Hintergrund erfolgt im Hauptteil der Arbeit eine synoptische Darstellung der GoB
für den handelsrechtlichen immateriellen Vermögensgegenstandsbegriff und vergleichend dazu für den immateriellen Vermögenswertbegriff nach IFRS. Dabei
werden die Kriterien im Allgemeinen, aber insbesondere für den Fall der schwer
zu konkretisierenden Kundenbeziehungen in ihren unterschiedlichen Ausprägungen vergleichend erarbeitet und ausgehend von der jeweiligen Zwecksetzung
und der damit verbundenen Objektivierungsnotwendigkeit kritisch gewürdigt. Als
zentrales Kriterium steht dabei die Greifbarkeit eines vermögenswerten Vorteils,
sowohl dem Grunde als auch der Höhe nach, im Zentrum der Analyse. Für die
Abgrenzbarkeit des vermögenswerten Vorteils dem Grunde nach werden neben
dem Stellenwert der Kontrolle unterschiedliche Übertragbarkeitskonzeptionen im
Hinblick auf ihre Zweckkonformität kritisch gewürdigt. Ferner wird die Bedeutung der selbständigen Bewertbarkeit und ihrer objektivierenden Kriterien sowohl
für selbst erstellte als auch durch einen Unternehmenserwerb zugegangene Kundenbeziehungen erläutert. Bei der Darstellung der IFRS-Bilanzierung wird stets
die teilweise abweichende Definition eines Vermögenswerts im Rahmenkonzept
aufgezeigt und einer kritischen Würdigung unterzogen. Motiviert durch die in

---

[45] Bspw. Barker u. a. (2020) diskutieren verschiedene Ansatzpunkte einer veränderten Ver-
mögenswertbilanzierung.
[46] Zu den Ursprüngen der Theorie vgl. Coase (1960); für eine Übertragung auf die Rechnungslegung vgl. Samuelson (1996), S. 150–154.

Teilen unzureichende Konkretisierung anhand bestehender Grundsätze – und deswegen losgelöst von den bereits diskutierten Kriterien – wird in einem nächsten Teil eine alternative Konkretisierung des Vermögensbegriffs auf Grundlage der Property-Rights-Theorie erarbeitet. Dafür wird die theoretische Grundlage der Anknüpfung an die mit einem Gut verbundenen Rechte erläutert und diese auf ihre Vereinbarkeit mit den der GoB- und IFRS-Bilanzierung zugrunde liegenden Bilanzverständnissen hin überprüft und schließlich die Aktivierungsfähigkeit einzelner Kosten anhand der Property-Rights-Theorie analysiert. Die Arbeit schließt mit einer thesenförmigen Zusammenfassung.

Rechnungslegungsordnung 2

2.1 Bedeutung der Normermittlung für die Schärfung des Vermögensbegriffs

2.1.1 Ermittlung handelsrechtlicher GoB

2.1.1.1 Rechtsnormcharakter

Alle Kaufleute sind gemäß § 243 Abs. 1 HGB zur Aufstellung ihres Jahresabschluss „nach den Grundsätzen ordnungsmäßiger Buchführung" verpflichtet; aufgrund der Verortung dieser Norm im ersten Abschnitt des HGB stellen die GoB eine Generalnorm dar, die für alle Kaufleute, d. h. neben Personengesellschaften insbesondere auch für Kapitalgesellschaften, den Kern der Bilanzierung bilden.[1] „[U]m einen vielgestaltigen Sachverhalt des Rechtslebens zu regeln und um den Regelungsinhalt des Gesetzes für den Wandel der Verhältnisse und Anschauungen offenzuhalten"[2], sind die GoB einerseits als unbestimmter Rechtsbegriff konzipiert,[3] andererseits den Einzelgrundsätzen vorangestellt[4]. Seit den 1960er Jahren wurde das bis dahin aus dem Aktienrecht bekannte Normverständnis rechtsformunabhängig[5] angewendet und auf das Verständnis handelsrechtlicher GoB übertragen;[6] diese werden seitdem – spätestens aber

---

[1] Vgl. Beisse (1990b), S. 499; Fresl (2000), S. 13.

[2] Lang (1986), S. 233.

[3] Vgl. BFH (1966), IV 472/60, S. 372; BFH (1967), I 208/63, S. 609. Zu einer ausführlichen Darstellung mit weiteren Literaturhinweisen vgl. Euler (1989), S. 21–31. Zur Verwendung unbestimmter Rechtsbegriffe vgl. Hager (2009), S. 42–44.

[4] Vgl. Helmrich (1985), S. 729.

[5] Vgl. Moxter (1997), S. 348 f.

[6] Vgl. Beisse (1978/79), S. 189 f.

© Der/die Autor(en) 2023
J. K. Müller, *Grundsätze ordnungsmäßiger Bilanzierung von Kundenbeziehungen nach GoB im Vergleich zu IFRS*,
https://doi.org/10.1007/978-3-658-40544-1_2

seit der gesetzlichen Kodifizierung einzelner „oberer GoB", bspw. die für alle
Vermögensgegenstände und Schulden geltenden allgemeinen Bewertungsgrund-
sätze gemäß § 252 Abs. 1 HGB, durch das Bilanzrichtlinien-Gesetz von 1985[7]
– als grundsätzlich öffentlich-rechtliche[8] Normen verstanden.[9] Aufgrund dieses
Rechtsnormverständnisses besitzen die GoB einen revisiblen Charakter, d. h. sie
sind auf dem Weg der revisionsgerichtlichen Überprüfung anfechtbar.[10]

2.1.1.2 Lückenloses GoB-System

Die teilweise gesetzlich kodifizierten, aber auch nicht kodifizierten Grundsätze
bilden ein „Grundgefüge[.] von sich wechselseitig ergänzenden und beschrän-
kenden Fundamentalprinzipien, Folgeprinzipien und Einzelnormen"[11].[12] Bedingt
durch ihren Rechtsnormcharakter erfolgt die Ermittlung des „objektivierte[n] Willen[s] des Gesetzgebers"[13] auf Grundlage des juristischen Auslegungskanons aus
Wortsinn, Entstehungsgeschichte, Systematik und Telos.[14] So wird der Inhalt der
GoB in wirtschaftlicher Betrachtungsweise „durch Nachdenken", insbesondere
teleologisch, d. h. aus dem Sinn und Zweck der Rechnungslegungsvorschriften, abgeleitet.[15] Diese „systemgebundene Interpretation"[16] ermöglicht es, ein
lückenloses, gleichwohl offenes System[17] zu konkretisieren, das die Eigenschaft
aufweist, auch bei neuen Anforderungen Bestand zu haben.[18]

---

[7] Vgl. BT-DrS 10/4268, S. 10; für eine kritische Diskussion der Auswirkungen des Bilanz-
richtliniengesetzes vgl. Döllerer (1987).

[8] Zur Diskussion der Zugehörigkeit des Handelsbilanzrechts zum öffentlichen Recht siehe
Müller (1994), S. 79–89.

[9] Vgl. bereits BFH (1969), Gr. S. 2/68, S. 292; vgl. ferner Döllerer (1959), S. 1217; Wüstemann (1999), S. 91–96; Moxter (2003), S. 9.

[10] Vgl. Döllerer (1959), S. 1220 f.; Beisse (1999), S. 2182; Moxter (2006), S. 106 f.

[11] Moxter (2007), S. 2.

[12] Vgl. ausführlich Beisse (1990b), (1990b).

[13] BFH (2010), IV R 23/08, S. 280.

[14] Vgl. Beisse (2001), S. 746; Hennrichs/Pöschke (2009), S. 532 f. Für einen Überblick über
die juristische Methodenlehre vgl. Plaumann (2013), S. 33–48.

[15] Vgl. Döllerer (1959), S. 1220 (auch Zitat); Döllerer (1979/80), S. 201–203; BFH (1967),
I 208/63, S. 609; BFH (1969), Gr. S. 2/68, S. 292.

[16] Beisse (2001), S. 745; zum Systembegriff vgl. Canaris (1983).

[17] Vgl. Canaris (1983), S. 63; Beisse (1997), S. 402.

[18] Vgl. Beisse (1990b), S. 500 und S. 506; Beisse (1993), S. 80.

Zwar fand die Ermittlung handelsrechtlicher GoB in der alten Rechtstheorie, der traditionellen Lehre[19], auf Basis der „Gepflogenheiten sorgfältiger Kaufleute" statt,[20] aufgrund des Rechtsnormcharakters der GoB ist eine solche induktive Vorgehensweise, ebenso wie eine rein deduktive Ermittlung, in der modernen Lehre aber nicht mehr zweckadäquat.[21] Auch ein im Rahmen der BilMoG-Regelungsänderung im Jahr 2009 vermeintlich beobachteter Wandel zurück zu einer GoB-Ermittlung aus der Kaufmannsübung heraus und damit verbunden ein scheinbar zunehmender Einfluss der Rechnungslegungspraxis auf die Gewinnung von GoB[22] ist vor dem Hintergrund des geltenden Verständnisses einer zwingend teleologischen Auslegung nicht vertretbar.[23]

2.1.1.3 Durch die Maßgeblichkeit legitimierte Vorfragenkompetenz finanzgerichtlicher Rechtsprechung zur Auslegung handelsrechtlicher GoB

Die Kompetenz zur Normsetzung von GoB obliegt grundsätzlich der Gesetzgebung, der Rechtsprechung, also den Zivil-, Straf- und Steuergerichten,[24] kommt in Anbetracht des Grundsatzes der Gewaltenteilung aber die Aufgabe zu, die GoB zu konkretisieren und letztverbindlich festzustellen, somit faktisch fortzuentwickeln[25]. Der Systemcharakter der GoB verlangt, dass „[d]as Ergebnis der Rechtsfortbildung [.] dergestalt sein [muss], da[ss] es sich widerspruchsfrei, insbesondere ohne Wertungswidersprüche, in diesem Sinne also ,organisch' [,] in das System der GoB einfügt."[26] Durch die grundsätzliche Bindungswirkung

---

[19] Vgl. zum Begriff Kruse (1978), S. 52–54.

[20] Vgl. Entwurf eines Handelsgesetzbuchs und Entwurf eines Einführungsgesetzes (1988), S. 985 (auch Zitat); Euler (1996), S. 7.

[21] A. A. bspw. Adler/Düring/Schmaltz (1998), § 243, die „keine allseits akzeptierte Lehre zur Ermittlung der GoB" erkennen (Rn. 20) und Schmidt/Usinger (2020), § 243 HGB, die zudem ein „kombiniertes Verfahren aus deduktiver und induktiver Methode" postulieren (Rn. 17 f.).

[22] Vgl. BT-DrS 16/10067, S. 52.

[23] Vgl. Wüstemann/Wüstemann (2010a), S. 757.

[24] Vgl. Beisse (1990b), S. 504.

[25] Vgl. Euler (1989), S. 18 f. Zur Methode der richterlichen Rechtsfortbildung vgl. Larenz/Canaris (1995), S. 187–261; vgl. auch Bumke (2012), S. 6–11.

[26] Beisse (1990), S. 510 mit einem Verweis auf Larenz (1965), S. 13.

obergerichtlicher Entscheidungen[27] ergibt sich somit einerseits ein geschlos-
senes System; andererseits wird die notwendige Offenheit des GoB-Systems
sichergestellt, indem – sofern Rechtsgründe es erfordern – von der bisherigen Rechtsprechung abgewichen und GoB für neuartige Sachverhalte entwickelt
werden können.[28] Grundsätzlich gibt es somit zwar keine Regelungslücken, da
auch GoB für bislang ungeklärte Sachverhalte – bspw. die Bilanzierung selbst
erstellter immaterieller Vermögensgegenstände des Anlagevermögens – ermittelbar sind, begrenzt ist diese Ermittlung jedoch naturgemäß auf Sachverhalte, die
den Gerichten vorgelegt werden.[29]

Letztinstanzlich ist für die GoB-Auslegung zwar der Bundesgerichtshof
(BGH) zuständig. Da seine Auslegungskompetenz auf zivilrechtliche Sachverhalte des Handelsbilanzrechts beschränkt ist, wurde er in der Vergangenheit aber
nur selten angerufen,[30] sodass ihm für die GoB-Konkretisierung keine besondere
Bedeutung zukommt.

Auch vor diesem Hintergrund kommt der in § 5 Abs. 1 S. 1 EStG festgelegten
Maßgeblichkeit der handelsrechtlichen GoB für die steuerliche Gewinnermittlung (sog. materielle Maßgeblichkeit)[31] eine besondere Bedeutung zu. Sie
bildet die gesetzlich verankerte Legitimation für die Vorfragenkompetenz der
Finanzgerichte, insbesondere des Bundesfinanzhofs, zur Konkretisierung von handelsrechtlichen GoB „völlig losgelöst von steuerlichen Konsequenzen"[32]. Nach
dem Grundsatz der Einheitlichkeit der Rechtsprechung sind Rechtsnormen auch
in unterschiedlichen Rechtsgebieten einheitlich auszulegen (Art. 95 Abs. 3 GG
i.V.m. § 2 Abs. 1 RsprEinhG). In der Konsequenz sind auch handels- und steuerrechtliche GoB zwingend identisch; der Gedanke einer Einheitsbilanz[33] kann

---

[27] Obwohl eine normative Bindungswirkung an Entscheidungen oberer Gerichte aufgrund
der Unabhängigkeit der Richter gemäß Art. 97 Abs. 1 GG abgelehnt wird, bestätigt der Bundesgerichtshof selbst eine grundsätzliche Bindungswirkung. Vgl. dazu BGH (1983), V ZR
268/81, S. 1308; BGH (1982), GSZ 1/82, S. 228; BGH (1994), XII ARZ 36/93, S. 2956 f.
Für eine Diskussion der Bedeutung und Bindungskraft der Präjudizien vgl. Gisewski (2008),
S. 83–85 m. w. N.

[28] Vgl. Beisse (1990b), S. 501.

[29] Vgl. Moxter (2003), S. 10.

[30] Vgl. Plaumann (2013), S. 161.

[31] Vgl. Günkel (2010), S. 511–515; Thiel (2010), S. 740 f.

[32] Beisse (1980), S. 646.

[33] Zur Abkehr von der Einheitsbilanz vgl. Ballwieser (2011), S. 586 f. Vgl. auch Meye-
ring/Gröne (2016), S. 1701, die die Rückkehr zur Einheitsbilanz als mögliche Zukunftsper-
spektive im Vergleich zur Abkehr von der Maßgeblichkeit abwägen.

so lange aufrechterhalten werden, bis das Steuergesetz eine für die Steuerbilanz abweichende Regelung vorschreibt.[34] Die finanzgerichtliche Rechtsprechung konnte – bereits wegen der großen Anzahl zu entscheidenden Streitigkeiten zwischen der Finanzverwaltung und dem Steuerpflichtigen – in der Vergangenheit einen wesentlichen Beitrag zur GoB-Konkretisierung leisten.[35]

Die Notwendigkeit und gleichzeitig die Möglichkeit, steuerrechtlichen Vorschriften auch in der Handelsbilanz Geltung zu verleihen, steuerrechtlichen Normen also Vorrang vor den handelsrechtlichen GoB einzuräumen (sog. Umkehrmaßgeblichkeit), wurde in der Rechtsprechung[36] und Literatur[37] stark kritisiert und – unter Berufung auf die damit verbundenen Informationsverzerrungen – im Zuge des BilMoG im Jahr 2009 abgeschafft.[38] In der Literatur wird zwar teilweise die Ansicht vertreten, es sei durch das BilMoG nicht nur zur Abschaffung der Umkehrmaßgeblichkeit, sondern darüber hinaus auch zu einer „verstärkten Eigenständigkeit der Steuerbilanz"[39] gekommen,[40] eine in diesem Zusammenhang behauptete „Abkopplung der Steuerbilanz von der Handelsbilanz"[41] ist zumindest dem gesetzgeberischen Willen hingegen nicht zu entnehmen; danach soll es lediglich möglich sein, steuerrechtliche Wahlrechte unabhängig von den handelsrechtlichen Bilanzierungsvorschriften auszuüben.[42] Der grundsätzliche Maßgeblichkeitsgedanke bleibt davon indes unberührt.[43]

---

[34] Vgl. Beisse (1990a), S. 2009; vgl. auch Wüstemann/Wüstemann (2010a), S. 755.

[35] Vgl. Plaumann (2013), S. 161.

[36] Vgl. BFH (1985), I R 65/80, S. 326 f.; ferner Merkert/Koths (1985), S. 1766–1768.

[37] Zu einer Darstellung der Kritikpunkte vgl. Fresl (2000), S. 14 m. w. N.

[38] Vgl. BT-DrS 16/10067, S. 20; BT-DrS 16/12407, S. 43. Es steht dem Bilanzierenden jedoch frei, die Ausübung handelsrechtlicher Wahlrechte in Übereinstimmung mit den steuerrechtlichen Verboten abzulehnen und über diese Bilanzierungsentscheidung gemäß § 284 Abs. 1 HGB im Anhang zu berichten.

[39] Rautenstrauch (2009), S. 114.

[40] Vgl. Herzig/Briesemeister (2009), S. 158–167, die mögliche Abweichungen aufzeigen; Weber-Grellet (2016), der den Maßgeblichkeitsgrundsatz als „Geburtsfehler des Steuerrechts" proklamiert (S. 1279).

[41] Rautenstrauch (2009), S. 114.

[42] Vgl. BT-DrS 16/10067, S. 99; für die vorausgehende Bitte zur Stellungnahme durch den Bundesrat vgl. BR-DrS 344/08, S. 12. Scheinbar widersprüchlich scheint vor diesem Hintergrund allerdings der BFH-Beschluss zum subjektiven Fehlerbegriff vgl. BFH (2013), GrS 1/10, S. 322 f.

[43] Vgl. auch Böcking/Gros (2007), die zum einen eine Zweckdivergenz von Handels- und Steuerbilanz in Frage stellen und zum anderen eine solche nicht als Rechtfertigung für die Abschaffung der Maßgeblichkeit gelten lassen wollen (S. 2340 m. w. N.).

Aus diesem Verständnis folgt zwangsläufig, dass der handelsrechtliche Begriff des Vermögensgegenstands und der steuerrechtliche Begriff des positiven Wirtschaftsguts grundsätzlich gleich definiert[44] und immer dann für handelsrechtliche Zwecke durch die finanzgerichtliche Rechtsprechung konkretisiert werden, wenn es keine abweichenden steuerrechtlichen Bilanzierungsvorschriften gibt.[45]

2.1.1.4 Notwendigkeit und Legitimation alternativer Auslegungsquellen

2.1.1.4.1 Grenzen des bestehenden Maßgeblichkeitsverständnisses

2.1.1.4.1.1 Abweichen von handels- und steuerbilanziellen Regelungen
Durch die bestehende Kompetenz der Steuergerichte zur Auslegung handelsrechtlicher GoB werden auch die Grenzen der Maßgeblichkeit deutlich[46] und es stellt sich die Frage nach einer zweckadäquaten Konkretisierung neuer Sachverhaltskonstellationen, wenn handels- und steuerrechtliche Vorschriften voneinander abweichen. So ist im Zuge des BilMoG bspw. der entgeltliche Erwerb als handelsrechtliche Aktivierungsvoraussetzung für selbst erstellter immaterieller Vermögensgegenstände des Anlagevermögens weggefallen und durch ein Aktivierungswahlrecht ersetzt worden.[47] Da für dieses handelsrechtliche Wahlrecht weiterhin ein steuerrechtliches Aktivierungsverbot besteht, wird eine finanzgerichtliche Konkretisierung der GoB für selbst erstellte immaterielle Vermögensgegenstände des Anlagevermögens in zweierlei Hinsicht ausbleiben. Einerseits gibt es weniger steuerbilanziell strittige Sachverhalte, sodass Steuergerichte nicht angerufen werden. Andererseits erfolgt eine steuergerichtliche Auslegung handelsrechtlicher GoB – obwohl normativ verlangt – bei Vorliegen steuerrechtlicher Sondervorschriften teilweise verkürzt.[48] Der steuerrechtlichen Rechtsprechung wird vor diesem Hintergrund teilweise vorgeworfen, dass sie „vielfach rein steuerlich orientiert und geneigt ist, die handelsbilanzrechtlichen Grundsätze des Vorsichtsprinzips und des Gläubigerschutzes hintanzustellen."[49]

---

[44] Vgl. BFH (1970), Gr. S. 1/69, S. 383; BFH (1975), I R 72/73, S. 14; BFH (2000), GrS 2/99, S. 635; Döllerer (1969), S. 503; Hommel (1998), S. 35 m. w. N.; a. A. Velte (2008), S. 147.

[45] Vgl. Kahle (2002) für eine ausführliche Darstellung der widerstreitenden Meinungen zur Zweckkomplementarität (S. 180–182).

[46] Vgl. Böcking u. a. (2019b), S. 2644; Zehetmair (2013), S. 109–115 zum Vorschlag eines eigenständigen Steuerbilanzrechts.

[47] Vgl. BT-DrS 16/12407, S. 2.

[48] Vgl. zur mangelnden Prüfung der Vermögensgegenstandskriterien durch den BFH III 4. a) bb).

[49] Schaflitzl/Crezelius (2019), S. 3.

Aber nicht nur im Bereich der selbst erstellten Vermögensgegenstände, sondern auch in Bezug auf die Rückstellungsbewertung gibt es seit der Verabschiedung des BilMoG ein potenzielles Auseinanderfallen von Handels- und Steuerbilanz. Handelsbilanziell sind künftige Preis- und Kostensteigerungen zu berücksichtigen, wenn „ausreichende objektive Hinweise auf [...] [ihren] Eintritt [...] schließen lassen"[50], sodass der Einbezug regelmäßig nur wenig objektivierter Kosten regelhaft erfolgt. In der Steuerbilanz dürfen künftige Preis- und Kostensteigerungen gemäß § 6 Abs. 1 Nr. 3a Buchst. f EStG hingegen nicht berücksichtigt werden. Aufgrund dieser Regelung kann in Ermangelung für die Steuerbilanz strittiger Sachverhalte auch in Zukunft keine umfassende steuergerichtliche Konkretisierung dessen erwartet werden, was unter objektiv feststellbaren Tatsachen zu verstehen ist. Die durch diese mangelnde Objektivierung entstehenden „kaum tolerierbaren Ermessensspielräume[.]"[51] zeigen die Grenzen des Maßgeblichkeitsprinzips[52] und gleichzeitig die Notwendigkeit einer Diskussion über mögliche alternative Auslegungsquellen auf.

2.1.1.4.1.2 Internationale Harmonisierungstendenzen

Die Europäische Kommission diskutiert gegenwärtig die Harmonisierung des Steuerrechts in Form einer Common Consolidated Corporate Tax Base (CCCTB). Ziel ist es, dass europäische Konzerne anhand eines einheitlichen steuerlichen Regelwerks eine einheitliche körperschaftsteuerliche Bemessungsgrundlage ermitteln.[53] Nachdem die Diskussion aufgrund der Komplexität des Vorhabens zeitweise unterbrochen wurde, präsentierte die Europäische Kommission im Oktober 2016 einen Vorschlag zur Neuauflage der CCCTB. Kern der Neuauflage wird der Vorschlag einer verpflichtenden sowie schrittweisen Einführung einer CCCTB sein.[54] Bei den bisher durchgeführten Konsultationen stehen insbesondere mögliche Gewinnermittlungsprinzipien im Mittelpunkt; hierbei wird sowohl eine Anknüpfung an nationale oder internationale Rechnungslegungsnormen als auch ein vollkommen losgelöstes, autonomes Steuerrecht diskutiert.[55] Wahrscheinlich ist, dass die Einführung einer CCCTB – unabhängig von ihrer

---

[50] BT-DrS 16/10067, S. 52.

[51] Wüstemann/Wüstemann (2010a), S. 767 m. w. N.

[52] Vgl. krit. zur Zukunft der Maßgeblichkeit Weber-Grellet (2021), S. 1453 f.

[53] Vgl. Europäische Kommission (2011), S. 16–19.

[54] Vgl. Europäische Kommission (2016), S. 3.

[55] Vgl. Spengel/Malke (2008), S. 63; vgl. zu möglichen Anknüpfungspunkten einer CCCTB Kahle/Schulz (2011); Evers u. a. (2014). Zur Bedeutung der CCCTB für digitale Geschäftsmodelle Rupp (2020), S. 596 f.

konkreten Ausgestaltung – Auswirkungen auf die Form der GoB-Ermittlung haben wird,[56] womöglich sogar in der Entwicklung eines eigenständigen (europäischen) Steuerbilanzrechts[57] mündet. Werden steuerrechtlich relevante Anliegen körperschaftsteuerpflichtiger Unternehmen künftig nicht unter Rückgriff auf die handelsrechtlichen GoB, sondern vielmehr auf der Grundlage gemeinsamer, europäischer Grundsätze beurteilt, kann die Maßgeblichkeit zumindest für diese Sachverhalte nicht mehr in ihrer bisherigen Form zur Anwendung gelangen.[58] Fallen infolgedessen nationale Gerichtsentscheidungen betreffend das Körperschaftsteuergesetz zur Konkretisierung handelsrechtlicher GoB weg, ist zweifelhaft, ob ein Rekurs auf die Vorfragenkompetenz weiterhin zielführend ist oder eine Konkretisierung handelsrechtlicher GoB im Zuge der nationalen richterlichen Rechtsfortbildung dann weitestgehend ausbleibbleiben würde.

Fraglich ist in diesem Zusammenhang, inwieweit eine weitere Konkretisierung durch den Europäischen Gerichtshof (EuGH) erfolgen kann, da ihm zwar eine höchstrichterliche Entscheidungskompetenz obliegt, er jedoch im Rahmen seiner Aufgabe als „Wächter des europäischen Rechts"[59] die vorgelegte Frage gegenwärtig lediglich am Maßstab der Harmonisierungsrichtlinien zu beurteilen hat.[60] Hierbei macht er die Entscheidung maßgeblich vom Kriterium der Bilanzwahrheit abhängig;[61] eine unmittelbare Auslegung nationaler Normen durch den EuGH erfolgt hingegen nicht.[62] Vor diesem Hintergrund erscheint eine alternative, mit dem geltenden Rechtverständnis konforme Auslegungsquelle ebenfalls erforderlich.

---

[56] Vgl. Wehrum (2011), S. 26–29 zu verschiedenen Gestaltungsmöglichkeiten. Für eine kritische Würdigung vgl. Zehetmair (2013), S. 120–122.

[57] Vgl. Böcking/Gros (2007), die auf steuer- und handelsbilanzpolitische Anreize infolge einer vollständigen Trennung der Steuer- von der Handelsbilanz hinweisen (S. 2342); ferner Hennrichs (2018), § 9, Rn. 56–58, der die Notwendigkeit der Ausgestaltung eines eigenständigen Steuerbilanzrechts thematisiert; Ballwieser (2011) zu Denkansätzen einer künftigen Ausgestaltung des Handels- und Steuerbilanzrechts (S. 592 f.).

[58] Vgl. Scheffler (2016), B120, Rn. 164.

[59] Alber (2003), S. 3.

[60] Zur Auslegungskompetenz des EuGH vgl. Najderek (2009), S. 18 f. m. w. N.

[61] Vgl. z. B. EuGH (1996), Rs. C-234/94, Rn. 17 f.; EuGH (2020), Rs. C-640/18; ferner Prinz (2020), S. 1425 f.

[62] Vgl. Anweiler (1997), S. 19 f.

2.1.1.4.2 Mangelnde Eignung der Anknüpfung an IFRS

Für eine Konkretisierung handelsrechtlicher GoB wird insbesondere in der Literatur auch eine Anknüpfung an die IFRS thematisiert[63] und unter anderem vor dem Hintergrund einer umfassenden Regelungsdichte – insbesondere bei bestehenden Regelungslücken – teilweise als sinnvoll erachtet.[64] So werden bspw. in IAS 38 zur Evaluierung der Aktivierung der Entwicklungskosten selbst erstellter Vermögenswerte zwar eine Vielzahl kumulativ zu erfüllender Kriterien dargestellt,[65] die möglicherweise auch im Rahmen einer handelsrechtlichen Beurteilung der Aktivierungsfähigkeit Berücksichtigung finden können. Gleichzeitig weisen diese Kriterien aber wenig Detailschärfe auf[66] – bspw. im Hinblick auf die Konkretisierung des erforderlichen Wahrscheinlichkeitsgrads –, sodass die Notwendigkeit besteht, anhand der Zweckorientierung der jeweiligen Rechnungslegungssysteme eine weitergehende Objektivierung vorzunehmen.

Auch der EuGH erwägt in seiner Rechtsprechung die Möglichkeit der Berücksichtigung der IFRS bei der Auslegung und Anwendung nationalen Rechts.[67] Danach sei zur Beurteilung konkreter, in der Bilanzrichtlinie nicht detailliert geklärter Bilanzierungsfragen eine primäre Anknüpfung an nationales Recht geboten, dies könne „gegebenenfalls unter Berücksichtigung internationaler Rechnungslegungsstandards (IAS)" erfolgen.[68]

Aus dieser Erwägung des EuGH aber auf eine tatsächliche oder sogar verpflichtende Heranziehung der IFRS zu schließen, kann insbesondere aufgrund der Kompetenz des EuGH, die in der Beurteilung der zutreffenden Auslegung der Bilanzrichtlinie und nicht etwa in der konkreten oder sogar einzelfallorientierten Ausgestaltung in nationalem Recht liegt, nicht angemessen sein, zumal eine solche unmittelbare Anknüpfung dann auch direkten Einfluss auf die steuerliche Gewinnermittlung hätte.[69]

---

[63] Vgl. so bspw. Selchert (1999), S. 922 f.; Kahle (2002), S. 187; Weinand/Wolz (2010) S. 135.

[64] Vgl. Mujkanovic/Raatz (2008), S. 250.

[65] Vgl. zu einer ausführlichen Darstellung 3.4.2.2.2.2.

[66] Vgl. Moxter (2009) mit einer Veranschaulichung der Unbestimmtheit der IFRS anhand der Wertaufhellungsproblematik (S. 11 f.); ferner Moxter/Engel-Ciric (2019), S. 50.

[67] Vgl. Hennrichs (2005), S. 784; Reiner (2020), § 264 HGB sieht darin den „rechtspolitische[n] Zeitgeist [...] – trotz aller methodologischen Bedenken" (Rn. 52).

[68] Vgl. EuGH (2003), C-306/99, Rn. 118 (auch Zitat).

[69] Dass das FG Hamburg in dem sich an die EuGH-Entscheidung anschließenden Urteil die Auslegung anhand der IFRS explizit als maßgeblich beschreibt (FG Hamburg (2003), III 1/01, S. 1220), kann vor diesem Hintergrund nicht gefolgt werden.

Auch unter Betrachtung der jüngeren höchstrichterlichen Rechtsprechung wird diskutiert, ob in der Judikative – zumindest implizit – eine Tendenz hin zu einer zunehmend an den IFRS orientierten Bilanzierung zu erkennen ist. So lehnte der BFH die Rückstellungsbildung für Rechtsstreitigkeiten aufgrund der Aussage eines nach dem Bilanzstichtag eingegangenen externen Gutachtens ab, dass „das Unterliegen im Verfahren [...] nicht überwiegend wahrscheinlich" einschätzte.[70] Gemäß ständiger höchstrichterlicher Rechtsprechung wird das Kriterium der wahrscheinlichen Inanspruchnahme bei Rechtsstreitigkeiten jedoch bereits dann als erfüllt angesehen, wenn am Bilanzstichtag im Klagewege gegen den Bilanzierenden vorgegangen wurde, selbst dann, wenn erstinstanzlich im Sinne des Beklagten entschieden wurde.[71] Die im benannten Urteil von der ständigen Rechtsprechung abweichende Auslegung des Kriteriums[72] im Sinne einer weniger vorsichtigen Ablehnung der Rückstellungsbildung, erinnert vielmehr an die in den IFRS zu findende, entobjektivierte Beurteilung. So fordert das in IAS 37 *Rückstellungen, Eventualverbindlichkeiten und Eventualforderungen* verankerte Kriterium der wahrscheinlichen Inanspruchnahme eine Beurteilung der Inanspruchnahme im Sinne einer 51 %-Regel (IAS 37.15).

In der höchstrichterlichen Rechtsprechung wird die Konkretisierung steuerbilanziell strittiger Sachverhalte anhand der IFRS aber zutreffend auch explizit abgelehnt.[73] Bereits aufgrund der divergierenden Zwecksetzung von GoB und IFRS ist ein pauschaler Rückgriff auf die IFRS, der über eine „Erkenntnisquelle des Rechtsvergleichs" hinausgeht, unter gleichzeitiger Beibehaltung des traditionellen Zweckverständnisses nicht geeignet, um handelsrechtliche GoB zu konkretisieren.[74]

2.1.1.4.3 Konzeption einer alternativen Auslegung durch das DRSC

2.1.1.4.3.1 Status quo: Legitimation des DRSC zur Konkretisierung konzernspezifischer GoB

Der Gesetzgeber hat vor dem Hintergrund einer kapitalmarktgerechten Konzernrechnungslegung, deren primärer Zweck die Vermittlung von konzernrelevanten

---

[70] Vgl. BFH (2014), VIII R 45/12, S. 762 (auch Zitat).

[71] Vgl. BFH (1997), IV R 95/96, S. 376 f.; BFH (2002), I R 68/00, S. 689.

[72] A. A. Senger/Brune (2014), IAS 37, die eine vergleichbare Konkretisierung auch in der steuerlichen Rechtsprechung sehen (Rn. 37); Lüdenbach u. a. (2020), § 21, Rn 42.

[73] Vgl. BFH (2010), I R 103/09, S. 218; BFH (2011), IV R 46/09, S. 698.

[74] Vgl. Hennrichs/Pöschke (2009), S. 536 (auch Zitat); Moxter (2000), der einen Rückgriff auf die IFRS unter Bezug auf die ihnen inhärenten, mangelnden Objektivierungsprinzipien und einer daraus resultierenden „erebliche[n] Rechtsunsicherheit" „[v]öllig undenkbar erscheint" (S. 63 f.).

Informationen ist, das Deutsche Rechnungslegungs Standards Committee (DRSC) als privates Gremium ermächtigt, sog. Deutsche Rechnungslegungs Standards (DRS) zu entwickeln.[75] Das DRSC ist gemäß § 342 Abs. 1 HGB legitimiert, einerseits „Empfehlungen zur Anwendung der Grundsätze über die Konzernrechnungslegung" zu entwickeln und andererseits „die Beratung des Bundesministeriums der Justiz bei Gesetzesvorhaben zu Rechnungslegungsvorschriften" zu übernehmen. Die DRS selbst sind lediglich Verlautbarungen für die Anwendung konzernspezifischer Grundsätze, jedoch keine (öffentlich-rechtlichen) Normen im Sinne eines Gesetzes oder einer Verordnung. Da sie von einem privaten Gremium und nicht durch ein legitimiertes Gesetzgebungsverfahren hervorgegangen sind, besitzen sie nicht per se Rechtskraft.[76] Vielmehr handelt es sich um bloße Empfehlungen,[77] welche – jedenfalls wenn sie vom Bundesministerium der Justiz und für Verbraucherschutz (BMJV) im Bundesanzeiger veröffentlicht worden sind – nach der gesetzlichen Vermutung Konzern-GoB darstellen (§ 342 Abs. 2 HGB). Eine mit dieser gleichwohl widerlegbaren Vermutung einhergehende Privatisierung der Rechtsetzung und damit verbundene Gleichsetzung von DRS und geschriebenen GoB ist nicht mit der im deutschen Bilanzrecht etablierten Rechtsetzungs- und -fortbildungssystematik vereinbar[78] und wird im Schrifttum[79] zurecht stark kritisiert; ausnahmslos liegt die Kompetenz zur GoB-Bestimmung beim Gesetzgeber und ergänzend bei den Gerichten.[80] Eine Orientierung an diesen Empfehlungen bedeutet nicht automatisch Rechtssicherheit im Fall einer gerichtlichen Überprüfung.[81]

Der Annahme, dass die bisher durch das DRSC entwickelten Grundsätze nicht nur konzernspezifischer Natur sind, sondern auch „GoB im Allgemeinen" beinhalten, kann – obgleich vom DRSC selbst propagiert[82] und in teilweise im

---

[75] Innerhalb der EU war Deutschland damit das letzte Land, das ein privates nationales Standardsetzungsgremium ermächtigte.

[76] Vgl. Budde/Steuber (1998), S. 1183–1186; Ballwieser (1999), S. 445.

[77] Vgl. Lorson u. a. (2015), S. 890 m. w. N.

[78] Vgl. Lorson u. a. (2015), S. 891 für eine ausführliche Darstellung der Problematik.

[79] Vgl. insbesondere Beisse (1999), S. 2184 f.; ferner Budde/Steuber (1998), S. 1184; Hommelhoff/Schwab (1998), S. 42; Zitzelsberger (1998), S. 253; Spanheimer (2000), S. 1003 f.; Mujkanovic (2016), S. 4; Schmidt/Holland (2020), § 342 HGB, Rn. 19.

[80] Vgl. Beisse (1999), S. 2186.

[81] Vgl. Beisse (1999), S. 2186; Moxter (2003), S. 10 f.; Moxter/Engel-Ciric (2019).

[82] Vgl. DSR (2002), Tz. 4.

Schrifttum vertreten[83] – nicht zugestimmt werden und wird daher zurecht kritisiert.[84] Aufgrund der besonderen Anforderungen an einen Konzernabschluss – namentlich im Hinblick auf die Informationsvermittlung – stehen die in den DRS vermittelten Grundsätze möglicherweise in einem Spannungsverhältnis zu den für alle Kaufleute geltenden handelsrechtlichen GoB. Dieses Spannungsverhältnis trifft ebenso auf den im Jahr 2016 verabschiedeten DRS 24 *Immaterielle Vermögensgegenstände im Konzernabschluss* zu. Da in diesem Standard nicht etwa ein konzernspezifischer Sachverhalt, sondern allgemeine Ansatz- und Bewertungsvorschriften thematisiert werden, „die nicht nur für den Einzelabschluß, sondern auch für die Konzernrechnungslegung gelten"[85], ist ein Auseinanderfallen von GoB für den Einzel- und Konzernabschluss nicht vorgesehen. Für die Konkretisierung dieser Grundsätze ist bis dato allein der Gesetzgeber und ergänzend die Rechtsprechung,[86] nicht aber das DRSC legitimiert.[87]

Eine zukünftig denkbare Lösung zur „Schließung von Regelungslücken"[88], mithin einer hilfsweisen GoB-Auslegung, könnte die Anknüpfung an das DRSC sein, da es bereits ein im deutschen Bilanzrecht etabliertes privates Rechnungslegungsgremium[89] darstellt und die gesetzlichen Regelungen – zumindest im Hinblick auf die Auslegung konzernspezifischer Grundsätze – bereits existieren. Die Ermächtigung des DRSC, nicht nur wie bisher Empfehlungen für die Konzernrechnungslegung, sondern darüber hinaus auch Empfehlungen für die Einzelabschlusserstellung zu entwickeln,[90] könnte aufgrund der bereits bestehenden gesetzlichen Regelungen praktikabel umzusetzen sein. Zur Beurteilung, ob die GoB-Auslegung unter bestimmten Voraussetzungen überhaupt durch eine private Institution wie das DRSC erfüllt werden kann, ist jedoch vorab zu klären,

---

[83] Vgl. bspw. Schmidt/Holland (2020), § 342 HGB, die eine „Ausstrahlungswirkung auf die GoB für den J[ahresabschluss]" denkbar erachten (Rn. 9).

[84] Hoffmann (2016), S. 245.

[85] Beisse (1999), S. 499.

[86] Vgl. zur Auslegung handelsrechtlicher GoB II 1. a) cc).

[87] Vgl. Moxter/Engel-Ciric (2019), S. 24.

[88] Spanheimer (2000), S. 999.

[89] So haben die Wirtschaftsprüfer den Konzernabschluss nach Maßgabe der DRS zu prüfen. Bei Nichtbeachtung der DRS durch das zu prüfende Unternehmen reichen die Sanktionen gemäß IDW PS 201 „Rechnungslegungs- und Prüfungsgrundsätze für die Abschlußprüfung" von einem Hinweis im Bestätigungsvermerk bis zu dessen Einschränkung (Rn. 12).

[90] Vgl. Beisse (1999), S. 1285, der bereits die mögliche Bedeutung der DRS für die GoB-Entwicklung thematisiert.

inwieweit und unter welchen weiteren Voraussetzungen das DRSC zur Auslegung berechtigt, d. h. legitimiert, werden kann.[91]

2.1.1.4.3.2 Perspektivische Legitimation des DRSC zur GoB-Auslegung – Diskussion institutioneller Rahmenbedingungen

2.1.1.4.3.2.1 Zusammenspiel input- und output-orientierter Legitimation

De lege lata rechtfertigen die GoB in ihrer Ausgestaltung als Rechtsnormen eine Aufstellung und Fortentwicklung lediglich durch den Gesetzgeber und ergänzend durch die Rechtsprechung.[92] Standardisierungsausschüssen und ebenso der Wissenschaft kommt zwar die „nicht zu unterschätzen[de]"[93] Aufgabe zu, die grundlegenden Wertungen des Gesetzgebers und der Rechtsprechung zu konkretisieren, sie besitzen darüber hinaus jedoch keine Kompetenz zur GoB-Ermittlung.[94] De lege ferenda lassen sowohl Internationalisierungstendenzen des Steuerrechts als auch ein Auseinanderfallen handels- und steuerbilanzieller Regelungen eine Diskussion um die Auslegungskompetenz von Standardisierungsausschüssen durchaus legitim erscheinen. Obwohl eine mit einer demokratischen Gesetzgebung vergleichbare Legitimation durch einen privaten Standardsetzer nicht erreichbar ist,[95] kann durch eine entsprechende Institutionalisierung möglicherweise ein zur Befähigung der GoB-Auslegung hinreichender Grad der Legitimation erreicht werden.

Das Legitimationsniveau wird sowohl durch input- als auch output-orientierte Argumente begründet.[96] Indem Stakeholder am Entscheidungsprozess teilnehmen und eine gemeinsame Konsensentscheidung aus diesem Prozess resultiert, wird eine input-orientierte Legitimation sichergestellt.[97] Die output-orientierte

---

[91] Vgl. zu einem normativen Begriffsverständnis der Legitimation Homann (1999), S. 54; vgl. zur Begriffsdefinition und Unterscheidung zwischen normativer und soziologischer Legitimation Fischer (2007), S. 329–334.

[92] Vgl. Beisse (1999), S. 2180; Moxter (2003), S. 9.

[93] Döllerer (1959), S. 1220.

[94] Vgl. Knobbe-Keuk (1993), S. 43; Ballwieser (1999), S. 443; a. A. Scheffler (1999b), S. 1291; Havermann (2000), S. 121.

[95] Vgl. Kurz (2009), S. 49.

[96] Vgl. grundlegend Scharpf (1970), S. 21–28; Scharpf (2004), S. 5–9. Teilweise werden die input- und output-Legitimation um die throughput-Legitimation ergänzt. Vgl. hierzu Fischer (2007), S. 334–338.

[97] Vgl. Scharpf (1999), S. 16; Fischer (2007), S. 336; Richardson (2008), S. 683; Himick u. a. (2016), S. 25.

Legitimation wird hingegen durch eine Förderung des Gemeinwohls, in erster Linie durch eine effektive und effiziente Entscheidungsfindung, erreicht.[98] Beide Formen der Legitimation „verstärken, ergänzen und ersetzen sich gegenseitig"[99], sodass sie zwingend in ihrer Gesamtheit zu betrachten sind. Während die output-orientierte Legitimation bei einem privaten Standardsetzer aufgrund einer effektiven und effizienten Entscheidungsfindung regelmäßig besser erreicht werden kann als bei staatlicher Durchführung,[100] ist die input-orientierte Legitimation nur durch Delegation bestimmter Aufgaben an den privaten Standardsetzer zu erzielen[101].

Um eine entsprechende alternative Auslegung – etwa durch das DRSC – zu ermöglichen, wäre es zunächst die Aufgabe des Gesetzgebers, einen – mit § 342 Abs. 1 HGB vergleichbaren – gesetzlichen Rahmen zu schaffen, durch den das DRSC ermächtigt wird, nicht nur konzernspezifische Grundsätze, sondern für die Fälle steuerrechtlich abweichender Regelungen auch Einzelgrundsätze herauszubilden. Eine vor dem Hintergrund des Rechtsnormcharakters angemessene Konkretisierung der Einzel-GoB durch ein privates Standardisierungsgremium ist naturgemäß an einen umfangreichen Legitimationsprozess, der bestimmte Anforderungen erfüllen muss,[102] gebunden.

2.1.1.4.3.2.2 Notwendigkeit der Partizipation weiterer Institutionen zur Sicherstellung einer zweckkonformen und transparenten Entscheidungsfindung

Das Legitimationsniveau wird wesentlich durch den Entscheidungsmodus, d. h. die konkrete Ausgestaltung des Entscheidungsprozesses (sog. Due Process),[103] beeinflusst. Anzustreben ist eine Entscheidungsfindung, die nicht einseitig interessengeleitet wird, sondern als Resultat eines komplexen und fairen Entscheidungsprozesses, d. h. unter Einbezug eines breiten Meinungsbildes, entsteht.[104]

Infolge ihres Rechtsnormcharakters sind GoB auch am Sinn und Zweck orientiert, mithin teleologisch, zu ermitteln;[105] nichts anderes kann für den Fall

---

[98] Vgl. stellvertretend Fischer (2007), S. 337.

[99] Scharpf (1999), S. 21.

[100] Vgl. Wolf (2006), S. 208 f.; Kurz (2009), S. 48.

[101] Vgl. Wolf (2006), S. 211.

[102] Vgl. Kurz (2009), S. 49–58 mit einem Überblick über die Kriterien und m. w. N.

[103] Vgl. Kurz (2009), S. 55 f.

[104] Vgl. Beisheim/Dingwerth (2008), S. 13, die die Anforderungen „inclusiveness", „fairness" und „respresentativeness" zur Mitwirkung an einem Entscheidungsprozess stellen.

[105] Vgl. Euler (1996), S. 12 f.

der Ermittlung durch einen privaten Standardsetzer gelten. Nur so können sich herausgebildete Einzel-GoB ‚organisch' in das bestehende System einfügen. Dies bedeutet zwingend eine Orientierung am ausschüttungsstatischen Sinn und Zweck handelsrechtlicher Jahresabschlüsse; die an Informationsinteressen orientierte und daher für die Konzernrechnungslegung angemessene Zwecksetzung ist hiervon deutlich zu unterscheiden.[106]

In engem Zusammenhang mit dem Entscheidungsmodus ist auch die Teilnahme der Betroffenen am Entscheidungsprozess zu betrachten – sowohl in Form der Reichweite als auch der Qualität der Teilnahme.[107] Die gegenwärtig maßgeblich an der Standardsetzung beteiligten Gruppen, Unternehmen und Abschlussprüfer, stellen die von den entwickelten Standards Betroffenen allerdings nicht repräsentativ dar, denn insbesondere auch (potenzielle) Anleger und Gläubiger haben berechtigte Interessen, die im Entscheidungsprozess zwingend und explizit zu berücksichtigen sind. Dieser Einfluss kann wiederum in unterschiedlicher Form wahrgenommen werden.[108] Eine zweckgebundene Auslegungsweise kann aber nur bedeuten, dass der Einbezug von Interessen lediglich im Fall von Wertungsentscheidungen einen Einfluss auf die Standardsetzung haben darf. Gegenwärtig ist der formalisierte, mehrstufige Due Process bereits so ausgestaltet, dass sowohl eine passive Teilnahme im Sinne der Aufnahme von Informationen als auch die Möglichkeit einer unmittelbaren Meinungsäußerung – in Form von Kommentierungen – also eine aktive Teilnahme der interessierten Öffentlichkeit gewährleistet wird. Während Prüfer und Unternehmen zudem durch ihre Mitgliedschaft in Entscheidungsgremien Einfluss nehmen können, ist der Umfang der Einflussnahme von Anlegern und Gläubigern auf die Kommentierung laufender Projekte beschränkt. Um die Partizipation bestimmter Gruppen in der Entscheidungsfindung zur GoB-Auslegung als Teil einer notwendigen Verfahrensanforderung sicherzustellen, ist der Due Process sowohl in Bezug auf die Reichweite, also den Umfang der an der Standardentwicklung Teilnehmenden, als auch auf die möglichen Arten der Teilnahme (die Qualität), weiterzuentwickeln. Entscheidend hierfür ist eine die bilanzierenden Unternehmen repräsentierende Interessenvertretung in den Entscheidungsgremien. Nichtsdestotrotz ist eine einseitige, interessengeleitete Einflussnahme in Form von Lobbying durch am

---

[106] Vgl. Busse von Colbe u. a. (2010), S. 20–28 für einen Überblick über die Zwecksetzung.
[107] Vgl. Kurz (2009), S. 52 m. w. N.
[108] Vgl. Dingwerth (2007), S. 28 f.

Entscheidungsprozess teilnehmende Akteure nicht ausgeschlossen.[109] Vor diesem Hintergrund kann sich eine intensive Auseinandersetzung mit der Wissenschaft[110] innerhalb des Standardsetzungsprozesses, aufgrund der ihr anhaftenden Unabhängigkeit, positiv auf das Legitimationsniveau auswirken oder sogar erforderlich sein.

Um sicherzustellen, dass entwickelte Standards in Einklang mit der höchstrichterlichen Rechtsprechung stehen und im Falle einer richterlichen Überprüfung bestehen können, könnte zudem eine frühzeitige Einholung fachlichen Rechtsrates in Form von externen Rechtsgutachten im Rahmen des Standardsetzungsprozesses in die Überlegungen einbezogen werden. Hierdurch könnte gleichzeitig ein Korrektiv zur Gewährleistung einer am ausschüttungsstatischen, gläubigerschutzorientierten Bilanzzweck ausgerichteten Standardentwicklung geschaffen werden. Das bis zu einer etwaigen richterlichen Überprüfung einer GoB-Vermutung bestehende und vom Bilanzierenden zu tragende Restrisiko, könnte hierdurch erheblich verringert werden.

Um die darüber hinaus erforderliche Transparenz bestmöglich zu gewährleisten, dürfte es zudem geboten erscheinen, die interessierte Öffentlichkeit über den Entscheidungsfindungsprozess hinreichend in Kenntnis zu setzen und die entwickelten Standards für die Öffentlichkeit – bspw. wie bisher über eine Bekanntmachung der DRS im Bundesanzeiger – zugänglich zu machen.

2.1.1.4.3.2.3 Notwendigkeit der Kontrolle durch ein etabliertes Kontroll-System

Um das Ziel einer Stärkung der Legitimationsbasis zu erreichen, ist es notwendig, dass das DRSC einer hinreichenden Kontrolle unterliegt. In der Literatur wird die Kontrolle anhand des Kriteriums der Rechenschaft konkretisiert, wonach der Standardsetzer berichtspflichtig sein muss und gegebenenfalls sanktioniert werden kann.[111]

Gegenwärtig ist das DRSC über seine Tätigkeiten grundsätzlich nicht berichtspflichtig und somit auch nicht sanktionierbar. Der Einfluss des Gesetzgebers als mögliche Kontrollinstanz beschränkt sich darauf, dass die Vorschläge des DRSC – stellvertretend durch das BMJV – bekanntgemacht werden müssen. Ob die Standards durch das BMJV einer formalen oder sogar inhaltlichen Prüfung

---

[109] Vgl. Sutton (1984), S. 81–83 zu den Motivationen des Lobbying. Zur Einflussnahme im Sinne der regulierungstheoretischen sog. capture-Theorie vgl. Posner (1974), S. 341–343; Cortese (2011), S. 405–408.

[110] Vgl. Hommelhoff/Schwab (1998), S. 51.

[111] Vgl. Dingwerth (2007), S. 29–31.

unterzogen werden, ist weder durch das Gesetz selbst noch durch die Gesetzesbegründung ersichtlich. Eine Kontrolle entwickelter Standards müsste mit
Blick „auf die Vereinbarkeit mit dem geltenden Recht, insbesondere mit den
GoB" durch das BMJV erfolgen.[112] Die „Eigenverantwortlichkeit des Standard
Setters"[113] sowie die in der Vergangenheit bekanntgemachten Standards lassen
aber nicht auf eine tatsächliche Kontrolle der erarbeiteten Standards schließen.
Durch die Veröffentlichung nehmen die Standards zwar den Stellenwert einer
durch einen Gegenbeweis widerlegbaren GoB-Vermutung ein,[114] dass ein solcher Gegenbeweis aufgrund einer mangelnden Vorlage von Konzernabschlüssen
aber faktisch keiner richterlichen Überprüfung unterzogen wird, ist vor dem Hintergrund der Legitimation zu kritisieren und für die Konkretisierung von GoB für
den Einzelabschluss nicht vertretbar.

Eine insoweit in der Vergangenheit durch das DRSC propagierte induktive
Methode, d. h. die Ableitung aus der Kaufmannsübung, die darauf basiert,
dass „der Selbstverwaltung der Rechnungsleger wieder Vorrang vor der Gesetzgebung"[115] eingeräumt wird, kann folglich keine zweckadäquaten Standards
hervorbringen.[116] Eine teleologische GoB-Ermittlung setzt ein geändertes Selbstverständnis des DRSC voraus. Auch wenn der Gesetzgeber seinen „Steuerungsanspruch neu formulier[t]"[117] und nicht gesetzlich oder steuergerichtlich
konkretisierbare Inhalte insoweit „partiell"[118] in die Regulierung durch einen
privaten Standardsetzer begibt, sodass eine Konkretisierung stattfinden kann,
kann die Rolle des Gesetzgebers im Entscheidungsfindungsprozess gleichwohl
keinesfalls auf die eines „Moderators"[119] reduziert werden. Vielmehr hat der
Gesetzgeber auch das Resultat des Entscheidungsprozesses zu verantworten,
sodass zwingend ein wirkungsvolles Kontrollsystem zu etablieren ist. Um dieser
Verantwortung gerecht zu werden, ist ein „wirksames Gegengewicht", welches
wohl nur die Rechtsprechung angemessen bekleiden könnte,[120] zur Überprüfung

---

[112] Vgl. Beisse (1999), S. 2185 (auch Zitat).

[113] Budde/Steuber (1998), S. 1183.

[114] Vgl. BT-DrS 13/10038, S. 27.

[115] Standardisierungsrat des DRSC, Presseerklärung vom 15.5.1998, zitiert nach Moxter
(1998), S. 1425; so auch Scheffler (1999a), S. 414; Scheffler (1999b), S. 1292. Vgl. Biener
(1996), S. 60 f. und S. 69 zur Selbstverwaltung durch die Rechnungslegenden.

[116] Vgl. Rüdinger (2004), S. 10; Moxter/Engel-Ciric (2019), S. 23 f.

[117] Hoffmann-Riem (1996).

[118] Hommelhoff/Schwab (1998), S. 46.

[119] Fürst (1987), S. 280 f. (Hervorhebung im Original).

[120] Vgl. Moxter/Engel-Ciric (2019), S. 24 (auch Zitat); Ballwieser (1999), S. 444.

der vom DRSC ermittelten Vermutungen einer GoB-konformen Auslegung heranzuziehen. Letztverbindlich bleibt die tatsächliche GoB-Ermittlung „somit unter
der Kontrolle der Gerichte"[121]. Dass handelsrechtliche Streitfragen nur vereinzelt den Zivilgerichten vorgelegt werden, schränkt die tatsächliche gerichtliche
Überprüfung privater Standards indes ein.

2.1.1.4.3.2.4 Notwendigkeit einer unabhangigen Finanzierung

Über die zuvor genannten Aspekte hinaus ist mit dem Ziel der Stärkung der
Legitimationsbasis eine unabhängige Finanzierung anzustreben.[122] Diese Notwendigkeit ergibt sich einerseits daraus, dass die Gremiumsmitglieder gegenwärtig weiterhin ihren beruflichen Tätigkeiten nachgehen können,[123] und andererseits
nur freiwillige Mitglieder zu einem finanziellen Beitrag verpflichtet sind.

Es gibt verschiedene denkbare Finanzierungsformen, die einen wesentlichen
Einfluss auf die Legitimation haben können.[124] Gegenwärtig erhält das DRSC
seine Finanzierung aus den Mitgliedsbeiträgen, Erlösen aus Lizenzvergaben und
Veröffentlichungen sowie sonstigen Einnahmen.[125] Die Mittel werden für die
„satzungsmäßige[n] Ziele [...] als Berufsverband für seine Mitglieder" einge-
setzt;[126] da nicht jedes bilanzierende Unternehmen auch Mitglied des DRSC
sein muss, ist die durch diese Finanzierungsform hergestellte Orientierung an
und damit provozierte Abhängigkeit von den Mitgliedsunternehmen mit Blick
auf die Legitimationsbasis zu kritisieren.[127] Mit dem Ziel der Unabhängigkeit
und Transparenz, wäre eine Finanzierung auf Grundlage einer Umlage, wie sie
bspw. zur Finanzierung der Bilanzkontrolle[128] durch die Deutschen Prüfstelle
für Rechnungslegung (DPR) bzw. die Bundesanstalt für Finanzdienstleistungsaufsicht (BaFin) genutzt wird, denkbar. So sind diejenigen Unternehmen mit einem
an den Börsenumsätzen orientierten Betrag umlagepflichtig, die Wertpapiere an
einem deutschen Markt handeln (§ 16 l Finanzdienstleistungsaufsichtsgesetz). Mit
dem Ziel einer Stärkung der Legitimationsbasis, wäre ein umfassender Einbezug

---

[121] Lorson u. a. (2015), S. 892 m. w. N.

[122] Vgl. Kurz (2009), S. 57.

[123] Vgl. Paal (2020), § 342 HGB, Rn. 5 und Rn. 16.

[124] Vgl. zur Diskussion verschiedener Finanzierungsformen Hoffmann (2003), S. 84–86;
Michael (2005), S. 452; Ohler (2006), S. 680.

[125] Vgl. DRSC (2021), Finanzierung.

[126] Vgl. DRSC (2018), § 2 Abs. 2 (auch Zitat).

[127] Vgl. zur Kritik an der Unabhängigkeit auf Basis der vormaligen Finanzierung, die zu
einer Kündigung des Standardisierungsvertrags im Jahr 2010 führte, Ebke (1999), S. 1199 f.;
Paal (2001), S. 58–60; Burger u. a. (2005), S. 125; Paal (2020), § 342 HGB, Rn. 2.

[128] Vgl. zur Ausgestaltung der Bilanzkontrolle 2.1.2.2.1.2.

der – auch nicht börsennotierten – bilanzierenden Unternehmen, bspw. im Sinne einer anhand der Bilanzsumme ermittelten finanziellen Beteiligung durch eine verpflichtende Abgabe, denkbar.[129] Alternativ könnte auch eine staatliche Finanzierung, d. h. durch Steuergelder, vereinbart werden. Vor dem Hintergrund einer größtmöglichen Unabhängigkeit des DRSC und damit einer wesentlich gestärkten Legitimationsbasis, wäre diese Finanzierungsform zu bevorzugen.

Durch eine Umsetzung der genannten Maßnahmen ist es also grundsätzlich möglich, eine hinreichende Legitimationsbasis zu schaffen, um ein privates Gremium mit der Aufgabe der GoB-Konkretisierung für nicht steuergerichtlich konkretisierte Sachverhalte zu betrauen. Die entwickelten Standards könnten für die handelsbilanzielle Beurteilung einen ähnlichen Stellenwert einnehmen, wie die durch das BMF veröffentlichten sog. BMF-Schreiben. In diesen werden die kollektive Auffassung des BMF und der Finanzministerien der Länder zu aktuellen Rechts- und Verfahrensfragen beschrieben und allgemeine Weisungen für den Vollzug der Steuerverwaltung gegeben. Im Regelfall orientieren sich auch die Steuerpflichtigen bei der Beurteilung von Zweifelsfragen am Inhalt der BMF-Schreiben, weil sie eine entsprechende Auffassung der Finanzverwaltung vermuten.

2.1.2 Ermittlung der IFRS

2.1.2.1 Rechtsnormcharakter durch Übernahme in Gemeinschaftsrecht

Für kapitalmarktorientierte Mutterunternehmen innerhalb der EU besteht seit 2005 die Pflicht zur Aufstellung des Konzernabschlusses nach den Vorschriften der International Financial Reporting Standards (IFRS) (§ 315a Abs. 1 HGB). § 315a Abs. 3 HGB ermöglicht auch allen nicht-kapitalmarktorientierten Mutterunternehmen eine freiwillige Aufstellung ihres Konzernabschlusses nach den IFRS bei gleichzeitiger Befreiung von der Aufstellung eines zusätzlichen Konzernabschlusses nach HGB.[130]

---

[129] Vgl. im Ergebnis auch Kurz (2009), S. 58.
[130] Vgl. zum Anwendungsbereich der Norm Senger/Brune, § 315a HGB, Rn. 5–7.

Das privatwirtschaftlich organisierte International Accounting Standards Board (IASB) besitzt die Kompetenz zur Entwicklung und Verabschiedung von Standards.[131] Im Rahmen des sog. due process haben die Adressaten die Möglichkeit durch Kommentierung von Diskussionspapieren und Standardentwürfen auf die Ausgestaltung künftiger Standards einzuwirken.[132] Die Auslegung von IFRS erfolgt durch das IFRS Interpretations Committee, das in einem dem due process ähnlichen Verfahren sog. IFRIC-Interpretationen erarbeitet, die zusammen mit den Standards die IFRS bilden.[133]

Da die IFRS von einer privatwirtschaftlichen Organisation gesetzt werden, handelt es sich grundsätzlich um nicht rechtsverbindliche Fachnormen,[134] die zunächst „ausschließlich Empfehlungscharakter"[135] besitzen. In der EU besteht die Möglichkeit, dass die Gesetzgebungsorgane privaten Normen mittels eines Geltungsbefehls Rechtsnormqualität verleihen. So werden die IFRS im Rahmen eines sog. Endorsement-Prozesses[136] in Gemeinschaftsrecht übernommen, sodass sie faktisch Rechtsnormen darstellen[137] und sekundäres Gemeinschaftsrecht werden.[138] Die sog. endorsed-IFRS unterliegen durch diesen Übernahmeprozess einer zusätzlichen Objektivierung, denn ihre Einbettung in Gemeinschaftsrecht führt dazu, dass eine europagerichtliche Auslegung ermöglicht wird.[139] Um in Gemeinschaftsrecht übernommen zu werden, muss jeder Standard gemäß

---

[131] Vgl. zur historischen Entwicklung des IASB Kurz (2009), S. 69–73. Zur Legitimation des IASB zur Standardentwicklung vgl. Richardson/Eberlein (2011), S. 226–239; Pelger/Spieß (2017), S. 68–70.

[132] Vgl. IFRS Foundation (2020), 1.2 mit detaillierten Informationen zu den prozeduralen Anforderungen.

[133] Für eine ausführliche Darstellung des Prozesses vgl. Wüstemann u. a., International Financial Reporting Standards: Zur Bedeutung und Systembildung der internationalen Rechnungslegungsregeln, Rn. 1, 2 m. w. N.

[134] Vgl. Najderek (2009), S. 99; zum Fachnormcharakter von Rechnungslegungsvorschriften Biener (1996), S. 61–66; Botzem/Hofmann (2009), S. 231–234.

[135] Böcking (2001), Sp. 1778; vgl. auch Euler (1997), S. 182 f.

[136] Im Rahmen des Komitologie-Verfahrens entscheidet die EU-Kommission gemeinsam mit einem ernannten Komitologiekomitee (sog. Accounting Regulation Committee) über die Annahme der IFRS in Gemeinschaftsrecht. Ein Fachgremium (EFRAG) wird bei dieser Entscheidung beratend tätig. Vgl. zu einer ausführlichen Darstellung des Verfahrens Najderek (2009), S. 102–107. Vgl. für einen Überblick über die EFRAG als Teil des Endorsement-Prozesses van Mourik/Walton (2018).

[137] Vgl. Schön (2004), S. 764; vgl. auch Wüstemann u. a. (2012), S, 166–168.

[138] Vgl. zur Konformität des Endorsement-Mechanismus mit EU-Recht Heintzen (2001), S. 827.

[139] Vgl. Schön (2004), S. 764; Schulze-Osterloh (2004), S. 176 f.; Kirchner (2005), S. 208.

Art. 3 Abs. 2 IAS-Verordnung drei sog. Endorsement-Kriterien erfüllen: Zunächst darf der Standard nicht mit dem European-True-and-Fair-View-Grundsatz[140] konfligieren. Darüber hinaus muss der infrage stehende Standard neben dem öffentlichen Interesse letztlich den Anforderungen der Verständlichkeit, Erheblichkeit, Verlässlichkeit und Vermittlung entscheidungsnützlicher Informationen entsprechen (Art. 3 Abs. 2 IAS-Verordnung). Bei der Übernahme behält sich die EU-Kommission vor, sog. carve outs vorzunehmen, d. h. Standards nicht oder nur eingeschränkt zu übernehmen. Die in Gemeinschaftsrecht übernommenen IFRS sind deshalb nicht zwangsläufig „IFRS[.] as issued by the IASB"[141].[142] In den gegenwärtig anzuwendenden Standards hat die EU-Kommission von dieser Möglichkeit keinen Gebrauch gemacht.

2.1.2.2 Lückenhafte Regelungsdichte

2.1.2.2.1 Unsystematische Ermittlung durch unterschiedliche Auslegungsquellen

2.1.2.2.1.1 Adressatenbezogene Standardentwicklung und -auslegung
Aufgrund der durch das IASB sukzessive für einzelne Bilanzierungssachverhalte entwickelten Standards, ist – anders als im in sich geschlossenen GoB-System[143] – kein übergeordnetes System vorhanden, das den Bilanzierungsrahmen bildet.[144] Vielmehr geht mit dem Einbezug von Adressaten in den Standardsetzungsprozess einher, dass auch die „vorherrschenden Bilanzierungsgepflogenheiten"[145] berücksichtigt werden, mithin eine tendenziell induktive Normermittlung stattfindet.[146] In jüngeren Projekten strebt das IASB zunehmend an, ein prinzipienbasiertes System der IFRS zu entwickeln,[147] wenngleich dieses Vorhaben, aufgrund der

---

[140] Vgl. Fresl (2000) mit einer ausführlichen Darstellung (S. 106–113).

[141] Nobes (2015), S. 161.

[142] Vgl. Wüstemann/Kierzek (2007), S. 41 f., die den Konflikt der EU-Kommission zwischen einer vollumfänglichen Übernahme und der Wahrung europäischer Interessen thematisieren.

[143] Vgl. zu Einzelheiten 2.1.1.2.

[144] Vgl. Wüstemann/Wüstemann (2010b), S. 3.

[145] Wüstemann u. a., International Financial Reporting Standards: Zur Bedeutung und Systembildung der internationalen Rechnungslegungsregeln, Rn. 6.

[146] Aufgrund der Wechselwirkung zwischen Standardsetzer und Interessengruppen kann der Standardsetzungsprozess selbst auch als rekursiv bezeichnet werden; vgl. dazu Botzem u. a. (2017), S. 554–557.

[147] Zur Ausgestaltung von regel- und prinzipienbasierten Standards vgl. Schipper (2003), S. 62–71; Benston u. a. (2006), S. 168–171; Bennett u. a. (2006), S. 198–201; Bradbury/Schröder (2012), S. 5–9.

möglicherweise mit einer an den Adressateninteressen ausgerichteten Ermittlung konfligierender Ziele, bereits auf erhebliche Widerstände stieß. So ist das
IASB, bspw. im Rahmen des IFRS 15-Projekts *Erlöse aus Verträgen mit Kunden*,
durch weitreichende Zugeständnisse erheblich von seinen angestrebten „Leitprinzipien der Konsistenz und Prinzipienorientierung" abgewichen.[148] Inwieweit
solche Leitprinzipien im Rahmen eines privaten Standardsetzungsverfahrens aber
tatsächlich realisiert werden können, ist – insbesondere weil dies bedeutet, nicht
allen Adressateninteressen gerecht werden zu können – durchaus zweifelhaft.[149]
Zudem ist die Ausübung von Ermessen des Bilanzierenden gemäß IAS 8 *Rechnungslegungsmethoden, Änderungen von rechnungslegungsbezogenen Schätzungen
und Fehler* als Teil der Auslegung abstrakt oder vage formulierter Normen ebenso
wie zur einzelfallgerechten Sachverhaltsabbildung vorgesehen (IAS 8.10) und
trägt aufgrund des individuellen Charakters von Ermessensentscheidungen regelmäßig zu einer den Einzelfall berücksichtigenden und somit – im Gefüge der
IFRS – sachgerechten Bilanzierungslösung bei.[150] Aufgrund dieser – im Vergleich zu den GoB – unsystematischen Ermittlung und Auslegung entstehen
Anwendungsspielräume und Regelungslücken, die einer Schließung durch die
Anwender bedürfen.[151]

2.1.2.2.1.2 Durchsetzung der in Gemeinschaftsrecht übernommenen Normen

Im Zuge des Endorsement-Prozesses werden zwar die Standards und Interpretationen des Standing Interpretations Committee (SIC), bzw. des IFRS
Interpretations Committee, nicht aber sämtliche Bestandteile des Regelungsge-
füges, bspw. das Rahmenkonzept, die Basis for Conclusions und die Illustrative
Examples, als verbindliche Rechtsnormen qualifiziert.[152] Die Lückenhaftigkeit
der endorsed-IFRS wird hierdurch noch einmal verstärkt. Obwohl es sich
bei den endorsed-IFRS um gemeinschaftsrechtliche Normen handelt, obliegt
ihre Durchsetzung zunächst den einzelnen Mitgliedstaaten (16. Erwägungsgrund
zur IAS-Verordnung). In Deutschland erfolgte das sog. Enforcement bis Ende

---

[148] Vgl. Wüstemann/Wüstemann (2014), S. 929 (auch Zitat).

[149] So wird bspw. die vom IASB angestrebte grundlegende Fair-Value-Bewertung von Vermögenswerten und Schulden in Wissenschaft und Praxis vermehrt kritisiert und infolgedessen bisher nicht umgesetzt.

[150] Vgl. Wüstemann/Kierzek (2006), S. 105.

[151] Vgl. Küting (2011b), S. 2091–2093; ferner Schober (2020), S. 9 f. m. w. N.

[152] Vgl. Hennrichs (2014), Einführung in die Rechnungslegung nach International Financial
Reporting Standards, Rn. 70.

2021[153] in einem zweistufigen Verfahren.[154] In einem ersten Schritt prüfte die privatrechtlich organisierte DPR sowohl bei einem konkreten Verdacht als auch stichprobenartig einzelne Jahres- und Konzernabschlüsse einschließlich der Lageberichte kapitalmarktorientierter Unternehmen (§ 342b Abs. 2 S. 3 HGB), um wesentliche Fehler[155] zu veröffentlichen und durch die damit verbundene Transparenz „die Qualität der Rechnungslegung zu verbessern"[156]. Verweigerte das betroffene Unternehmen die Mitarbeit in diesem Verfahren oder war es mit der Fehlerfeststellung der DPR nicht einverstanden, wurde in einem zweiten Schritt die BaFin eingebunden, die aufgrund ihrer Position als öffentlich-rechtliche Einrichtung imstande ist einen Verwaltungsakt einzuleiten.[157] Durch Art. 11 Nr. 26 des Gesetzes zur Stärkung der Finanzmarktintegrität (FISG) ist das Verfahren seit dem 1. Januar 2022 nunmehr einstufig ausgestaltet und einzig die BaFin für anlass- und stichprobenbezogene Prüfungen von Bilanzen kapitalmarktorientierter Unternehmen verantwortlich. Zudem verfügt die BaFin seit dem Inkrafttreten des FISG über zusätzliche hoheitliche Befugnisse, bspw. erweiterte Auskunfts- sowie Durchsuchungs- und Beschlagnahmungsrechte (Art. 1 Nr. 2, Nr. 7 und Nr. 10 FISG). Gegen eine etwaige Fehlerfeststellung kann das betroffene Unternehmen Widerspruch und anschließend Beschwerde beim Oberlandesgericht (OLG) Frankfurt am Main einlegen (§ 112WpHG), sodass IFRS grundsätzlich im Zuge richterlicher Entscheidungen konkretisiert werden. In der Vergangenheit eingelegte Beschwerden richteten sich jedoch in erster Linie gegen den Verfahrensgang als gegen die inhaltliche Fehlerfeststellung selbst, sodass eine weitreichende Konkretisierung der IFRS im Rahmen dieser Entscheidungen bisher nicht erfolgt ist. In einer jüngeren Enforcement-Entscheidung, in der unter anderem auch der Ausweis des Geschäfts- oder Firmenwerts gemäß IFRS 3 strittig war, stellte das OLG Frankfurt am Main deutlich heraus, dass es im Zweifel die Aufgabe der zuständigen Gerichte sei, die Rechnungslegungsvorschriften der IFRS für strittige Bilanzierungssachverhalte auszulegen;[158] „[a]us dem Rechtscharakter dieser

---

[153] Vgl. für einen Überblick über die Reform des Enforcement Philipps (2020). Zu einer Diskussion der Verantwortung für die Bilanzkontrolle vgl. Schneider (2020).

[154] Zu Einzelheiten Thormann/Zempel (2020), VI, Rn. 19–24.

[155] Da die DPR nicht an die Wesentlichkeitsschwellen der Abschlussprüfer gebunden sind, sind in der Vergangenheit auch Fehler bei mit uneingeschränkten Bestätigungsvermerken testierten Berichten festgestellt worden. Vgl. zur Wesentlichkeit von Fehlern OLG Frankfurt a. M. (2009), WpÜG 1, 3/08.

[156] Thormann/Zempel (2020), VI, Rn. 9.

[157] Vgl. BT-DrS 15/3421, S. 15.

[158] Vgl. OLG Frankfurt a. M. (2019), WpÜG 3/16, WpÜG 4/16, Rn. 89, 99. Vgl. ferner Böcking u. a. (2019a), S. 344 f.

Standards als […] unmittelbar geltendes Recht kann sich mithin für die diesbezügliche rechtliche Beurteilung kein maßgeblicher Unterschied zur Bilanzierung nach Normen des HGB ergeben."[159]

Da jede Fehlerfeststellung, die von öffentlichem Interesse ist, – unabhängig davon, ob sie Anlass eines Gerichtverfahrens war – durch die BaFin unter anderem im Bundesanzeiger veröffentlicht wird (§ 109 FISG), beeinflussen diese Entscheidungen die Auslegung von IFRS möglicherweise indirekt.

Nicht nur für die Auslegung unbestimmter Rechtsbegriffe, sondern auch zur Konkretisierung solcher Bilanzierungssachverhalte, die in besonderem Maße die Ausübung von Ermessen des Bilanzierenden verlangen, können die veröffentlichten Fehlerfeststellungen ebenso wie die Rechtsprechung als Richtschnur dienen.[160] Dies gilt umso mehr, seitdem das OLG Frankfurt am Main in der vorgenannten Entscheidung auf die Notwendigkeit einer objektiven Auslegung der IFRS hingewiesen hat. Danach ist nicht etwa die vom bilanzierenden Unternehmen vertretene Rechtsauffassung – selbst wenn sie eine vertretbare subjektive Auslegung darstellt – sondern die von BaFin bzw. Gerichten ermittelte objektive Rechtslage maßgeblich.[161] Da der Übergang zwischen Normauslegung und Ermessensausübung im Gefüge der IFRS nicht den aus dem deutschen Rechtsverständnis bekannten Bestimmtheitsgrad hat,[162] sind für die Konkretisierung und Plausibilisierung einer Bilanzierungsentscheidung sämtliche Informationen einzubeziehen und auf den konkreten Einzelfall hin zu überprüfen respektive anzupassen.[163] Denn selbst bei Zugrundelegung des Bestimmtheitsgrads der HGB-Bilanzierung, kann eine Entscheidung – und das wird gerade bei der Bilanzierung selbst erstellter immaterieller Vermögensgegenstände deutlich – teilweise nicht auf Basis einer ständigen höchstrichterlichen Rechtsprechung erfolgen. In

---

[159] OLG Frankfurt a. M. (2019), WpÜG 3/16, WpÜG 4/16, Rn. 92.

[160] Vgl. so auch OLG Frankfurt a. M. (2019), WpÜG 3/16, WpÜG 4/16, die zwar klarstellen, dass der BaFin grundsätzlich keine Normsetzungskompetenz zukommt, einer Fehlerfeststellung aber eine bestimmte Norminterpretation vorausgeht und dies teilweise einer faktischen Rechtssetzung gleichkomme (Rn. 101).

[161] Vgl. OLG Frankfurt a. M. (2019), WpÜG 3/16, WpÜG 4/16, Rn. 88–104; so auch bereits OLG Frankfurt a. M. (2016), WpÜG 2/15, Rn. 51–55.

[162] Vgl. Lüdenbach/Freiberg (2019b), S. 2307–2309; zum Verständnis des subjektiven und objektiven Fehlerbegriffs und zur Abgrenzung von Auslegung und Ermessen im deutschen Bilanzrecht vgl. Schulze-Osterloh (2013), S. 1132 f.; Weber-Grellet (2013), S. 730–733.

[163] Vgl. im Ergebnis auch Böcking u. a. (2019b), S. 2645; Lüdenbach/Freiberg (2019a), S. 2648; Pöschke (2019), S. 873.

diesem Fall hat ein „verständig[.] und gewissenhaft handelnder Kaufmann" eine fundierte Bilanzierungslösung zu vertreten.[164] Die Durchsetzung der IFRS (das sog. Enforcement) liegt im Zuständigkeitsbereich der einzelnen Mitgliedstaaten. Als europaweit koordinierende Organisation veröffentlicht die Europäische Wertpapier- und Marktaufsichtsbehörde (ESMA) unter anderem aber jährliche Prüfungsschwerpunkte, die zu einem einheitlichen Enforcement in allen EU-Mitgliedstaaten beitragen sollen.[165] In Deutschland werden diese Schwerpunkte regelmäßig als Teil der von der DPR herausgegebenen Prüfungsschwerpunkte aufgenommen, die den Fokus einer jährlichen stichprobenartigen Prüfung durch die DPR bilden.[166] Die Konkretisierung der endorsed-IFRS kann letztendlich lediglich im Rahmen einer Gerichtsentscheidung erfolgen, wobei die ESMA und die DPR sowohl durch die Auswahl der Prüfungsschwerpunkte als auch die Prüfungen der Abschlüsse einen indirekten Einfluss auf die Auslegung nehmen. Im Rahmen derartiger Prüfungen wurden auch im Bereich der Bilanzierung immaterieller Vermögenswerte in der Vergangenheit zahlreiche Bilanzierungsfehler festgestellt;[167] insbesondere durch einen Unternehmenszusammenschluss erworbene immaterielle Vermögenswerte wurden nach Ansicht der Prüfer oftmals nicht oder fehlerhaft vom Geschäfts- oder Firmenwert separiert.[168]

Bei fehlerhafter IFRS-Abschlusserstellung besteht – durch die Übernahme der IFRS in Gemeinschaftsrecht – auch die Möglichkeit der Klageerhebung.[169] Die Rechtsetzung sowie -auslegung obliegt materiell dem IFRS Interpretations Committee, innerhalb der EU für endorsed-IFRS erfolgt sie formal durch die zuständigen Gerichte,[170] letztinstanzlich durch den EuGH.[171] Gemäß Art. 267

---

[164] Vgl. Pöschke (2019), S. 875 (auch Zitat).

[165] Vgl. ESMA (2014).

[166] Zur Art und Ausgestaltung der Enforcementprüfungen vgl. Schleicher (2017), S. 34–38; für einen Überblick über Studienergebnisse zu möglichen Auswirkungen der Enforcementtätigkeit vgl. Ballwieser (2014b), S. 636–642.

[167] Die ESMA veröffentlicht regelmäßig Fehlerfeststellungen nationaler Enforcement-Institutionen; die BaFin entscheidet über eine Veröffentlichung von Prüfungsergebnissen jedoch im Einzelfall.

[168] Vgl. bspw. Allgeier Holding AG (2006); Intelis AG (2008); Wirecard AG (2008).

[169] Vgl. zu Einzelheiten Schön (2004), S. 763 f.; Schulze-Osterloh (2004), S. 176.

[170] Vgl. Schön (2004), S. 764 f.

[171] Vgl. Hennrichs (2014), Einführung in die Rechnungslegung nach International Financial Reporting Standards, Rn. 73; Schön (2004), 764 f.; Schulze-Osterloh (2004), S. 176 f.; Kirchner (2005), S. 208.

AEUV besteht für nationale Gerichte die Möglichkeit (Abs. 1),[172] bzw. soweit es sich bei diesen um letztinstanzliche Gerichte handelt die Pflicht (Abs. 3), dem EuGH im Zuge eines sog. Vorabentscheidungsverfahrens[173] Fragen über die Auslegung von Gemeinschaftsrecht vorzulegen.[174] Diese Entscheidungen besitzen dann „praktisch gemeinschaftsweit eine gesetzesähnliche Wirkung"[175]. Da es bislang keine EuGH-Entscheidungen zur Auslegung von IFRS gibt, bleibt unklar, ob die Rechtsprechung des EuGH in Gleichklang mit der Auslegung des IFRS Interpretations Committee sein wird. Aufgrund der erheblichen Unterschiede zwischen der vom EuGH angewendeten teleologischen Auslegungsmethodik und der eher induktiven Interpretation des IASB und des IFRS Interpretations Committee, ist jedoch anzunehmen, dass der EuGH bei Zugrundelegung der Endorsement-Kriterien des Art. 3 Abs. 2 IAS-Verordnung für den Fall einander widersprechender Wertungen „europaspezifische[.] IFRS"[176] herausbildet.

2.1.2.2.2 Stellenwert des IFRS-Rahmenkonzepts

Auch wenn das Rahmenkonzept selbst keinen Teil der IFRS bildet und nicht in EU-Recht übernommen wurde,[177] dient es grundsätzlich als konzeptionelle Basis der Normermittlung[178] und ist bei der Entwicklung neuer und der Überarbeitung bestehender Standards heranzuziehen.[179] Die Vorschriften der Einzelstandards gehen denen des Rahmenkonzepts stets vor.[180] Anders als im in sich geschlossenen GoB-System[181], ist das Rahmenkonzept jedoch nicht durch Fundamental-

---

[172] Vgl. z. B. EuGH (1966), C-61/65, S. 603 zur Konkretisierung der Vorlagemöglichkeit.

[173] Zu einer ausführlichen Darstellung des Vorabentscheidungsverfahrens vgl. Dauses (1995), S. 94–123 und Schütz (2002), S. 219 f.

[174] Der EuGH weist in ständiger Rechtsprechung auf die Bedeutung des Vorabentscheidungsverfahrens als Bindeglied zwischen nationalen Gerichten und dem Gerichtshof hin; bspw. in EuGH (1990), C-297/88 und C-197/89, Rn. 31–38 und EuGH (1993), C-67/91, Rn. 25.

[175] Beisse (1990b), S. 504.

[176] Najderek (2009), S. 112; vgl. Lüdenbach/Freiberg (2019b), die die Notwendigkeit eines „internationalen Gerichtshof[s]" sehen (S. 2309).

[177] Vgl. Merkt (2014) für eine Diskussion über die Übernahme des Rahmenkonzepts in EU-Recht (S. 497–499).

[178] Vgl. CF (2018), SP1.1; Sutton u. a. (2015), S. 117.

[179] Dennis (2018) definiert die Aufgabe eines Rahmenkonzepts in diesem Sinn als „something that is used by standard setters in making decisions about promulgating accounting standards" (S. 385).

[180] Vgl. CF (2018), SP1.2; Gebhardt u. a. (2014), S. 108.

[181] Vgl. 2.1.1.2.

und Folgeprinzipien, sondern vielmehr durch auslegungsoffene Bilanzierungs-
und Informationsprinzipien charakterisiert.[182] Vor dem Hintergrund dieses konzeptionellen Unterschieds erfolgt auch die Schließung von Regelungslücken
gemäß IAS 8.10 in den IFRS keiner logischen „Ableitung von Einzelregelun-
gen", sondern vielmehr der Überprüfung einer grundsätzlichen Vereinbarkeit mit
den Regelungen des Rahmenkonzepts,[183] mithin einer ermessensbehafteten Auslegung.[184] Der mangelnde Systemcharakter der IFRS konnte durch einen Verweis
auf das Rahmenkonzept bisher nicht kompensiert werden.[185] So sind aufgrund
einer inkonsistenten Interpretation bzw. Gewichtung der übergeordneten Anforderungen durch das IASB einerseits und eine nicht aufeinander abgestimmte
(Weiter-)entwicklung von Rahmenkonzept und Standards andererseits, innerhalb
der IFRS zahlreiche konzeptionelle Widersprüche und Inkonsistenzen zu finden;[186] es scheint „that something conceptual is missing."[187] Seit der jüngsten
Überarbeitung des Rahmenkonzepts in 2018[188] weicht nunmehr auch die dort
verankerte Vermögenswertdefinition von der des IAS 38 ab. Um einen – zumindest normativ gesehen – anwendbaren, d. h. konsistenten Auslegungsrahmen zu
schaffen, müsste sich diese Neuausrichtung des IASB auch in den Einzelstandards
niederschlagen und demnach eine Überarbeitung des bestehenden IAS 38 bedingen. Eine solche Umsetzung ist zum jetzigen Zeitpunkt nicht absehbar und, da das
Rahmenkonzept die Möglichkeit von Abweichungen zwischen Rahmenkonzept
und Einzelstandards sogar stärkt, ist die Abschaffung bestehender Inkonsistenzen
möglicherweise künftig auch nicht zu erwarten.

Vor dem Hintergrund einer derzeitig eher induktiven Normermittlung ist die
tatsächliche Funktion, bzw. der Stellenwert des Rahmenkonzepts, als „Deduktionsbasis der Lückenfüllung"[189], aber insbesondere als grundsätzliche Deduktionsbasis der Normermittlung, durchaus fragwürdig. Eine konsequente (Neu-)

---

[182] Vgl. Wüstemann (1999), S. 32.

[183] Vgl. Ballwieser (2003), S. 344 (auch Zitat).

[184] Vgl. Ruhnke/Nerlich (2004), S. 393.

[185] Vgl. Rüdinger (2004), S. 39.

[186] Vgl. bspw. Hoffmann/Detzen (2012), S. 54; Erb/Pelger (2018b), S. 329.

[187] Barker/Teixeira (2018), S. 154.

[188] Für einen Überblick über das gemeinsame Standardsetzungsprojekt von IASB und FASB
vgl. Pelger (2016), S. 55–68.

[189] Najderek (2009), S. 120. Vgl. zu den praktischen Anforderungen an ein (auch zur
Lückenschließung genutztes) Rahmenkonzept Walton (2018), S. 195 f.

orientierung des IASB an einem prinzipienbasierten System setzt jedoch das Vorliegen eines konsistenten Rahmenkonzepts voraus.[190]

2.2 Abhängigkeit des Begriffsverständnisses von zugrunde liegender bilanztheoretischer Konzeption

2.2.1 Determinierung des Objektivierungserfordernisses durch die Zwecksetzung von Rechnungslegungsordnungen

2.2.1.1 GoB: Abgrenzung von Ausschüttungsbemessung und Informationsvermittlung

2.2.1.1.1 Gewinnanspruchsermittlung als primärer Zweck der Handels- und Steuerbilanz

Infolge einer teleologischen GoB-Ermittlung und der damit verbundenen „Relativität der Rechtsbegriffe"[191] ist es die der Rechnungslegung zugrunde liegende Zwecksetzung, die den „originären Bezugspunkt für Rechnungslegungsinhalt und -ausgestaltung dar[stellt], so dass die Ausgestaltung der Rechnungslegungsvorschriften als Produkt ihrer Zwecksetzung angesehen werden kann"[192]. Aus diesem Grund ist es für die Konkretisierung des Vermögensgegenstandsbegriffs zunächst zwingend notwendig, den zugrunde liegenden Sinn und Zweck zu determinieren.

Bis in die 1960er Jahre bildete die im Wesentlichen von Eugen Schmalenbach entwickelte dynamische Bilanztheorie die Grundlage handelsrechtlicher Bilanzierung. Ihr Sinn und Zweck bestand in der Ermittlung eines „vermögenszuwachsunabhängigen"[193] vergleichbaren Periodengewinns, um „das Auf und Ab der Wirtschaftlichkeit"[194], mithin die Leistungsfähigkeit des Unternehmens, bestmöglich darzustellen.[195] Die Gewinn- und Verlustrechnung stand folglich im

---

[190] Vgl. CF (2018), SP1.1; zur Anforderung der Konsistenz vgl. Wüstemann/Wüstemann (2010b), S. 11; vgl. ferner Walton (2018) zur Inkonsistenz auf Rahmenkonzeptebene (S. 194).

[191] Beisse (1981), S. 2.

[192] Homfeldt (2013), S. 81.

[193] Moxter (1982), S. 143.

[194] Schmalenbach (1919), S. 9.

[195] Vgl. Schmalenbach (1948), S. 17 f.; Schmalenbach (1962), S. 57 f.

Vordergrund der Bilanzierung; die Bilanz galt hingegen als reines Abgrenzungskonto, um noch nicht erfolgswirksam gewordene Ausgaben und Einnahmen als erfolgsneutrale Vor- und Nachleistungen abgrenzen zu können.[196] Aus diesem Grund wurden in der Dynamik originäre immaterielle Güter, bspw. Forschungsleistungen,[197] (bereits dann) aktiviert, wenn die Ausgaben drei im Hinblick auf die dynamische Zielsetzung objektivierende Kriterien erfüllten: Danach mussten die Ausgaben in künftigen Perioden ertragswirksam sein, ihr Nutzen musste feststellbar sein und im Sinne einer Periodisierung war ein Verteilungsbedürfnis notwendig.[198] Der Vermögensbegriff wurde in der Dynamik vollkommen aufgegeben;[199] „rechtlich zwingende Objektivierungserfordernisse traten zurück"[200]. Auch die höchstrichterliche Rechtsprechung folgte in ihren frühen Entscheidungen dem dynamischen Verständnis und sah „nach dynamischer Bilanzauffassung [...] die zeitraumrichtige Gewinnermittlung, die auch als Problem der richtigen Periodenabgrenzung bezeichnet wird, [als] einer der tragenden Grundsätze des Bilanzrechts"[201] an.

Nach dem heute maßgeblichen ausschüttungsstatischen Bilanzverständnis ist hingegen die Gewinnanspruchsermittlung, d. h. die Ermittlung eines vorsichtig bemessenen und dem Unternehmen entziehbaren Gewinns, primärer Bilanzzweck.[202] Im Interesse der Gewährung eines größtmöglichen Gläubigerschutzes[203] wird die Ausschüttungsbemessungsfunktion im Wesentlichen durch zwei Schutzzwecke konkretisiert. Einerseits sollen die Anteilseigner – nach Maßgabe gesetzlicher oder vertraglicher Regelungen[204] – vor Gewinnverkürzungen geschützt werden, indem der durch einen Vermögensvergleich ermittelte Gewinn dem zugewiesenen Gewinn entspricht.[205] Andererseits wird der jeweilige Anteilseigner durch eine Ausschüttungsbegrenzung vor dem Ausweis fiktiver Gewinne,

---

[196] Vgl. Schmalenbach (1962), S. 28.

[197] Vgl. Schmalenbach (1962), S. 68.

[198] Vgl. Schmalenbach (1962), S. 146.

[199] Vgl. zu einer Darstellung der dynamischen Aktivierungsregeln statt vieler Moxter (1984a), S. 33–35.

[200] Moxter (1993b)., S. 534.

[201] BFH (1960), IV 103/58U, S. 138; vgl. ferner BFH (1957), I 46/57U, S. 351.

[202] Vgl. Moxter (1988), S. 449; Moxter (1996), S. 239 f.

[203] Vgl. Beisse (2001), S. 741.

[204] Vgl. Moxter (2003), S. 3.

[205] Vgl. Moxter (1993a), S. 78; Wüstemann (1996), S. 429.

d. h. einem zu hohen Mittelentzug, geschützt, sodass der Fortführungs- und Kapitalerhaltungsgrundsatz gewahrt wird.[206] Die „Funktion des handelsrechtlichen Jahresabschlusses als Grundlage der Gewinnausschüttung" wurde im Zuge des BilMoG als Primärzweck bestätigt.[207] Ausgehend von diesem ausschüttungsstatischen Verständnis nimmt die Vermögensermittlung mit ihren konkretisierenden Unterprinzipien eine zentrale Rolle ein, denn die durch sie konzipierte (statische) Bilanz dient als Basis der Ermittlung des ausschüttbaren, mithin entziehbaren Gewinns.[208] So werden die Gläubiger bspw. durch eine erfolgsneutrale Aktivierung lediglich derjenigen Ausgaben, die die Vermögensgegenstandskriterien erfüllen, mithin tatsächlich einen Vermögensgegenstand darstellen,[209] vor einem zu hohen Mittelentzug geschützt. Da dem Gewinnermittlungsprinzip eine Gewinnverteilungs- und Ausschüttungsbemessungsfunktion zukommt, „ergänzt, präzisiert und durchbricht" es das Vermögensermittlungsprinzip[210], indem nur diejenigen Ausgaben aktiviert werden, denen Umsätze zuzuordnen sind. Nur die Interdependenz von Gewinn- und Vermögensermittlungsprinzipien ermöglicht eine zweckadäquate Bilanzierung.[211]

2.2.1.1.2 Nachrangigkeit der Informationsfunktion

2.2.1.1.2.1 Heilung von Informationsverzerrungen im Anhang

Neben der Ausschüttungsbemessungsfunktion ist es Aufgabe des Jahresabschlusses, den Abschlussadressaten entscheidungserhebliche Informationen bereitzustellen.[212] Der Zweck der Informations-GoB besteht zum einen darin, einen Mindesteinblick zu gewährleisten, also sowohl den Kaufmann selbst fortlaufend über die wirtschaftliche Lage seines Unternehmens zu informieren (§ 238 Abs. 1 S. 1 HGB) und die gewonnenen Erkenntnisse zu einer verbesserten Unternehmensführung zu nutzen[213] als auch – abhängig von gesetzlichen oder vertraglichen Gestaltungen – für eine ausreichende Information Dritter zu sorgen.[214] Darüber hinaus bedeutet die Informationsvermittlung aber auch die

---

[206] Vgl. Moxter (1984b), S. 1781 f.; Moxter (1997), S. 348 f.; Wüstemann (1999), S. 107–111.

[207] Vgl. BT-DrS 16/10067, S. 34 (auch Zitat).

[208] Vgl. Beisse (1990b), S. 501 f.

[209] Vgl. Beisse (1994), S. 17.

[210] Vgl. Euler (1996), S. 112 (auch Zitat).

[211] Vgl. Moxter (1993b), S. 539; Beisse (1994), S. 17 f.

[212] Vgl. Moxter (2003), S. 223.

[213] Vgl. Moxter (2003), S. 4 f.

[214] Vgl. Wüstemann (1999), S. 157.

Sicherung von Einblicksgrenzen in das zu bilanzierende Unternehmen, sowohl durch explizite, d. h. gesetzlich kodifizierte, als auch implizite, also nicht gesetzlich kodifizierte, Schutzklauseln.[215]

Im handelsrechtlichen Jahresabschluss nimmt die Informationsvermittlung eine subsidiäre Stellung ein, d. h. sie tritt im Konfliktfall hinter die Ausschüttungsbemessungsfunktion zurück.[216] Aufgrund des besonderen Informationsbedürfnisses des Kapitalmarkts haben Kapitalgesellschaften nach § 264 Abs. 2 S. 1 HGB die Pflicht, unter Beachtung der GoB – und damit des Objektivierungsprinzips[217] – ein den tatsächlichen Verhältnissen entsprechendes Bild ihrer Finanz-, Vermögens- und Ertragslage zu schaffen (sog. True-and-Fair-View-Grundsatz).[218] Dieser durch die EU-Bilanzrichtlinie[219] europaweit bestehenden Pflicht kommen Kapitalgesellschaften in Deutschland durch die Bereitstellung zusätzlicher Informationen im Anhang nach, der gemäß §§ 325–328 HGB bzw. § 9 PublG veröffentlicht werden muss. Im Sinne der Abkopplungsthese[220] besitzt der Anhang eine Korrektivfunktion, d. h. aus dem ausschüttungsstatischen Primärzweck resultierende Informationsverzerrungen werden im Anhang durch zusätzliche Erläuterungen geheilt.[221] Kapitalmarktorientierte Mutterunternehmen haben darüber hinaus die Pflicht, ihren Konzernabschluss nach den IFRS aufzustellen, um an die Anteilseigner gerichtete, entscheidungsnützliche Informationen zu vermitteln.[222] Um einem erhöhten Informationsbedürfnis der Abschlussadressaten nachzukommen, besteht gemäß § 315a HGB auch für nicht-kapitalmarktorientierte Unternehmen die Möglichkeit, einen Einzelabschluss zusätzlich nach den IFRS zu erstellen und anstelle des Abschlusses nach HGB im Bundesanzeiger zu veröffentlichen (§ 325 Abs. 2a und 2b HGB). Eine ausschüttungsbemessende Funktion erfüllt ein IFRS-Abschluss indes nicht,[223] sodass der Abschluss nach HGB für steuerliche und gesellschaftsrechtliche Zwecke uneingeschränkt maßgeblich ist.[224]

---

[215] Vgl. Moxter (2003), S. 228.

[216] Vgl. Wüstemann (2002), S. 18; Wüstemann/Wüstemann (2010a), S. 758.

[217] Vgl. Backes (2019), S. 24 f. m. w. N.

[218] Vgl. Reiner (2020), § 264 HGB, Rn. 5–7; Störk/Schellhorn (2020), § 264 HGB, Rn. 5 f.

[219] Vgl. EU-Bilanzrichtlinie (2013). Die EU-Bilanzrichtlinie ersetzt seit 2013 die Vierte Richtlinie (78/660/EWG) und Siebte Richtlinie (83/349/EWG).

[220] Vgl. Beisse (1988), S. 43 f.

[221] Vgl. Moxter (1987b), S. 372 f.; Euler (1996), S. 131; Lorenz (2002), S. 27.

[222] Vgl. Busse von Colbe u. a. (2010), S. 26–28.

[223] Vgl. Lüdenbach u. a. (2020), §1, Rn. 12.

[224] Vgl. Harr/Walber (2006), S. 170.

2.2.1.1.2.2 Entwicklung einer gestärkten Informationsfunktion

Bedingt durch die Internationalisierung der Rechnungslegung hat sich der Stellenwert der Informationsvermittlung handelsrechtlicher Jahresabschlüsse im Laufe
der Zeit verändert, sodass über ihre konkrete Ausgestaltung kein Konsens besteht.
Grundsätzlich ist es – wie bereits dargestellt – Aufgabe des Gesetzgebers
und ergänzend der Rechtsprechung, die Gewichtung der Jahresabschlusszwecke
sowie die damit in Zusammenhang stehenden Anforderungen an die Ausgestaltung der Rechnungslegung zu konkretisieren, letztendlich also den bestehenden
Zweckdualismus aufzulösen.[225] Infolge der Bestrebungen nach einer harmo-
nisierten Rechnungslegung innerhalb der EU hat in der Vergangenheit aber
auch die EU-Kommission durch die Verabschiedung von Richtlinien maßgeblichen Einfluss auf die Ausgestaltung genommen. Aufgrund der EU-weit
unterschiedlichen Umsetzungsmöglichkeiten der Richtlinien,[226] die sich insbesondere bei der Auslegung des True-and-Fair-View-Grundsatzes zeigen,[227]
existiert keine gemeinsame Interpretation der Informationsfunktion. Die unterschiedlichen Umsetzungsmöglichkeiten sind zwar durch die Verankerung der
Zielnorm im europäischen Recht insoweit beschränkt, als dass sie zweckorientiert
im Sinne der Richtlinie zu erfolgen haben;[228] die Unbestimmtheit des Grundsatzes innerhalb der Richtlinie eröffnet jedoch einen weiten Umsetzungsspielraum
im Sinne unterschiedlicher Ausgestaltungen.[229]

Die Harmonisierung nationaler Rechnungslegungsvorschriften für Kapitalgesellschaften wurde durch die EU-Bilanzrichtlinie, die als „neue[s] supranatio-
nale[s] Grundgesetz der Rechnungslegung" die bisher gültigen Regelungen der
Jahresabschlussrichtlinie (vierte Richtlinie) sowie der Konzernabschlussrichtlinie
(siebte Richtlinie) zusammenfasst,[230] weiter vorangetrieben. Der Auslegungsspielraum der Richtlinie für die einzelnen Mitgliedstaaten wurde – aufgrund der
stark divergierenden Zwecksetzungen – denkbar weit gefasst, gleichwohl wurde

---

[225] Vgl. zur Ermittlung handelsrechtlicher GoB 2.1.1.

[226] Vgl. Najderek (2009), S. 52 f. m. w. N.; Aisbitt/Nobes (2001) untersuchen die Umsetzung
des True-and-Fair-View-Grundsatzes in verschiedenen Ländern (S. 83–87).

[227] Vgl. zur Auslegungsbedürftigkeit des Grundsatzes bspw. Chastney (1975), S. 37 f.;
Beisse (1998), S. 311.

[228] Vgl. Fresl (2000), S. 59 f.

[229] Zu einer Analyse der Übernahme des True-and-Fair-View-Grundsatzes in das deutsche
Handelsrecht vgl. Fresl (2000), S. 70–76. Zur Umsetzung in britisches Recht vgl. Alexander
(1999), S. 241. Vgl. ferner Beisse (1993), S. 93 f.; Alexander/Jermakowicz (2006), S. 139;
Livne/McNichols (2009), S. 1 f.; Alexander/Eberhartinger (2010), S. 41.

[230] Vgl. Zwirner (2014), S. 445 (auch Zitat).

insbesondere die kontinentaleuropäische Umsetzung des True-and-Fair-View-Grundsatzes im Sinne einer Erläuterungsfunktion durch die Richtlinie bestärkt (Art. 4 Abs. 3 EU-Bilanzrichtlinie).[231] Durch den deutschen Gesetzgeber wurde sie im Jahr 2015 im Zuge des Bilanzrichtlinie-Umsetzungsgesetz (BilRUG) in deutsches Recht umgesetzt.

Durch das BilMoG wurden verschiedene EU-Richtlinien in nationales Recht umgesetzt; durch eine Stärkung der „Informationsfunktion des handelsrechtlichen Jahres- und Konzernabschlusses im Wege der Modernisierung der Rechnungslegungsvorschriften des HGB"[232] hat es zu einer Annäherung an die internationale Rechnungslegung geführt und in diesem Zuge auch den Ansatz selbst erstellter immaterieller Vermögensgegenstände des Anlagevermögens ermöglicht. Auch wenn der BilMoG-Gesetzgeber klargestellt hat, dass die Ermittlung eines vorsichtig bemessenen, ausschüttungsfähigen Gewinns nach dem BilMoG den primären Bilanzzweck bildet,[233] aus einer Aufwertung der Informations-GoB also nicht auf eine grundlegende Zweckänderung geschlossen werden kann, ist unbestritten, dass die bis dahin bestandene Bilanzierung einem Wandel unterliegen muss(te). Gleichzeitig besteht bis heute kein Konsens über den notwendigen Grad der Veränderung.

Aufgrund der grundsätzlich gleichgelagerten handels- und steuerbilanziellen Zwecksetzung würde eine Orientierung an den IFRS im Sinne einer dominierenden Informationsfunktion jedoch nicht (nur) eine Konkretisierung bestehender Bilanzierungsfragen begünstigen, sondern eine weitergehende Abkopplung von Handels- und Steuerbilanz und damit eine Aufweichung der Maßgeblichkeit bedeuten. Dass der BFH eine solche Orientierung ablehnt, stellte er in der Vergangenheit deutlich klar, wenn er sich explizit mit einer potenziellen Anwendung der IFRS auseinandersetzte. Danach bestimmten "die International Accounting Standards bzw. die IFRS die steuerrechtliche Gewinnermittlung nicht"[234].

---

[231] Vgl. Jessen/Haaker (2013), S. 1618 f.

[232] BT-DrS 16/10067, S. 1.

[233] Vgl. BT-DrS 16/10067, S. 34.

[234] BFH (2010), I R 103/09, S. 218; im Ergebnis auch BFH (2004), I R 5/04, S. 102 f.

2.2.1.2 IFRS: Spannungsverhältnis von Entscheidungsnützlichkeit und Rechenschaftslegung

2.2.1.2.1 Vermittlung entscheidungsnützlicher Informationen als prinzipiell entobjektivierter Fundamentalzweck

Primärer Zweck der Rechnungslegung nach Maßgabe der IFRS ist nicht – wie nach GoB[235] – die Bemessung eines ausschüttungsfähigen Gewinns, sondern die Bereitstellung entscheidungsnützlicher (decision-useful) Informationen über das Unternehmen;[236] Ziel ist es, die Adressaten – gegenwärtige sowie potenzielle Investoren, Kreditgeber und andere Gläubiger – mit den notwendigen Informationen zu versorgen, damit diese Entscheidungen über die Allokation finanzieller Ressourcen treffen können.[237] Da der IFRS-Abschluss einen großen Adressatenkreis anspricht, dessen Teilnehmer – in Abhängigkeit des individuellen Nutzens – möglicherweise unterschiedliche Prioritäten und damit unterschiedliche Auffassungen über die konkrete Ausgestaltung und die Gewichtung der Jahresabschlusszwecke haben,[238] ist es nicht immer uneingeschränkt möglich jegliche Informationsbedürfnisse der zahlreichen Adressaten zu erfüllen.[239] Die Entscheidungsnützlichkeit der vermittelten Informationen wird aber grundsätzlich als gegeben angesehen, wenn die Adressaten eine Einschätzung über die erwarteten Zahlungsmittelrückflüsse erhalten und – unter Einbezug weiterer Informationsquellen[240] – den Wert des berichtenden Unternehmens ermitteln können[241]. Die Vermittlung entscheidungsnützlicher Informationen stellt zwar einen prinzipiell entobjektivierten Fundamentalzweck dar, Objektivierungsrestriktionen sind dennoch unerlässlich.[242] Durch die Rechenschaftsfunktion wird der Objektivierungsgrad im Allgemeinen, aber insbesondere auch für die Konkretisierung des Vermögenswertbegriffs im Speziellen weiter präzisiert.

---

[235] Vgl. zum Primärzweck handelsrechtlicher GoB 2.2.1.1.1.

[236] Vgl. CF (2018), SP1.5; Gassen (2008), S. 3.

[237] Vgl. CF (2018), 1.2; Pelger (2011), S. 910 f.; Gebhardt u. a. (2014), S. 109 f.

[238] Vgl. Homfeldt (2013), S. 83.

[239] Vgl. CF (2018), 1.8. Zu unterschiedlichen Bedeutungen entscheidungsnützlicher Informationen vgl. stellvertretend Dennis (2019), S. 12–16.

[240] Vgl. CF (2018), 1.6.

[241] Vgl. CF (2018), 1.7. Vor diesem Hintergrund kann die Entscheidungsnützlichkeit auch im Sinne einer Bewertungsnützlichkeit verstanden werden; vgl. hierzu Pelger (2009), S. 158; Pelger (2011), S. 911; Bastini (2015), S. 27.

[242] Vgl. Ballwieser (1985), S. 1037; Moxter (2002), Sp. 1044.

2.2.1.2.2 Rechenschaftsfunktion als Teil entscheidungsnützlicher Informationen

Aufgrund bestehender Informationsasymmetrien zwischen den Unternehmenseigentümern einerseits und der Geschäftsleitung andererseits[243] kommt der Rechenschaftslegung (stewardship) in der Rechnungslegung unabhängig von bestimmten Zwecksetzungen eine besondere Bedeutung zu.[244] Während die Rechenschaftsfunktion im Rahmenkonzept 1989 als separater Bilanzzweck verankert war,[245] blieb ein expliziter Verweis im Rahmenkonzept 2010 aus.[246] Gegenwärtig ist die Rechenschaftsfunktion an verschiedenen Stellen des Rahmenkonzepts explizit aufgenommen, stellt jedoch keinen separaten Zweck dar;[247] sie ist vielmehr als Teil des Fundamentalzwecks konzipiert.[248]

Gesellschafter nutzen die Abschlüsse, um das Handeln des Managements zu beurteilen und Rückschlüsse auf die ordnungsgemäße Verwendung der diesem zur Verfügung gestellten Mittel ziehen zu können.[249] Diese ex-post Analyse dient nicht nur der Kontrolle vergangener Managementleistungen, sondern insbesondere auch der Beurteilung der künftigen strategischen Ausrichtung des Managements. Die Rechenschaftsfunktion entfaltet mithin nicht nur eine retrospektive, sondern ebenso eine prospektive Wirkung.[250] Um dem Zweck der Entscheidungsnützlichkeit zu entsprechen, hat das Management über vergangene sowie über künftige Entwicklungen des Unternehmens zu berichten. Die Adressaten sollen dadurch in die Lage versetzt werden, beurteilen zu können, wie effizient und effektiv das Management und der Aufsichtsrat des berichtenden Unternehmens die Ressourcen des Unternehmens genutzt haben und auf dieser Grundlage die künftige Entwicklung des Unternehmens beurteilen.[251]

Die Wichtigkeit der Rechenschaftslegung wird auch im Rahmen der vergangenen Überarbeitung der Vermögenswertdefinition im Rahmenkonzept deutlich;

---

[243] Vgl. zu Einzelheiten über die Ursprünge der Prinzipal-Agenten-Theorie stellvertretend Jensen/Meckling (1979) und Furubotn/Richter (2008) für eine Einordnung in die neoinstitutionalistischen Theorien.

[244] Vgl. Ijiri (1983), S. 76.

[245] Vgl. CF (1989), F.14.

[246] Vgl. CF (2010). Zu einer Darstellung und Würdigung der Überarbeitung der Zwecksetzung vgl. Pelger (2011), S. 910–914.

[247] Vgl. Lennard (2007), S. 52–66; Erb/Pelger (2015b), S. 1062 f.

[248] Normativ betrachtet, kann die Konzentration auf einen wesentlichen Zweck zur Konsistenz bei der Standardentwicklung beitragen. Vgl. kritisch Gebhardt u. a. (2014), S. 110.

[249] Vgl. Whittington (2008a), S. 145.

[250] Vgl. Whittington (2008a), S. 145.

[251] Vgl. CF (2018), 1.3; CF (2018), BC1.34 f.; ferner Zeff (2013), S. 313.

während der Vergangenheitsbezug eines Vermögenswerts (a result of past events) ebenso wie der direkte Verweis auf die Rechenschaft im Discussion Paper nicht vorhanden war, wurden beide Aspekte im Zuge der weiteren Überarbeitung wieder eingeführt.[252]

Da sowohl die Entscheidungsnützlichkeit als auch die Rechenschaftslegung dem Abbau von Informationsasymmetrien dienen, werden nach Ansicht des IASB mit der Unterordnung der Rechenschaftsfunktion unter das Kriterium der Entscheidungsnützlichkeit alle notwendigen Informationen vermittelt.[253] In der Literatur wird auch die Meinung vertreten, die beiden Rechnungslegungszwecke seien – insbesondere aufgrund einer unterschiedlichen Gewichtung des Aspekts der Relevanz (relevance) einerseits sowie der Verlässlichkeit (reliability) andererseits – nicht (vollständig) kompatibel.[254] Der im Rahmenkonzept 1989 vorhandene Dualismus[255] biete die Möglichkeit, eine umfassende Berichterstattung zu erhalten, sodass beide Zwecke notwendigerweise getrennt voneinander in Betracht zu ziehen seien.[256] Vor diesem Hintergrund sei es zwingend notwendig, die Flexibilität des Managements einzuschränken, um verlässliche Rechenschaft über die vergangene unternehmerische Tätigkeit zu erhalten;[257] die Rechenschaftsfunktion wirke mithin „der Gefahr einer primären und einseitigen Ausrichtung [...] der Informationsfunktion"[258] entgegen. Gleichzeitig sei für die Bereitstellung relevanter, entscheidungsnützlicher Informationen gerade die Prognosefähigkeit künftiger Cashflows und damit ein hoher Grad der Ermessensausübung des Managements notwendig. Ordne man die Rechenschaftslegung dem Kriterium der entscheidungsnützlichen Informationen unter, läge der Fokus uneingeschränkt auf der mit der übergeordneten Entscheidungsnützlichkeit einhergehenden Prospektivität.[259] Die im Rahmenkonzept 2018 vorhandene Kompromisslösung führt dazu, dass die beiden „komplementären, aber nicht

---

[252] Vgl. zur Verbindung der Rechenschaftslegung und der Vermögenswertdefinition Whittington (2008b), S. 501.

[253] Vgl. CF (2018), BC3.4(c). Untersuchungen, bspw. von Bushman u. a. (2006), Banker u. a. (2009) und Drymiotes/Hemmer (2013), zeigen eine positive Beziehung zwischen der Rechenschaftsfunktion und der Entscheidungsnützlichkeit.

[254] Vgl. bspw. Gjesdal (1981), S. 226; Kuhner/Pelger (2015), S. 381; Miller/Oldroyd (2018), S. 71–75; Pelger (2020), S. 5 f.

[255] Vgl. Birnberg (1980), S. 72–74.

[256] Vgl. Whittington (2008a), S. 145; Schruff (2011), S. 857.

[257] Vgl. Wüstemann (2013), S. 19.

[258] Arbeitskreis Fortentwicklung der Rechnungslegung für KMU (2012), S. 991.

[259] Vgl. Whittington (2008b), S. 499.

identischen Zwecke[.]"[260] nicht ihre volle und für die IFRS-Rechnungslegung wichtige Wirkung[261] entfalten können.

2.2.2 Konkretisierung der Rechnungslegungsinhalte

2.2.2.1 GoB: Ausprägung des handelsrechtlichen Vergleichbarkeits- und Objektivierungserfordernisses

2.2.2.1.1 Objektivierende Interdependenz von Gewinn- und Vermögensermittlungsprinzipien

2.2.2.1.1.1 Vermögensermittlungsprinzip zur Konkretisierung einer vermögensorientierten Gewinnermittlung

Im geltenden deutschen Bilanzrecht, das gekennzeichnet ist durch „ein System sich wechselseitig ergänzender und beschränkender Grundsätze"[262], sorgt bereits das Zusammenspiel von Gewinn- und Vermögensermittlungsprinzipien für einen gewissen Grad an Objektivierung.

Das aus § 242 Abs. 1 S. 1 HGB resultierende Vermögensermittlungsprinzip und seine konkretisierenden Unterprinzipien – bspw. das Einzelbewertungs- und Fortführungsprinzip (§ 252 Abs. 1 Nr. 2 und 3 HGB) sowie das Prinzip wirtschaftlicher Vermögensermittlung (§ 246 Abs. 1 S. 2 HGB)[263] – präzisieren – als lex generalis – die allgemeinen Ansatz- und Bewertungskriterien.[264] Das Vermögensermittlungsprinzip gilt uneingeschränkt für Eröffnungsbilanzen,[265] da diese nicht zur Gewinnermittlung dienen,[266] sodass das ausgewiesene Vermögen „verzerrungsfrei" ist.[267] In den Folgebilanzen konkretisiert es ferner die Ansatzkriterien von Vermögensgegenständen und Schulden und bestimmt deren Bewertung, indem es an Einnahmen- und Ausgabenpotenziale die Anforderung stellt, sowohl dem Grunde als auch der Höhe nach greifbar zu sein; somit schließt es den Ansatz derjenigen vermögenswerten Vorteile und Belastungen aus,

---

[260] Pelger (2009), S. 160.

[261] Empirische Studien haben die konfligierende Beziehung beider Zwecke gezeigt, vgl. bspw. Gjesdal (1981), S. 223; Gassen (2008), S. 39; teilweise Kuhner/Pelger (2015), S. 405.

[262] Moxter (1994), S. 710; vgl. auch Beisse (1994), S. 8–21.

[263] Diese Prinzipien sind zwei der wenigen im HGB kodifizierten Objektivierungskriterien.

[264] Vgl. Beisse (1990b), S. 501; ferner zu einer Analyse des Einzelbewertungsgrundsatzes Küting/Eichenlaub (2011).

[265] Vgl. Euler (1996), S. 127–129.

[266] Vgl. Hommel (1998), S. 47.

[267] Vgl. Moxter (2007), S. 3 (auch Zitat).

die zu unbestimmt, d. h. nicht intersubjektiv nachprüfbar, sind.[268] Das Prinzip wirtschaftlicher Vermögensermittlung sorgt dafür, dass ein Ansatz bloßer Verrechnungsposten im Sinne eines dynamischen Bilanzverständnisses[269] unterbleibt[270] und regelt zudem die Zurechnung einzelner Vermögensgegenstände zum Vermögen des Bilanzierenden.[271] Vor dem Hintergrund eines ausschüttungsstatischen Bilanzverständnisses[272] werden mögliche Gewinnansprüche durch einen Vermögensvergleich aus dem (Rein-)Vermögenszuwachs abgeleitet;[273] die Bilanz wird somit als Vermögensbestandsrechnung verstanden.[274] Das bedeutet, einzelne „objektiviert nachweisbare[.] [...] Vermögensvorteile und -belastungen"[275] werden in die Bilanz aufgenommen und am Markt bestätigte Änderungen des Vermögens werden gewinnwirksam erfasst. Der Ausweis des entziehbaren Gewinns wird also an die (Buch-)Vermögensänderung geknüpft.[276]

2.2.2.1.1.2 Objektivierende Funktion des Realisationsprinzips als zentrales Prinzip einer vorsichtigen Gewinnermittlung

Vor dem Hintergrund des Gläubigerschutzes bestimmt das „aus dem allgemeinen Vorsichtsprinzip abgeleitete[.] Realisationsprinzip"[277] als zentrales Gewinnermittlungsprinzip die Bilanzierung immaterieller Vermögensgegenstände in den Folgebilanzen, indem es das Vermögensermittlungsprinzip „ergänzt, präzisiert und durchbricht"[278]. Durch das Realisationsprinzip wird nicht nur der Gewinnausweis an den Umsatzakt geknüpft,[279] sondern auch die Aktivierung von Anschaffungs- und Herstellungskosten als Basis einer periodengerechten Zuordnung von Aufwendungen zu den „von ihnen alimentierten Geschäftsjahresumsätze[n]"[280] bestimmt. Danach sind alle Ausgaben, die Erträge nach dem

---

[268] Vgl. Moxter (2003), S. 19–21.

[269] Vgl. zum dynamischen Bilanzverständnis 2.2.1.1.1.

[270] Vgl. Moxter (1994), S. 710 f.; Moxter (2007), S. 6.

[271] Vgl. Moxter (2007), S. 2 f.

[272] Vgl. zum Begriff der Ausschüttungsstatik 2.2.1.1.1.

[273] Vgl. Moxter (2003), S. 19.

[274] Vgl. BFH (1995), I R 92/94, S. 595; Moxter (2007), S. 2.

[275] Hommel (1998), S. 47.

[276] Vgl. Hommel (1998), S. 47. Vgl. zur Objektivierungsfunktion der Einzelbewertung Küting/Eichenlaub (2011), S. 1196; ferner Beisse (1994), S. 17.

[277] Moxter (2003), S. 43.

[278] Euler (1996), S. 112; vgl. auch Hommel (1998), S. 48; Fresl (2000), S. 33.

[279] Vgl. BFH (1973), IV R 181/71, S. 204; Moxter (1987b), S. 365.

[280] Böcking (1989), S. 496; vgl. auch Moxter (1984b), S. 1784; Ballwieser (1990), S. 482.

Bilanzstichtag alimentieren, zu aktivieren.[281] Im Sinne des Primärzwecks dient das Realisationsprinzip auch in seiner Rolle als grundlegendes Aktivierungsprinzip[282] dazu, den tatsächlich ausschüttbaren, verteilungsfähigen Gewinn zu ermitteln, denn nur derjenige Gewinn wird ausgewiesen, der tatsächlich realisiert ist.[283] Verstanden als Gläubigerschutznorm wirkt das im deutschen Bilanzrecht streng ausgelegte Realisationsprinzip[284] somit sowohl aktivierungsbegrenzend als auch passivierungserweiternd; die im Zweifel vorsichtige Nicht-Aktivierung von Vermögenswerten bzw. Passivierung von Lasten führt in der Folge somit zu einem tendenziell niedrig ausgewiesenen Vermögen.[285] Dass das Realisationsprinzip nicht durchweg restriktiv verstanden werden darf, zeigt die zunehmende Bilanzierungsmöglichkeit immaterieller Werte. Ein zu streng verstandenes Realisationsprinzip mit der Folge einer Nichtaktivierung wäre mit dem Primärzweck ebenso wenig vereinbar wie ein entobjektiverendes Realisationsprinzip ohne eine ansatzbeschränkende Wirkung; beide Extreme würden bedeuten, dem Gläubigerschutz nicht gerecht zu werden.

Das Realisationsprinzip entfaltet eine grundlegende Objektivierungswirkung,[286] dennoch kommt es maßgeblich auf die Anwendung weiterer objektivierender Kriterien an, die eine Zuordnung der Ausgaben zu künftigen Erträgen hinreichend vorsichtig ermöglichen. Die dabei notwendige gegenseitige Einschränkung und Beschränkung beider Prinzipien ist durch eine zweckadäquate Beurteilung des jeweiligen Bilanzierungssachverhalts zu ermitteln; ferner ist eine den Anforderungen des jeweiligen Sachverhalts gerecht werdende Gewichtung der Prinzipien vorzunehmen.[287] Vor dem Hintergrund des im deutschen Bilanzrecht bestehenden besonderen Rechtssicherheitserfordernisses[288] dominiert im Zweifel das Vorsichtsprinzip im Sinne einer besonderen Gewichtung objektivierender Kriterien die Bilanzierung.[289]

---

[281] Vgl. Euler (1989), S. 61 f. m. w. N.

[282] Vgl. Groh (1979/80), S. 134; Moxter (1984b), S. 1784.

[283] Vgl. Moxter (2003), S. 42.

[284] Vgl. Lanfermann (1992), S. 443; vgl. mit Bezug zur Jahresabschlussrichtlinie Najderek (2009), S. 157 f.

[285] Vgl. Moxter (1982), S. 28.

[286] Vgl. Euler (1996), S. 60.

[287] Vgl. bspw. Moxter (2007) mit einem veranschaulichenden Beispiel (S. 3).

[288] Vgl. Beisse (1994), S. 6.

[289] Vgl. Sessar (2007), S. 34 f. m. w. N.

2.2.2.1.2 Wirtschaftliche Betrachtung als Ausfluss teleologischer Rechtsauslegung

Mit dem Rechtsnormcharakter der GoB geht einher, dass nicht nur die Ermittlung,[290] sondern insbesondere auch die Anwendung – die Interpretation und Konkretisierung von Vermögens- und Gewinnermittlungsprinzipien[291] – im Sinne einer rechtlichen Betrachtungsweise erfolgt,[292] nach heutigem Verständnis durch Heranziehen des juristischen Methodenkanons, also einer am Zweck orientierten, teleologischen Auslegung.[293] Die wirtschaftliche Betrachtungsweise dominiert als „Spielart der teleologischen Interpretationsmethode"[294] das Bilanzrecht,[295] gilt somit als grundlegendes Rahmenprinzip[296]; etwaige betriebswirtschaftliche Zwecke treten dahinter zurück.[297] Es ist allgemein anerkannt, dass eine rein formalrechtliche ebenso wie eine isoliert betriebswirtschaftliche Betrachtungsweise[298] aufgrund des Rechtsnormcharakters für das Handelsbilanzrecht nicht zielführend ist.[299] Vor dem Hintergrund des handelsrechtlichen Objektivierungserfordernisses und der damit angestrebten Rechtssicherheit ist eine Anknüpfung an die rechtliche Struktur der zugrunde liegenden Sachverhalte in der Regel zwar vorzugswürdig, muss aber immer dann zurücktreten, wenn der wirtschaftliche Gehalt des Sachverhalts dadurch nicht zutreffend widergespiegelt wird.[300] Die Frage nach der Aktivierungsfähigkeit immaterieller Güter findet sich gerade in diesem Spannungsfeld wieder: Wird eine (formal)rechtliche Betrachtungsweise im Sinne einer Anknüpfung an ein gegenseitiges zivilrechtliches Austauschverhältnis zugrunde gelegt, würden nur solche Ausgaben aktiviert, die durch einen Kauf am Markt bestätigt werden;[301] dass dies vom Gesetzgeber selbst nicht

---

[290] Vgl. zur Ermittlung handelsrechtlicher GoB 2.1.1.1.

[291] Vgl. Euler (1997), S. 181.

[292] Vgl. Beisse (1981), S. 1.

[293] Vgl. stellvertretend Beisse (2001), S. 745. Für einen Überblick anderer Interpretationen vgl. Böcking (1994), S. 5–25.

[294] Fresl (2000), S. 22.

[295] Vgl. Beisse (1981), der das Bilanzrecht als „Domäne der wirtschaftlichen Betrachtungsweise" (S. 12) charakterisiert.

[296] Vgl. Euler (1997), S. 181.

[297] Vgl. Fresl (2000), S. 22 f.

[298] Vgl. Döllerer (1980), S. 1335 am Beispiel der bilanziellen Behandlung schwebender Verträge.

[299] Vgl. Thies (1996), S. 8 m. w. N.

[300] Vgl. Eibelshäuser (2002), S. 1432.

[301] Vgl. Moxter (1978), S. 1808 zum entgeltlichen Erwerb, der bis zum BilMoG 2009 auch in der Handelsbilanz als Aktivierungsrestriktion fungierte.

gewollt ist, wird durch die Möglichkeit des Ansatzes selbst geschaffener immaterieller Vermögensgegenstände des Anlagevermögens deutlich.[302] Einer rein betriebswirtschaftlichen Betrachtung zu folgen, würde auf der anderen Seite die Grenzen der Aktivierung so weit dehnen, dass eine Objektivierung der Ausgaben fast vollständig ausbliebe.

Bedingt durch das ausschüttungsstatische Bilanzverständnis ist es die *wirtschaftliche* Betrachtungsweise, die „konstitutiv für das gesamte Bilanzrecht"[303] anzuwenden ist, sodass sowohl die Bilanzierung des „wirtschaftlich zu verstehende[n] Vermögen[s]" als auch die Vermittlung von „wirtschaftlich sinnvolle[n] Informationen" danach zu erfolgen hat.[304]

Im Zuge vergangener Gesetzgebungsverfahren wurde eine gesetzliche Kodifizierung der wirtschaftlichen Betrachtungsweise zwar bereits mehrfach diskutiert, aufgrund der bereits bestehenden impliziten Kodifizierung mittels einer teleologischen Auslegung von Rechtsnormen aber bislang abgelehnt. Der Gesetzgeber hat im Rahmen der Übernahme der Bilanzrichtlinie 2013 durch das BilRuG insbesondere klargestellt, dass die wirtschaftliche Betrachtungsweise „im deutschen Recht unter Berücksichtigung der Grundsätze ordnungsmäßiger Buchführung bereits umgesetzt" sei; einer gesetzlichen Kodifizierung bedürfe es deshalb nicht.[305]

2.2.2.2 IFRS: Grundsätzliche Determinierung der Reichweite der Objektivierung durch die qualitativen Anforderungen an die Rechnungslegung

2.2.2.2.1 Ausübung sachverständigen Ermessens zur Vermittlung relevanter Informationen

Durch die qualitative Anforderung der Relevanz für die Vermittlung entscheidungsnützlicher Informationen wird der Stellenwert der Objektivierung im Rahmen der IFRS-Rechnungslegung grundlegend determiniert. Die Abschlussadressaten haben – in Abhängigkeit ihrer jeweiligen Präferenzen – unterschiedliche Anforderungen an die Vermittlung für sie relevanter, entscheidungsnützlicher Informationen,[306] dennoch ist es geboten, durch die Auswahl und die Art der

---

[302] Bereits Enno Becker ersetzte 1940 die Begriffe ‚Eigentum' oder ‚Recht' durch den des Wirtschaftsguts und machte so auf die Bedeutung des wirtschaftlichen, nicht rechtlichen Vorteils aufmerksam. Vgl. Becker (1940), S. 65.

[303] Euler (1996), S. 117.

[304] Vgl. Binger (2009), 27 (auch Zitate) m. w. N.

[305] Vgl. BR-DrS 23/15, S. 48 (auch Zitat); zur wirtschaftlichen Betrachtungsweise in der jüngeren BFH-Rechtsprechung Weber-Grellet (2021), S. 1451 f.

[306] Vgl. Homfeldt (2013), S. 83.

Informationsvermittlung zu einer besseren Entscheidungsfindung beizutragen und dabei keine Interessengruppe zu bevorzugen; in diesem Sinn mithin objektiv zu sein.[307] Um für die Entscheidungsfindung eine Relevanz zu entfalten, müssen sich die vermittelten Informationen insofern als wesentlich darstellen, als sie für eine Prognose (predictive value) und/oder eine Bestätigung bzw. Korrektur früherer Prognosen (confirmative value) dienen.[308] So können Informationen über den Ansatz selbst erstellter immaterieller Vermögenswerte einerseits Rückschlüsse auf vergangene Perioden und andererseits Prognosen künftiger Perioden – bspw. in Form von Nutzenzuflüssen – zulassen.

Um relevante Informationen vermitteln zu können, spielt die Ausübung von Ermessen des Bilanzierenden (professional judgement) eine wichtige Rolle. Die vorhandenen Ermessensspielräume ermöglichen die notwendige Flexibilität des Bilanzierenden, relevante Informationen bereitzustellen und so etwaige Informationsasymmetrien abzubauen.[309] Es wird davon ausgegangen, die Geschäftsleitung kenne die ökonomische Substanz der jeweiligen Geschäftsvorfälle am besten, sodass die Konkretisierung der Prinzipien für den jeweiligen Sachverhalt ‚systemadäquat' durch Ausübung ihres sachverständigen Ermessens erfolge.[310] Vor diesem Hintergrund dient die Ausübung sachverständigen Ermessens in zweckadäquater Weise auch der Schließung etwaiger Regelungslücken sowie der Auslegung unbestimmter Rechtsbegriffe. Demnach ist es die Aufgabe des Managements, über die anzuwendende Rechnungslegungsmethode zu entscheiden, sofern es an einem für den konkreten Sachverhalt einschlägigen IFRS mangelt (IAS 8.10(b)(ii))[311] bzw. die Vorschriften in Ihrer Ausgestaltung zu unbestimmt sind.[312] Derartige Ermessensentscheidungen sind in Anlehnung an die bisherigen Beschlüsse des OLG Frankfurt am Main aber nicht etwa nach Maßgabe der subjektiven Auslegung zu treffen, sondern vielmehr auf Basis der „objektiv richtige[n] Rechtslage" zu beurteilen.[313] Nichtsdestotrotz muss unter der Prämisse der Vermittlung entscheidungsrelevanter Informationen gelten, dass

---

[307] Vgl. Paton/Littleton (1940), S. 19; Arnett (1961), S. 65 f.; McFarland (1961), S. 31. Moonitz (1961), S. 42.

[308] Vgl. CF (2018), 2.7–2.10.

[309] Vgl. Bratton (2003), S. 103; Wüstemann/Wüstemann (2010b), S. 18.

[310] Vgl. Alexander/Jermakowicz (2006), S. 150.

[311] Vgl. Schildbach (2003), S. 250 f.

[312] Vgl. Küting (2011b), S. 2091 f. zu der Verwendung unbestimmter Rechtsbegriffe in den IFRS und ihrer Konkretisierung durch das Management.

[313] Vgl. OLG Frankfurt a. M. (2019), WpÜG 3/16, WpÜG 4/16, Rn. 88–94 (Zitat Rn. 90); OLG Frankfurt a. M. (2016), WpÜG 2/15, R. 51–53.

in Ausübung sachverständigen Ermessens auch die Besonderheiten des Einzelfalls Berücksichtigung finden, um zu einer sachgerechten Bilanzierungslösung zu gelangen.[314]

Während das Ermessen des Bilanzierenden im deutschen Bilanzrecht sowohl in Bezug auf die Abbildung konkreter Sachverhalte als auch hinsichtlich der Auslegung unbestimmter Rechtsbegriffe durch das konzeptionell lückenlose GoB-System beschränkt ist,[315] ist die Ausübung von Ermessen in der Natur der IFRS verankert und dient der Einhaltung der Zwecke.[316] Obwohl das IASB die Entwicklung zunehmend prinzipienorientierter IFRS[317] und einer damit einhergehenden geringeren Regelungsdichte intendierte, wird insbesondere bei der Betrachtung jüngerer Standards, bspw. IFRS 15 *Erlöse aus Verträgen mit Kunden* oder IFRS 16 *Leasingverhältnisse*, deutlich, dass durch den Einfluss unterschiedlicher Interessengruppen einerseits ein hoher Regelungsumfang besteht und andererseits zahlreiche Ermessensspielräume vorhanden sind.[318] Zwangsläufig bergen sie die Gefahr einer einseitigen, subjektiven Ermessensausübung.[319]

2.2.2.2.2 Objektivierungstendenzen durch die glaubwürdige Darstellung als untergeordnetes Anforderungskriterium

2.2.2.2.2.1 (Vermeintliche) Konkretisierung der Verlässlichkeit durch die glaubwürdige Darstellung

Im Rahmenkonzept 1989 wurde nicht einzig die Vermittlung relevanter, sondern insbesondere auch verlässlicher Informationen[320] und damit eine gewisse Objektivierung im Sinne einer Einschränkung subjektiver Entscheidungen des Bilanzierenden und damit gleichzeitig ein Gegenpol zur Anforderung der Relevanz an die Rechnungslegung gefordert. Seit der Veröffentlichung des Rahmenkonzepts 2010 ist diese Beschränkung durch eine fachkundige Abwägung dieser beiden, miteinander im Widerstreit stehenden Prinzipien nicht mehr unmittelbar gegeben.[321] Seither stellt die glaubwürdige Darstellung (faithful representation) das untergeordnete Anforderungskriterium der IFRS-Rechnungslegung dar. Danach

---

[314] Vgl. im Ergebnis auch Lüdenbach/Freiberg (2019b).

[315] Vgl. 2.1.1.2.

[316] Vgl. Wüstemann/Wüstemann (2010b), S. 3.

[317] Vgl. 2.1.2.2.1.1.

[318] Vgl. Wüstemann/Wüstemann (2010b), S. 14 f.

[319] Vgl. Beechy (2005), S. 199.

[320] Vgl. CF (1989), 24; ferner Erb/Pelger (2015a) zu den unterschiedlichen Definitionen und Verständnissen der Verlässlichkeit.

[321] Vgl. Wüstemann (2013) für eine umfangreiche Darstellung.

ist es für die Entscheidungsnützlichkeit der vermittelten Informationen nicht nur notwendig, dass diese relevanter Natur sind, sondern auch, dass die ökonomische Substanz der Informationen glaubwürdig dargestellt wird.[322] Für eine glaubwürdige Darstellung ist die fehlerfreie Beschreibung eines Ergebnisses ebenso wie die fehlerfreie Auswahl und Anwendung der verwendeten Verfahren ausschlaggebend.[323] Das IASB sieht in dem Austausch des Begriffs der Verlässlichkeit durch den der glaubwürdigen Darstellung lediglich eine Klarstellung und Konkretisierung, die der Begriff der Verlässlichkeit so nicht zu erreichen vermochte.[324] Nach Ansicht des IASB war es dem Dualismus von Relevanz und Verlässlichkeit geschuldet, dass relevante Informationen aufgrund geringer Verlässlichkeit nicht dargestellt wurden; die Zugrundelegung des Begriffs der Verlässlichkeit im Sinne einer glaubwürdigen Darstellung sorge nun dafür, dass eine dem tatsächlichen wirtschaftlichen Sachverhalt entsprechende Informationsvermittlung stattfinde.[325] Laut *Küting/Strauß* sei das vormals durch den Verlässlichkeitsgrundsatz implizierte Objektivierungserfordernis jedoch in den (formal) neu ausgerichteten qualitativen Kriterien vorhanden.[326] Bestehende Unklarheiten[327] bzw. Missverständnisse sollten damit beseitigt werden. Mit der Forderung nach einer getreuen Darstellung der Sachverhalte geht auch eine zunehmende marktbasierte Wertermittlung[328] und damit die Stärkung einer ermessensbehafteten Rechnungslegung einher.[329] Der Austausch der Begrifflichkeiten führt mithin nicht (wenn überhaupt) nur zu einer Beseitigung bestehender Unklarheiten und Missverständnisse, sondern insbesondere auch zu einer Stärkung des Relevanzkriteriums. Der im Rahmenkonzept 1989 objektivierende Dualismus ist mithin seit den Änderungen durch das Rahmenkonzept 2010 – zumindest theoretisch – weitestgehend aufgelöst.[330] Umso erstaunlicher ist, dass dieser Trade-Off im Rahmenkonzept 2018 scheinbar neu aufgenommen wird. So sind Bewertungsunsicherheiten, die bei einer angemessenen Schätzung nicht beobachtbarer Werte auftreten, zwar bei der Beurteilung der Fehlerfreiheit zu berücksichtigen. Wenn die Unsicherheiten aber

---

[322] Vgl. CF (2018), 2.12; Whittington (2008a), S. 146 f.

[323] Vgl. CF (2018), 2.18.

[324] Vgl. CF (2018), BC2.30; krit. Bauer u. a. (2014), S. 212; Bastini (2015), S. 31.

[325] Vgl. CF (2018), BC2.22–2.30.

[326] Vgl. Küting/Strauß (2011), S. 1405.

[327] Vgl. Maines/Wahlen (2006) für eine ausführliche Darstellung verschiedener Interpretationen des Begriffs ‚reliability'.

[328] Vgl. Power (2010), S. 200.

[329] Vgl. Whittington (2008a), S. 147; Küting (2012), S. 299.

[330] Vgl. Whittington (2008a), S. 146; Power (2010), S. 201; krit. Peasnell u. a. (2009), S. 524.

hinreichend klar dargestellt und erläutert, d. h. nachprüfbar gemacht werden,[331] stehen sie der Vermittlung entscheidungsnützlicher Informationen nicht entgegen. Gleichzeitig wird die glaubwürdige Darstellung jedoch durch das Ausmaß der Bewertungsunsicherheiten beeinflusst,[332] sodass die Anforderungen der Relevanz und der glaubwürdigen Darstellung im Zweifel gegeneinander abgewogen werden müssen.[333] Die somit provozierte, objektivierungsbedingte Gewichtung beider Anforderungen ist für die Beurteilung dessen, was zu einer angemessenen Vermittlung entscheidungsnützlicher Informationen führt, zwar grundsätzlich nachvollziehbar. Inhaltlich erinnert diese Konkretisierung aber an den – überwunden geglaubten – Zielkonflikt zwischen Relevanz und Verlässlichkeit.[334] Eine klare Abgrenzung zwischen der glaubwürdigen Darstellung und der Verlässlichen, die für eine konsistente Nutzung des Rahmenkonzepts – sowohl auf Ebene der Standardsetzung als auch der -anwendung – sorgt, bleibt somit aus.[335]

Insoweit verwundert es nicht, dass das IASB auch nach der Veröffentlichung des Rahmenkonzepts 2010 seine Entscheidungen betreffend Standardsetzungsverfahren zu zentralen Bilanzierungssachverhalten mit einem Verweis auf die Verlässlichkeit begründet.[336] Im Rahmen der Standardsetzung scheint der Verlässlichkeit implizit noch immer eine hohe Bedeutung beigemessen zu werden.

2.2.2.2.2.2 Substance-over-form-Grundsatz

Der substance-over-form-Grundsatz, der am ehesten mit dem Begriff der wirtschaftlichen Betrachtungsweise übersetzt werden kann, ist im Rahmenkonzept[337] – anders als nach GoB[338] – explizit als Aspekt der glaubwürdigen Darstellung aufgenommen, indem klargestellt wird, dass – sofern der wirtschaftliche Gehalt ökonomischer Phänomene von ihrer rechtlichen Form abweicht – keine glaubwürdige Darstellung der ökonomischen Substanz erfolgt, wenn leidglich die rechtliche Form dargestellt wird[339]. Zudem konkretisiert der Standardsetzer den

---

[331] Vgl. CF (2018), BC2.48(a); Erb/Pelger (2018a), S. 877.

[332] Vgl. CF (2018), BC2.48 f.

[333] Vgl. CF (2018), 2.22; CF (2018), BC2.52–2.56.

[334] Vgl. Erb/Pelger (2015b), S. 1063; Pelger (2020), S. 8.

[335] Vgl. im Ergebnis auch Pelger (2020), S. 39–41.

[336] Vgl. bspw. IASB (2013), ED/2013/6.BC3, BC9; IFRS 15.BC275.

[337] Auch in IAS 8 ist der substance-over-form-Grundsatz aufgenommen, indem gefordert wird, „that the financial statements[.] [shall] reflect the economic substance of transactions, other events and conditions, and not merely their legal form" (IAS 8.10(b)(ii)).

[338] Vgl. 2.2.2.1.2.

[339] Vgl. CF (2018), 2.12. Zu den Gründen der expliziten Nennung und Erläuterung des Grundsatzes im aktuellen Rahmenkonzept vgl. CF (2018), BC2.32 f.

Grundsatz weiter, indem er ausführt, wie der wirtschaftliche Gehalt vertraglicher Rechte und Pflichten glaubwürdig dargestellt werden kann. Danach ergibt sich der wirtschaftliche Gehalt vertraglicher Rechte und Pflichten regelmäßig aus der rechtlichen Form; in anderen Fällen ist eine Analyse des zugrunde liegenden Vertrags (oder einer Gruppe von Verträgen) notwendig und dabei sämtliche explizite und implizite Vertragsbestandteile einzubeziehen.[340]

Zwar nimmt der substance-over-form-Grundsatz einen besonderen Stellenwert ein, in der Literatur hat sich bisher jedoch kein einheitliches Verständnis herausgebildet;[341] vielmehr wird die Bedeutung sowie konkrete Ausgestaltung unterschiedlich interpretiert und damit gleichzeitig der Stellenwert der rechtlichen Betrachtung für die IFRS-Bilanzierung determiniert.[342] So stellt die rechtliche Form entweder den Regelfall dar, der nur in Ausnahmefällen durch die wirtschaftliche Betrachtungsweise durchbrochen wird,[343] oder die wirtschaftliche und nicht etwa die rechtliche Betrachtung ist grundsätzlich maßgeblich für die IFRS-Bilanzierung[344]. In Abhängigkeit des jeweiligen Verständnisses unterscheidet sich auch die konkrete Herangehensweise an Bilanzierungsfragen: Wird die rechtliche Betrachtung als Ausgangspunkt gesehen, von der nur dann abgewichen wird, wenn sie nicht den wirtschaftlichen Gehalt des Geschäftsvorfalls widerspiegelt, wird die rechtliche Form wesentlich in die Bilanzierung eingebunden, wohingegen sie weitestgehend außer Acht gelassen wird, wenn einzig die wirtschaftliche Betrachtung betrachtet wird. Eine solche von der rechtlichen Struktur gelöste, rein betriebswirtschaftliche Bilanzierung ist für die IFRS zwar grundsätzlich dann angemessen, wenn sie eine zweckadäquate Bilanzierung ermöglicht. Werden die IFRS aber – wie durch den Endorsementprozess der EU – in geltendes Recht übernommen, werden Verstöße zwangsläufig auf dem Rechtsweg geahndet.[345] Vor dem Hintergrund der Rechtssicherheit muss die rechtliche Betrachtung zumindest für endorsed-IFRS einbezogen werden. Etwas anderes kann nicht gelten, da die Auslegung von Gemeinschaftsrecht nach dem kontinental-europäischen Auslegungskanon erfolgt.[346]

---

[340] Vgl. CF (2018), 4.59–4.62.

[341] Vgl. Hayes/Baker (2004), S. 270.

[342] Vgl. Wüstemann/Wüstemann (2013) für eine Analyse der rechtlichen Betrachtungsweise.

[343] Vgl. Lübbig/Kühnel (2020), § 2, Rn. 88.

[344] Vgl. Psaros/Trotman (2004), S. 77.

[345] Vgl. Schön (2004), S. 763 f.

[346] Vgl. Hennrichs (2014), Einführung in die Rechnungslegung nach International Financial Reporting Standards, Rn. 65–72; Lübbig/Kühnel (2020), § 2, Rn. 14.

Dass die rechtliche Betrachtungsweise grundsätzlich im Rahmen der IFRS-Bilanzierung keineswegs vernachlässigt werden kann,[347] wird insbesondere in jüngeren Bestrebungen des IASB deutlich. Die Anlehnung der Vermögenswertdefinition an ein Recht im Rahmenkonzept[348] ebenso wie die Notwendigkeit eines Vertrags für die Umsatzerfassung in IFRS 15 (IFRS 15.10; IFRS 15 Appendix A)[349] und die Anknüpfung an ein vertraglich vereinbartes Recht zur Identifizierung des Leasingverhältnisses in IFRS 16 (IFRS 16.9)[350] zeigen den Stellenwert der den Bilanzierungssachverhalten zugrunde liegenden rechtlichen Struktur.

Die wirtschaftliche Betrachtungsweise spielt sowohl in der Bilanzierung nach HGB als auch nach IFRS eine entscheidende Rolle; ihre konkrete Ausgestaltung weicht allerdings erheblich voneinander ab. Der substance-over-form-Grundsatz in den IFRS ist nicht Teil einer teleologischen Rechtsauslegung und damit nicht Teil einer im weitesten Sinne rechtlichen Betrachtung. Da es sich bei den IFRS – zumindest primär – nicht um Rechtsnormen handelt, ist auch ihre Konkretisierung nicht an eine rechtliche Auslegung gebunden; mit dem von den handelsrechtlichen GoB abweichenden „Normgefüge [...] [ist] zwangsläufig ein abweichendes Verständnis [der] wirtschaftliche[n] Betrachtungsweise"[351] verbunden. Dabei kann argumentiert werden, dass die IFRS zwar am „Telos" der Informationsvermittlung auszulegen sind,[352] der Unterschied zur teleologischen Auslegung der GoB ist aber bedeutend: Im Gegensatz zur teleologischen GoB-Auslegung, bei der es infolge einer konsequenten Wertung der Prinzipien immer zu genau einer systemkonformen[353] Bilanzierungsentscheidung, einer objektiven, rechtssicheren Bilanzierungslösung, kommt, resultieren aus der auf die Informationsvermittlung gerichteten IFRS-Auslegung, in Ermangelung eines in sich geschlossenen Systems, infolge einer (subjektiven) Ermessensausübung des Bilanzierenden divergierende, aber durchaus konforme Bilanzierungslösungen für vergleichbare Sachverhalte.[354] Der substance-over-form-Grundsatz entfaltet – anders als die

---

[347] Vgl. bspw. Stamp (1981), S. 22 zur grundlegenden Notwendigkeit des Einbezugs der rechtlichen Betrachtungsweise in die Rechnungslegung.

[348] Vgl. CF (2018), 4.4.

[349] Vgl. zu Einzelheiten Wüstemann u. a. (2017), IFRS 15, Rn. 16–26.

[350] Vgl. zu Einzelheiten Morfeld (2020), § 22, Rn. 7.

[351] Breidert/Moxter (2007), S. 913.

[352] Vgl. Oldenburger (2000), S. 85–91, die argumentiert, dass auch die IFRS teleologisch nach dem Zweck der Bilanzierung – der Vermittlung entscheidungsnützlicher Informationen – auszulegen sind.

[353] Vgl. Canaris (1983), S. 97–104.

[354] Vgl. 2.1.2.2.1.1.

der GoB-Auslegung immanente wirtschaftliche Betrachtungsweise[355] – keine unmittelbare Objektivierungswirkung.

2.2.2.2.2.3 Vorsicht als Teil einer neutralen Darstellung

Um den Adressaten ein getreues Bild zu vermitteln, hat der Bilanzierende den Grundsatz der Neutralität (neutrality) zu wahren, sodass der Adressat durch die bereitgestellten Informationen in die Lage versetzt wird, ein verzerrungsfreies Bild des Unternehmens zu erlangen.[356] Vor diesem Hintergrund ist das Prinzip der Vorsicht (prudence), welches als Sorgfalt bei Ermessensentscheidungen bei der Bilanzierung und Bewertung unter Unsicherheit definiert wird, nach Ansicht des IASB als unterstützender Aspekt der Neutralität zu berücksichtigen;[357] Vorsicht kann demnach interpretiert werden als „reinforcing a true adherence to the principle of neutrality in financial reporting"[358].

Über den Stellenwert der Vorsicht sowie insbesondere über ihre konkrete Ausgestaltung in der Rechnungslegung besteht indes kein allgemein anerkannter Konsens;[359] die mangelnde Einheitlichkeit des Begriffsverständnisses spiegelt sich auch in der Historie des Rahmenkonzepts wider: Im Rahmenkonzept 1989 war die Vorsicht als ein die Verlässlichkeit unterstützender Sekundärgrundsatz verankert, der ebenfalls als Sorgfalt in der Ausübung von Ermessen zu verstehen war.[360] Einerseits verlangte diese Art der Sorgfalt eine neutrale Darstellung der Bilanzinhalte (also Vorsicht im Sinne von Neutralität), andererseits aber auch eine asymmetrische Berücksichtigung von Vermögenswerten und Schulden sowie Erträgen und Aufwendungen durch eine höhere Anforderung an die Nachprüfbarkeit eines Gewinn- gegenüber der eines Verlustausweises, bzw. einer Aktivierung gegenüber einer Passivierung,[361] folglich eine konservative Rechnungslegung. Die Auflösung des in diesem Verständnis inhärenten Konflikts im Sinne einer Kompromissfindung zwischen einer vorsichtig-neutralen Bilanzierung auf der einen und einer vorsichtig-konservativen Bilanzierung auf der anderen

---

[355] Vgl. Breidert/Moxter (2007), S. 913.

[356] Vgl. CF (2018), 2.15.

[357] Vgl. CF (2018), 2.16.

[358] Cooper (2015), S. 5.

[359] Vgl. EFRAG (2013), Rn. 5–7; Barker (2015), S. 516–519; Cooper (2015), S. 2.

[360] Vgl. CF (1989), 37.

[361] Vgl. Watts (2006), S. 52; Barker (2015), S. 516–521; Marshall/Lennard (2016), S. 501 f.; Cade u. a. (2019), S. 567.

Seite, wird in der Literatur bisweilen als wertvoller Beitrag zu einer glaubwürdigen Darstellung beurteilt.[362] Im Rahmenkonzept 2010 wurde die Vorsicht – nach einer intensiven Debatte – aber gerade aufgrund dieses Spannungsverhältnisses eliminiert.[363]

Die im geltenden Rahmenkonzept von 2018 nunmehr vorhandene Unterordnung der Vorsicht unter das vormals konfligierende Prinzip der Neutralität und damit die (vermeintliche) Eliminierung des (objektivierenden) Konflikts, wird insbesondere aufgrund einer Unvereinbarkeit und damit einhergehenden Abweichung von einer Vielzahl konkreter Standards kritisiert[364] und folglich als „konzeptionell nicht überzeugend" beurteilt.[365] Auch die Erklärung des IASB, in den Einzelstandards können im Einzelfall aufgrund der Vermittlung relevanter Informationen auch asymmetrisch vorsichtige Regelungen gerechtfertigt werden,[366] vermag die konzeptionelle Schwäche nicht aufzulösen. Zwar stellt die Vorsicht – anders als nach GoB[367] – im IFRS-System keinen übergeordneten Bilanzierungsgrundsatz dar,[368] dennoch ist sie durch „eine Abwägung der zu sichernden Relevanz mit dem gebotenen Maß an Vorsicht [...] allgegenwärtig"[369]. Ihre Unterordnung unter das Prinzip der Neutralität führt nicht nur zu Inkonsistenzen zwischen dem Rahmenkonzept und (insbesondere auch) jüngeren Standards,[370] sondern vermag dem Bilanzierenden auch keine hinreichende Orientierung zu geben, wie bestehende Unsicherheiten in eine getreue Darstellung von Sachverhalten einzubeziehen sind.

---

[362] Vgl. Barker/McGeachin (2015), S. 181 f.; Wagenhofer (2015) m. w. N. Für eine umfassende Darstellung der Literaturmeinungen vgl. Mora/Walker (2015), S. 626–638.

[363] Vgl. CF (2018), 2.37–2.42; Moxter/Engel-Ciric (2014), S. 489; Nobes/Stadler (2015), S. 576.

[364] Vgl. Barker/McGeachin (2015), die aufzeigen, dass auch nach 2010 entwickelte Standards eine konservativ-vorsichtige Bilanzierung beinhalten (S. 184).

[365] Vgl. Erb/Pelger (2015b), S. 1063 (auch Zitat); Peasnell u. a. (2009), S. 524 f.; Pelger (2020), S. 39.

[366] Vgl. CF (2018), 2.17; CF (2018), BC2.45.

[367] Vgl. 2.2.2.1.1.2.

[368] Vgl. Binger (2009), S. 59.

[369] Ballwieser (2014a), S. 464.

[370] Vgl. Barker/McGeachin (2015), S. 184. Erb/Pelger (2018a) sehen eine Erhöhung der Konsistenz zwischen Rahmenkonzept und Einzelstandards durch die vom IASB argumentierte Rechtfertigung etwaiger Abweichungen (S. 876).

2.2.2.2.3 Ergänzende qualitative Anforderungen an die IFRS-Bilanzierung

Um Bilanzierungsentscheidungen treffen zu können, die dem Zweck der Entscheidungsnützlichkeit dienen, fordert das Rahmenkonzept durch die ergänzenden
qualitativen Anforderungen vergleichbare, nachprüfbare, zeitnahe sowie verständliche Informationen bereitzustellen. Mithin werden die Anforderung der Relevanz
und der glaubwürdigen Darstellung – insbesondere für Zweifelsfälle – weiter
konkretisiert.[371]

So sollen die vermittelten Informationen insoweit vergleichbar (comparable)
sein, als sie mit Informationen früherer Perioden aber auch mit Informationen anderer Unternehmen verglichen werden können.[372] Nach Ansicht des
IASB unterstützt insbesondere eine konsistente Rechnungslegung die Vermittlung
vergleichbarer Informationen.[373] Mit dem hohen Stellenwert sachverständigen
Ermessens in den IFRS geht einher, dass eine formale Vergleichbarkeit von Bilanzierungssachverhalten – anders als nach GoB[374] – keine Rolle spielt;[375] vielmehr
kommt es auf die materielle Vergleichbarkeit an, die durch einen solchen Einfluss des Managements erreicht werden kann.[376] Gleichzeitig geht mit diesem
enormen Einfluss des Managements einher, dass die Bilanzierungsentscheidungen
stets subjektiv geprägt sind und grundsätzlich vergleichbare Sachverhalte unterschiedlich beurteilt werden (können).[377] Die Ausübung von Wahlrechten verstärkt
zudem diesen Effekt. Um der Forderung nach Konsistenz innerhalb eines prinzipienbasierten Systems nachzukommen, sollte aus diesem Grund gefordert werden,
auf Basis hochrangiger Prinzipien solche Regeln zu entwickeln, die im Ergebnis
zu einer konsistenten und damit vergleichbaren Bilanzierung führen.[378] Infolge
der Übernahme der IFRS in Gemeinschaftsrecht und dem damit einhergehenden

---

[371] CF (2018), 2.23.

[372] Vgl. CF (2018), 2.24. Die Vergleichbarkeit wird teilweise als Grund der Rechnungslegung im Allgemeinen und folglich der Entwicklung von Rechnungslegungsstandards angesehen. Vgl. hierzu Schipper (2003), S. 62. Zu den Vorteilen vergleichbarer Informationen
vgl. Daske u. a. (2008), S. 1117–1121; Habib u. a. (2017), S. 319.

[373] Vgl. CF (2018), 2.26.

[374] Hier wird die formale Vergleichbarkeit bspw. durch die planmäßige Abschreibung über
eine festgelegte Nutzungsdauer deutlich. Vgl. Florstedt u. a. (2015)., S. 381.

[375] Vgl. Alexander/Jermakowicz (2006) nennen diese Art der Vergleichbarkeit „pseudocomparability" (S. 150).

[376] Vgl. Florstedt u. a. (2015), S. 381.

[377] Vgl. Nobes (2005), S. 27.

[378] Vgl. Wüstemann/Wüstemann (2010b), S. 16. Zu einem anderen Ergebnis kommt bspw.
Hoogendoorn (2006), der Konsistenz innerhalb eines prinzipienbasierten Systems auch dann
sieht, wenn unterschiedliche Bilanzierungsmethoden gewählt würden (S. 24).

Bedürfnis der Rechtssicherheit[379] hat die Forderung nach Vergleichbarkeit für endorsed-IFRS zudem einen besonderen Stellenwert.

Vor dem Hintergrund der Vergleichbarkeit ist auch die Verifizierbarkeit (verifiability)[380] vermittelter Informationen von besonderer Bedeutung; danach ist es notwendig, dass die Bilanzierungsmethoden fehlerfrei und unverzerrt angewendet werden, sodass unabhängige Dritte bei gleicher Informationslage zwar nicht notwendigerweise einen „vollkommenen Konsens" erreichen, aber zumindest zu ähnlichen, d. h. vergleichbaren Ergebnissen kommen.[381] Insbesondere zukunftsgerichtete Informationen sind häufig schwierig nachzuprüfen und aus diesem Grund um zusätzliche Informationen zu ergänzen.[382] Aufgrund der materiell gleichgelagerten Objektivierungswirkung der Verifizierbarkeit und der Verlässlichkeit wird in der Literatur die Ansicht vertreten, die Verlässlichkeit vermittelter Informationen werde nicht etwa durch das vermeintliche Substitut der glaubwürdigen Darstellung, sondern vielmehr durch die Forderung nach Verifizierbarkeit ausgedrückt.[383] Durch die Forderung der Verifizierbarkeit wird – ebenso wie nach GoB – auch in der IFRS-Bilanzierung Objektivierung im Sinne einer intersubjektiven Nachprüfbarkeit der berichteten Inhalte gefordert. Durch die Einordnung der Verifizierbarkeit als ergänzende Anforderung wird gleichwohl deutlich, dass diese Ausprägung der Objektivierung innerhalb der IFRS einen wesentlich geringeren Stellenwert einnimmt als im Rahmen der GoB.

Ebenso wie nach GoB hat der Grundsatz der Verständlichkeit (understandability) zu gewährleisten, dass ein sachverständiger Dritter innerhalb einer angemessenen Zeit einen Überblick über die Lage des Unternehmens bekommen kann[384]. Da eine zunehmende Komplexität der Rechnungslegungsinhalte in der Regel mit einer geringeren Verständlichkeit einhergeht,[385] ist auch vor diesem Hintergrund ein gewisser Objektivierungsgrad notwendig.

---

[379] Vgl. II 1. b) bb) aaa) (ii).

[380] Die Begriffe Nachprüfbarkeit und Verifizierbarkeit werden in dieser Arbeit synonym verwendet.

[381] Vgl. Küting/Strauß (2011), S. 1405 (auch Zitat); vgl. ferner Moonitz (1961), S. 42; Ijiri/Jaedicke (1966), S. 475 f.

[382] Vgl. CF (2018), 2.32.

[383] Vgl. etwa Wüstemann (2013), S. 17–19. Vor diesem Hintergrund diskutiert Pelger (2020) eine mögliche Umfirmierung der Nachprüfbarkeit als ein weiteres qualitatives Kriterium, um darunter insbesondere die Bewertungsunsicherheiten zu subsumieren (S. 41).

[384] Vgl. CF (2018), 2.33. Zur Bedeutung der Verständlichkeit für die Informationsvermittlung vgl. Paton/Littleton (1940), S. 18–21.

[385] Vgl. Berndt (2005), S. 204.

GoB-System als Grundlage der Bilanzierung von Kundenbeziehungen und Vergleich mit der Bilanzierung nach IFRS

3

3.1 Notwendige Prüfung der Immaterialität sowie der Zugehörigkeit zum Anlagevermögen in beiden Rechnungslegungssystemen

3.1.1 Immaterialität

3.1.1.1 GoB: Bestimmung der Immaterialität durch teleologische Auslegung

Die GoB zur Bestimmung eines aktivierungsfähigen Vermögensgegenstands sind grundsätzlich sowohl für materielle als auch für immaterielle Vorteile anzuwenden. Teilweise wird für die Konkretisierung sowohl gesetzlich (so das Aktivierungswahlrecht des § 248 Abs. 2 S. 1 HGB) als auch implizit aufgrund der bei immateriellen Werten bestehenden Unsicherheiten eine Abgrenzung gefordert, sodass eine Definition dessen, was unter den Begriff Immaterialität subsumiert werden kann, für eine GoB-konforme Auslegung zwingend notwendig ist. Dabei ist es zweckadäquat, die Immaterialität anhand einer teleologischen Auslegung zu bestimmen.[1] Während immaterielle Vermögensgegenstände naturgemäß die Eigenschaft aufweisen, unsicher zu sein, werden diejenigen Vermögensgegenstände, die diese Unsicherheit nicht aufweisen, als materiell eingeordnet.[2] Ein Vermögensgegenstand besteht aber regelmäßig sowohl aus materiellen als auch immateriellen Komponenten. Vor dem Hintergrund der zunehmenden Digitalisierung ist die Einordnung IT-basierter Produkte, die oftmals sowohl materielle als auch immaterielle Komponenten beinhalten, von besonderem Interesse. Durch

---

[1] Vgl. Reuleaux (1987), S. 44; so auch Koch (2011), S. 41.

[2] Vgl. Söffing (1978/79), S. 219; Hofians (1992), S. 62 f.; krit. zur Abgrenzung anhand der Sicherheit/Unsicherheit Sommerhoff (2010), S. 16.

© Der/die Autor(en) 2023
J. K. Müller, *Grundsätze ordnungsmäßiger Bilanzierung von Kundenbeziehungen nach GoB im Vergleich zu IFRS*,
https://doi.org/10.1007/978-3-658-40544-1_3

die BFH-Rechtsprechung[3] wurden Kriterien entwickelt und in der Literatur[4] konkretisiert, anhand derer die dominierende Komponente bestimmt werden und so eine Einordnung als immaterieller oder materieller Vermögensgegenstand erfolgen kann.[5] Sofern der körperliche Teil des Vermögensgegenstands lediglich dazu dient, den immateriellen Wert festzuhalten und zu dokumentieren, ist der Gegenstand als immateriell einzuordnen. Deshalb werden in der jüngeren BFH-Rechtsprechung Computerprogramme[6] grundsätzlich als immateriell angesehen, wenn es nicht bloße Datensammlungen sind, die „allgemein bekannt und jedermann zugänglich sind".[7] Demzufolge ist auch der auf Papier oder einem Datenträger festgehaltene Kundenstamm immateriell.[8] Zu diesem Ergebnis führt auch die Zugrundelegung des wirtschaftlichen Interesses; ist die immaterielle Komponente maßgeblich, ist von dem Vorliegen eines immateriellen Vermögensgegenstands auszugehen.[9] Auch eine Einordnung anhand der überwiegenden Wertrelation ist möglich.[10] Ist die materielle Komponente – wie im vorgenannten Beispiel der Wert des Papiers oder des Datenträgers – unwesentlich, wird der Vermögensgegenstand als immateriell qualifiziert. Findet hingegen eine Standardisierung des immateriellen Gegenstands statt und wird dieser infolgedessen oftmals vervielfältigt, ist der Gegenstand insgesamt als materiell einzuordnen.[11]

Bei der Einordnung als materieller oder immaterieller Vermögensgegenstand sind stets die Gesamtumstände des Einzelfalls zu berücksichtigen.[12] Sofern eine Abgrenzung der Komponenten nicht möglich ist, gebietet das Vorsichtsprinzip die Einordnung als immaterieller Vermögensgegenstand.[13] Die Immaterialität eines Kundenstamms, der aus unternehmensindividuellen Daten besteht, ist auch anhand dieses Hilfskriteriums bestätigt.

---

[3] Vgl. bspw. BFH (1970), III R 20/66, S. 491; BFH (1976a), I R 112/75, S. 279; BFH (1987), III R 7/86, S. 731.

[4] Vgl. bspw. Kählert/Lange (1993), S. 613.

[5] Vgl. Walter (1982), S. 90–93 m. w. N; Kronner (1995), S. 17; Krumm (2021), § 5 EStG, Rn. 532.

[6] Zur Unterscheidung verschiedener Software vgl. Zwirner u. a. (2019), S. 2 f.

[7] Vgl. BFH (2011), X R 26/09, S. 866 (auch Zitat).

[8] Vgl. Kählert/Lange (1993), S. 616.

[9] Vgl. Nonnenmacher (1993), S. 1231.

[10] Vgl. Kählert/Lange (1993), S. 617. Gerade nach der Einführung des Aktivierungswahlrechts im Zuge des BilMoG hat diese Abgrenzung ihre Berechtigung.

[11] Vgl. Freericks (1976), S. 134 f.; Walter (1982), S. 90.

[12] Vgl. Kronner (1995), S. 22–24.

[13] Vgl. Koch (2011), S. 43.

3.1.1.2 IFRS: Kriterium der fehlenden physischen Substanz

IAS 38 sieht neben denjenigen Definitionskriterien, die für alle Vermögenswerte gelten, für immaterielle Vermögenswerte die Erfüllung weiterer Kriterien vor. Danach werden immaterielle Vermögenswerte von materiellen Vermögenswerten, die dem Anwendungsbereich des IAS 16 *Sachanlagen* unterliegen, durch zwei Negativabgrenzungen definiert. Das Kriterium der fehlenden physischen Substanz verlangt, dass ein immaterieller Vermögenswert entweder vollständig oder zumindest wesentlich aus nicht-physischen Elementen besteht. Bei solchen Vermögensgegenständen, die sowohl physische als auch nicht-physische Elemente aufweisen, verlangt IAS 38.4 die Beurteilung des dominierenden Elements. Zwar ist diese grundsätzliche Unterscheidung auch nach GoB vorzunehmen,[14] gleichwohl besteht bspw. in der Klassifizierung von Systemsoftware ein wesentlicher Unterschied. So wird Computersoftware, die maßgeblich für die Nutzung einer computergesteuerten Produktionsanlage ist, gemäß IAS 38.4 als integraler Bestandteil der Hardware/Produktionsanlage und damit als materielles Sachanlagevermögen eingeordnet.[15]

Darüber hinaus wird ein immaterieller Vermögenswert durch das Kriterium der Nicht-Monetarität von „im Bestand befindliche[n] Geldmittel[n] und Vermögenswerte[n], für die das Unternehmen einen festen oder bestimmbaren Geldbetrag erhält" (IAS 38.8), sog. monetären Vermögenswerten, unterschieden. Auch gemäß IFRS stellen Kundenbeziehungen zweifelsfrei einen immateriellen Wert dar.

3.1.2 Zugehörigkeit zum Anlagevermögen

3.1.2.1 GoB: Voraussetzung für die Aktivierung selbst erstellter Güter

Der Vermögensgegenstandsbegriff nach GoB ergibt sich grundsätzlich unabhängig von der Zuordnung zum Umlauf- oder Anlagevermögen; für beide Kategorien müssen die Vermögensgegenstandskriterien erfüllt sein.[16] Zur Veräußerung bestimmte Güter des Umlaufvermögens unterliegen aufgrund des Vollständigkeitsgebots einer uneingeschränkten Aktivierungspflicht (§ 246 Abs. 1 HGB). Aufgrund des dauerhaften Verbleibs einerseits sowie der regelmäßig nicht durch

---

[14] Vgl. 3.1.1.1.

[15] Vgl. Velte (2008), S. 176; Hennrichs (2013), § 246 HGB, Rn. 63.

[16] Vgl. BFH (2008), IV R 67/05, S. 962 zur Unterscheidung zwischen Anlage- und Umlaufvermögen.

einen Markt bestätigten Unsicherheiten andererseits, werden an die Bilanzierung des Anlagevermögens vorsichtsbedingt im Zweifel strengere Anforderungen gestellt als an das Umlaufvermögen. Um in den Anwendungsbereich des § 248 Abs. 2 S. 1 HGB zu fallen, bedarf es neben dem Vorliegen eines immateriellen Vermögensgegenstands ebenfalls der Zugehörigkeit zum Anlagevermögen. Diese Voraussetzung ist erfüllt, wenn der Vermögensgegenstand dazu „bestimmt [ist], dauernd dem Geschäftsbetrieb zu dienen" (§ 247 Abs. 2 HGB), mithin zum mehrmaligen Gebrauch bestimmt ist.[17] Wenn Zweifel bei der Zuordnung bestehen, ist der Vermögensgegenstand aufgrund des Vorsichtsprinzips dem Anlagevermögen zuzuordnen.[18] Über die Zuordnung zum Umlauf-oder Anlagevermögen wurde in jüngerer Vergangenheit im Zusammenhang mit der Bilanzierung von Kryptowährungen[19] diskutiert. Regelmäßig sind diese als Zahlungs- oder Tauschmittel dem Umlaufvermögen zuzuordnen; lediglich, wenn die Kryptowährung zu langfristigen Spekulationszwecken gehalten wird, wäre eine Zuordnung zum Anlagevermögen denkbar.[20] Kundenbeziehungen werden hingegen regelmäßig aufgebaut, um dauerhaft dem Unternehmen zu dienen und sind daher dem Anlagevermögen zuzuordnen. In der Regel sind die Voraussetzungen der Immaterialität sowie der Zugehörigkeit zum Anlagevermögen für das Aktivierungswahlrecht nach § 248 Abs. 2 S. 1 HGB bei dem Gut Kundenbeziehungen erfüllt.

3.1.2.2 IFRS: Voraussetzung für die Aktivierung nach IAS 38

Der Anwendungsbereich von IAS 38 ist eröffnet, wenn die immateriellen Vermögensgegenstände dem Anlagevermögen zuzuordnen sind. Andernfalls ist eine Bilanzierung nach Maßgabe des IAS 2 *Vorräte* vorzunehmen. Die Abgrenzung von Umlauf- und Anlagevermögen nach IFRS ist analog zu derjenigen nach GoB vorzunehmen. Ebenso wie nach GoB ist die Bilanzierung von Kryptowährungen

---

[17] Vgl. Adler/Düring/Schmaltz (1998), § 247 HGB, Rn. 105.

[18] Vgl. Kronner (1995), S. 25.

[19] Zu einer Darstellung unterschiedlicher virtueller Währungen vgl. Marx/Dallmann (2019), S. 218. Für eine Untersuchung der Bilanzierungsfähigkeit virtueller Währungen vgl. Penner (2018), S. 50–63.

[20] Vgl. Blecher/Horx (2020), S. 269; Schmidt/Usinger (2020), § 248 HGB, die einen Ausweis unter dem Posten „sonstige Vermögensgegenstände des Umlaufvermögens" oder „entgeltlich erworbene immaterielle Vermögensgegenstände des Anlagevermögens" als denkbar erachten (Rn. 73).

in den IFRS bisher nicht eindeutig geregelt.[21] Das IFRS Interpretations Committee, das das IASB in der Entwicklung von Leitlinien zur Anwendung der IFRS unterstützt, veröffentlichte im Juni 2019 eine Agenda-Entscheidung zur Bilanzierung von Kryptowährungen[22]. Danach sind Kryptowährungen immer dann als Umlaufvermögen gemäß IAS 2 zu bilanzieren, wenn sie im Rahmen der gewöhnlichen Geschäftstätigkeit zum Verkauf bestimmt sind. Ist dies nicht der Fall, hat eine Bilanzierung nach IAS 38, mithin als langfristiger Vermögenswert, zu erfolgen.[23]

Kundenbeziehungen sind auch nach IFRS wegen einer dauerhaften Nutzung durch das Unternehmen grundsätzlich als Anlagevermögen zu klassifizieren.

3.2 Erste Objektivierung durch die Definition eines vermögenswerten Vorteils

3.2.1 GoB: Vermögenswertprinzip

3.2.1.1 Maßgeblichkeit eines zukünftigen Einnahmenüberschusspotenzials

Eine gläubigerschutz- und informationsorientierte Bilanzierung setzt das Bestehen eines wirtschaftlichen Vermögenswerts voraus.[24] In diesem Sinn wird ein vermögenswerter Vorteil durch das Vorliegen eines zukünftigen (positiven) Ertragswertbeitrags konkretisiert;[25] dem Realisationsprinzip folgend muss die getätigte Ausgabe zukünftige Einnahmenüberschüsse erwarten lassen.[26] Nicht

---

[21] Aus diesem Grund hat die European Financial Reporting Advisory Group (EFRAG) im Juli 2020 ein Diskussionspapier „Accounting for crypto-assets (liabilities): Holder and issuer perspective" herausgegeben. Vgl. EFRAG (2020).

[22] Vgl. IFRS Interpretations Committee (2019c). Das IFRS Interpretations Committee bezieht sich in dieser Entscheidung explizit nur auf Kryptowährungen. Eine Übertragung auf andere Kryptovermögenswerte wird nicht vorgenommen.

[23] Vgl. IFRS Interpretations Committee (2019c). In einer vorläufigen Agenda-Entscheidung zur Bilanzierung von Transferentschädigungen im Profifußball stellte das IFRS Interpretations Committee auch die Bilanzierung eines sog. „registration right" als Umlaufvermögen in Aussicht, wenn die gewöhnliche Geschäftstätigkeit die Entwicklung und den Transfer von Spielern beinhaltet. Vgl. IFRS Interpretations Committee (2019a). Aufgrund von zahlreicher Kritik in den Kommentierungen, wurde diese Möglichkeit nicht in die finale Agenda-Entscheidung aufgenommen.

[24] Vgl. BFH (1978), I R 35/78, S. 263.

[25] Vgl. Ordelheide (1989), S. 25.

[26] Vgl. Hommel (1998), S. 55; Moxter (1993b), S. 535; Moxter (2003), S. 20.

etwa das Innehaben eines rechtlichen Werts ist maßgeblich, sondern vielmehr der wirtschaftliche, d. h. tatsächliche Nutzen eines Guts.[27]

In der älteren Rechtsprechung wurde der Nutzen weitergehend durch die Eigenschaften der Unternehmensspezifität sowie der Langfristigkeit konkretisiert.[28] Danach war es notwendig, dass das Unternehmen den Vermögenswert für sich nutzen kann, unabhängig davon, ob er auch für Dritte Nutzen stiftet[29] und sich dieser Nutzen nachhaltig über mehrere Wirtschaftsjahre erstreckt.[30] In jüngeren Urteilen wird auf diese Konkretisierung – vermutlich aufgrund ihres geringen Objektivierungsgrads[31] – jedoch nicht mehr rekurriert und insbesondere die Langfristigkeit eines Vorteils höchstrichterlich als nicht notwendig für das Vorliegen eines Vermögensgegenstands erachtet.[32]

Der in der Bedingung künftiger Einnahmenüberschüsse implizierte Zukunftsbezug sorgt für eine informationsorientierte Bilanzierung, die in der gebotenen wirtschaftlichen Betrachtungsweise gleichzeitig auch dem Gläubigerschutz gerecht wird.[33]

3.2.1.2 Positiver Ertragswertbeitrag rein wirtschaftlicher Vorteile

3.2.1.2.1 Tatsächliche Zustände, konkrete Möglichkeiten oder Vorteile für den Betrieb

Sowohl Sachen als auch Rechte dienen regelmäßig zur Einnahmengenerierung, ihr Vorliegen ist jedoch weder eine notwendige noch eine hinreichende Voraussetzung eines Vermögensgegenstands.[34] So führt bspw. ein rechtlich gesichertes Patent nur dann zu einem positiven Ertragswertbeitrag, wenn das Unternehmen auch über die Möglichkeit verfügt, dieses Patent tatsächlich nutzen zu können.

---

[27] Vgl. May (1970), S. 26; Kronner (1995), S. 13; Moxter (2003), S. 20.

[28] Vgl. bspw. BFH (1965), IV 403/62 U, S. 415; BFH (1990b), III B 90/88, S. 795.

[29] Vgl. May (1970), S. 26 f.

[30] Vgl. BFH (1965), IV 403/62 U, S. 415; BFH (2003), IV R 27/01, S. 879.

[31] Vgl. zur geringen Objektivierung durch das Kriterium Eibelshäuser (1983), S. 170 und. S. 183. Freericks (1976) sieht in der Forderung nach einem langfristigen Nutzen einen Ausdruck des Vorsichtsprinzips (S. 324).

[32] Vgl. BFH (2014), X R 20/12, S. 328; so auch BFH (2020), IV R 9/17, S. 1841. Teilweise wird aber dennoch eine „Nutzung für mehrere Wirtschaftsjahre" in die Argumentation einbezogen. Vgl. BFH (2018), III R 5/16, S. 538.

[33] Vgl. Hommel (1998), S. 55, 58.

[34] Vgl. Tiedchen (1991), S. 8; Moxter (1993b), S. 536 f.; Hommel (1998), S. 53.

Der Gesetzgeber fasst den Kreis der selbst geschaffenen sowie entgeltlich erworbenen vermögenswerten Vorteile sehr weit,[35] indem er im Gliederungsschema des § 266 Abs. 2 HGB unter den immateriellen Vermögensgegenständen neben entgeltlich erworbenen Konzessionen und selbst geschaffenen sowie entgeltlich erworbenen gewerblichen Schutzrechten und ähnlichen Rechten[36] auch rein wirtschaftliche Güter durch das Tatbestandsmerkmal „ähnliche […] Werte" aufführt und unterstreicht in diesem Zuge den besonderen Stellenwert dieser Vermögensposition für bilanzierende Unternehmen. Gesetzlich werden diese rein wirtschaftlichen Güter nicht weiter konkretisiert. Auch in anderen Rechtsgebieten findet dieser Ausdruck in der Regel keine Anwendung, sodass sich hieraus keine Auslegungshilfe für das Bilanzrecht ableiten lässt. In der Literatur findet eine Auseinandersetzung mit dem Inhalt „ähnlicher Werte" nur vereinzelt statt; dabei werden unter dieses Tatbestandsmerkmal bspw. ungeschützte Erfindungen, Rezepte, Know-how, Kundenstamm, Archive, Produktionsverfahren oder Film- und Tonaufzeichnungen subsumiert, also (noch) nicht zu einem Recht erstarkte Werte. Ihre Objektivierung ist daher weitaus schwieriger als die der rechtlich gesicherten Konzessionen, Schutzrechte sowie ähnlicher Rechte.[37] Gemäß ständiger BFH-Rechtsprechung werden rein wirtschaftliche Vorteile in Form von „tatsächliche[n] Zustände[n], konkrete[n] Möglichkeiten und Vorteile für den Betrieb"[38] in den Kreis potenzieller Vermögensgegenstände einbezogen. Aber auch durch die Rechtsprechung findet keine weitergehende (explizite) Beschreibung oder Kategorisierung dieser wirtschaftlichen Vorteile statt.

3.2.1.2.2 Konkretisierung durch Erwerbsprinzip

Die Rechtsprechung stellt zur Objektivierung eines vermögenswerten Vorteils regelmäßig auf das Tätigen einer „feststellbare[n] und abgrenzbare[n] Ausgabe" ab.[39] Insbesondere rein wirtschaftliche Vorteile, also „tatsächliche Zustände, konkrete Möglichkeiten, d. h. sämtliche Vorteile für den Betrieb", werden dadurch konkretisiert, dass sich „deren Erlangung sich der Kaufmann etwas kosten

---

[35] Vgl. Roland (1980), S. 142 f.

[36] In der Literatur werden unter ähnlichen Rechten bspw. Nutzungsrechte (Wohn-, Belegungs- und Bohrrechte), Belieferungs-, Vertriebs-, Wege-, Zuteilungsrechte, Nießbrauch, Emissionsrechte und Wettbewerbsverbote gefasst.

[37] Vgl. bspw. Hennrichs (2013), § 246 HGB, Rn. 59; Schubert/Huber (2020), § 247 HGB, Rn. 383.

[38] Stellvertretend BFH (1969), Gr. S. 2/68, S. 292; BFH (1992), I R 24/91, S. 978; BFH (2010), IV R 28/08, S. 407.

[39] Vgl. Hommel (1998), S. 64 (auch Zitat); Eibelshäuser (1983), S. 240 f.

lässt".[40] So gilt es im Zuge einer Erwerberfiktion festzustellen, ob ein potenzieller Käufer des gesamten Unternehmens die Ausgabe unter Annahme der Unternehmensfortführung[41] bei der Kaufpreisbemessung berücksichtigen würde.[42] Da es sich um einen fingierten Erwerber handelt, der im Zweifel von der Rechtsprechung dargestellt wird,[43] ist das Prinzip jedoch „in hohem Maße subjektiv"[44]. Es besteht die Gefahr, statt der angestrebten Objektivierung, „auch Nonvaleurs und Ausgaben zur Beseitigung von Fehlmaßnahmen" die Vermögenswerteigenschaft zuzusprechen, die sie offensichtlich nicht besitzen.[45] Aus diesem Grund ist festzustellen, dass Ausgaben, die zur erstmaligen Erlangung eines wirtschaftlichen Vorteils getätigt werden, zu einem Vermögenswert führen, wohingegen die Ausgaben zur Beseitigung von Fehlmaßnahmen[46] das Erwerberfiktionsprinzip nicht erfüllen.[47]

3.2.2 IFRS: Erwartung eines künftig wirtschaftlichen Nutzens aufgrund von Ereignissen in der Vergangenheit

3.2.2.1 Nutzenstiftung einer am Bilanzstichtag vorhandenen Ressource

Vergleichbar mit dem Vermögenswertprinzip nach GoB findet auch im Rahmen der IFRS eine erste – vergleichbar schwache – Objektivierung des potenziellen Vermögenswerts statt. Nach den in IAS 38 genannten, allgemeinen Definitionskriterien ist ein Vermögenswert eine Ressource, die „ein Ergebnis von Ereignissen der Vergangenheit darstellt und von der erwartet wird, dass dem Unternehmen aus ihr künftiger wirtschaftlicher Nutzen zufließt" (IAS 38.17). Ein zukünftiger wirtschaftlicher Nutzen ist sowohl gegeben, wenn Zahlungsmittel oder Zahlungsmitteläquivalente durch den Verkauf von Produkten oder die Erbringung von Dienstleistungen direkt erwirtschaftet werden, als auch wenn durch Kosteneinsparungen der Zahlungsmittelabfluss sinkt bzw. andere Vorteile, die sich aus

[40] Vgl. exemplarisch BFH (2008), IV R 67/05, S. 962 (auch Zitate).

[41] Vgl. zum Fortführungsprinzip Euler (1996), S. 134–138.

[42] Vgl. BFH (1965), IV 403/62 U, S. 415; BFH (1986), I R 218/82, S. 14; BFH (1970), Gr. S. 1/69, S. 383.

[43] Vgl. Freericks (1976), S. 321.

[44] Eibelshäuser (1983), S. 241.

[45] Vgl. Hommel (1998), S. 65 (auch Zitat).

[46] Vgl. BFH (1955), III 121/55 U, S. 343; BFH (2018), IV R 26/16, S. 1475.

[47] Vgl. Koch (2011), S. 10; krit. Hommel (1998), S. 65–85.

der Eigenverwendung des Vermögenswerts ergeben, entstehen, Zahlungsmittel somit indirekt zufließen. So kann bspw. die Einbringung von Know-how in einen Produktionsprozess zu einer Reduktion künftiger Herstellungskosten, mithin zu Kosteneinsparungen, führen (IAS 38.17).[48]

Auch am Bilanzstichtag vorhandene Kundenbeziehungen können in unterschiedlichen Bereichen des Wertschöpfungsprozesses einen wesentlichen Nutzenbeitrag leisten, bspw. indem Produkte direkt auf Kundenbedürfnisse angepasst werden und so etwaige nachträglich erforderlich werdende Produktverbesserungen vermieden werden können.

Durch die Anknüpfung an Ereignisse der Vergangenheit wird „die fast schon selbstverständliche Voraussetzung"[49] des Vorliegens einer Ressource zum Bilanzstichtag und somit der Ausschluss rein zukünftiger Geschäftsvorfälle oder Erwartungen gefordert.[50]

3.2.2.2 Abweichende Definition eines Vermögenswerts nach dem Rahmenkonzept durch die Anknüpfung an die Ressource der Nutzenstiftung

Seit der Überarbeitung des Rahmenkonzepts und Veröffentlichung in 2018 wird ein Vermögenswert nunmehr als gegenwärtige wirtschaftliche Ressource definiert.[51] Im Unterschied zu der Definition des IAS 38 stellt das Rahmenkonzept jedoch nicht auf den durch den Einsatz einer Ressource erwarteten („expected") künftigen wirtschaftlichen Nutzen (IAS 38.8), der sich in Form direkter oder indirekter Zahlungsmittelzuflüsse ausdrückt, ab; finanzielle Vorteile haben danach lediglich einen unterstützenden Charakter.[52] Das IASB beabsichtigt durch diese Änderung die Identifizierung eines Vermögenswerts zu präzisieren, denn nicht die künftigen Vorteile sollen in der Bilanz abgebildet werden, sondern die Quelle selbst, die das Potenzial („potential") zur Erzielung künftiger Vorteile bzw. Nutzenpotenziale hat.[53]

Durch die Anknüpfung an die Ressource der Nutzenstiftung steht die Quelle des Nutzens im Vordergrund, nicht etwa das durch sie Erlangte. Das IASB

---

[48] Vgl. Hommel (1997), S. 352.

[49] Koch (2011), S. 75.

[50] Vgl. Hommel (1997), S. 351–353.

[51] Vgl. CF (2018), 4.3.

[52] Vgl. CF (2018), 4.16.

[53] Vgl. CF (2018), 4.17.

zeigt mit dieser Neudefinition ihre intendierte Orientierung am statischen Asset-Liability-Ansatz.[54] Gleichzeitig findet mit dem künftigen Nutzenzufluss in Form höherer Erträge bzw. niedrigerer Aufwendungen eine Abkehr vom dynamisch geprägten Revenue-Expense-Ansatz statt.[55]

Einzig vor dem Hintergrund der statisch orientierten Bilanz kann die Eliminierung des Kriteriums des künftigen wirtschaftlichen Nutzens jedoch nicht gerechtfertigt werden. Denn ein künftiger Nutzen ist auch innerhalb der Statik ein durchaus objektivierendes Kriterium, um einen Vermögenswert zu konkretisieren; einen Vermögenswert zeichnet gerade aus, dass er „einen wirtschaftlichen Vorteil verkörpert", der künftige Umsätze – insbesondere auch in einem statischen Sinn – alimentieren kann.[56] Dennoch ist die hierdurch zum Ausdruck gebrachte Ausrichtung durchaus positiv zu würdigen. So liefert sie einerseits einen konzeptionellen Rahmen und lässt andererseits den nötigen Spielraum für eine weitergehende Konkretisierung – bspw. im Rahmen einer künftigen Überarbeitung der Einzelstandards.

Die Eliminierung der Forderung eines erwarteten künftigen Nutzens kann – zumindest isoliert betrachtet – auch im Sinne einer Erweiterung des Kreises potenziell aktivierungsfähiger Vermögenswerte interpretiert werden. Das IASB stellt aber klar, dass der Kreis der tatsächlich aktivierten Vermögenswerte durch das Zusammenspiel von Definitions- und Ansatzkriterien weder ausgeweitet noch eingeschränkt wird.[57]

---

[54] Vgl. grundlegend zum Asset-Liability-Ansatz Sprouse/Moonitz (1962), S. 46–49. Zur Überarbeitung des Rahmenkonzepts vgl. Gore/Samuelson (2008), S. 108–110; Dehmel (2015), S. 1771.

[55] Vgl. zur Asset-Liability-Diskussion bspw. Kahle (2002), S. 58–61; Wüstemann/Wüstemann (2012b), S. 14–18; krit. Dichev (2017), S. 623–630.

[56] Vgl. Moxter (1988), S. 453 (auch Zitat).

[57] Vgl. CF (2018), BC4.13 f.

3.3 Greifbarkeit: Abgrenzung vom Geschäfts- oder Firmenwert dem Grunde nach

3.3.1 Objektivierungsbedingte Forderung nach Kontrolle durch eine Anknüpfung an Rechtspositionen

3.3.1.1 GoB: Steuerrechtliche Typisierungsvermutung

3.3.1.1.1 Typisierte Greifbarkeit von Sachen und Rechten im Gegensatz zu rein wirtschaftlichen Vorteilen

Die typisierende Betrachtungsweise[58] spielt als Mittel der Finanzverwaltung und -gerichtsbarkeit eine wichtige Rolle und hat eine lange Tradition im deutschen Steuerrecht[59]. Auch wenn sich in der Literatur keine einheitliche Definition herausgebildet hat,[60] wird in typisierender Betrachtungsweise – zumeist aufgrund von Erfahrungen – das Vorliegen eines typischen Sachverhalts vermutet. Weicht der tatsächliche Sachverhalt von dem vermuteten Regeltatbestand ab, steht es dem Steuerpflichtigen frei, dies durch einen objektivierten Nachweis, an den „hohe Anforderungen" gestellt werden, zu demonstrieren.[61] Die typisierende Betrachtungsweise bestimmt im Rahmen einer vereinfachenden Tatsachenfeststellung die Beweislast.[62] Ziel einer solchen typisierenden Betrachtungsweise[63] ist eine Komplexitätsreduzierung und damit eine höhere Praktikabilität.[64] Gleichzeitig bewirkt diese (vermutete) Gleichbehandlung von Sachverhalten durch ihre objektivierende Wirkung einen gewissen Grad der Rechtssicherheit.[65]

---

[58] Teilweise wird auch die Bezeichnung ‚typische Betrachtungsweise' gewählt.

[59] Für einen umfassenden Überblick der typisierenden Betrachtungsweise im Zeitablauf vgl. Schenke (2007), S. 133–160. Weber-Grellet (2001) beschreibt die Vermutungen als „ein dunkles Kapitel" der Rechtsprechung (S. 215).

[60] Vgl. Schenke (2007), S. 131.

[61] Vgl. Hommel/Wüstemann (2006), S. 53 (auch Zitat).

[62] Vgl. Weber-Grellet (2001), S. 214.

[63] Hiervon abzugrenzen ist die Typisierung durch den Gesetzgeber, bspw. im Bereich der Werbungskosten, die für einen „wirksamen und effizienten Gesetzesvollzug[.]" sorgt (vgl. Oesch (2008), S. 87, auch Zitat), da sie Normen schafft, „die handhabbar sind, d. h. für eine Vielzahl von Fällen Gültigkeit haben" (Jochum (2006), S. 135). Ebenso abzugrenzen ist der Typusbegriff, bspw. der Typus des Mitunternehmers, der auf die „vollständige[.] Verwirklichung des Regelungszwecks", also die Gleichmäßigkeit der Besteuerung abzielt (vgl. Oesch (2008), S. 100, auch Zitat).

[64] Vgl. Drüen (1997), S. 271–273 mit einer Darstellung der typisierenden Rechtsanwendung. Vgl. für eine Diskussion der Vereinfachung durch Typisierungen und die Abgrenzung zur Praktikabilität Leisner (2007), S. 244–247.

[65] Vgl. krit. Leisner (2007), S. 242–244.

Da das Vermögenswertprinzip – wie bereits gezeigt wurde[66] – lediglich eine geringe Objektivierungswirkung entfaltet, stellte die BFH-Rechtsprechung in der Vergangenheit in typisierter Betrachtungsweise eine Greifbarkeitsvermutung für Sachen und Rechte auf und sorgte somit für eine erste, zunächst steuerrechtliche Konkretisierung des zentralen Aktivierungsprinzips der Greifbarkeit, also der Abgrenzbarkeit immaterieller Werte vom Geschäfts- oder Firmenwert dem Grunde nach. Dieser typisierten Greifbarkeitsvermutung folgend[67] werden werthaltige Sachen und Rechte, also Gegenstände des bürgerlichen Rechts, grundsätzlich als greifbare Vermögenswerte typisiert. Mangels einer Konkretisierung anhand eines rechtlichen Anspruchs ist eine Abgrenzbarkeit rein wirtschaftlicher Güter vom Geschäfts- oder Firmenwert zunächst grundsätzlich nicht typisiert möglich;[68] hierfür bedarf es weitergehender Kriterien. Beide Vermutungen sind jedoch vom Bilanzierenden widerlegbar,[69] sofern Nachweise erbracht werden, die die objektivierte Werthaltigkeit des Vermögenswerts bestätigen. So ist es möglich, Sachen und Rechten die Greifbarkeit abzusprechen[70] und rein wirtschaftliche Güter greifbar zu machen.[71]

3.3.1.1.2 Mangelnde Adäquanz einer steuerrechtlichen Typisierungsvermutung als GoB

Für die Konkretisierung des Vermögensgegenstandsbegriffs kann das Heranziehen eines typisierten Greifbarkeitsverständnisses zwar auch für die Handelsbilanz einen Beitrag zur Objektivierung leisten, – wenn überhaupt – kann sie aber nur eine erste Orientierung darstellen. Und auch für steuerrechtliche Zwecke ist eine solche, zwar objektivierende, aber gleichzeitig einschränkende Greifbarkeitsvermutung vor dem Hintergrund einer steigenden Anzahl immaterieller, insbesondere rein wirtschaftlicher Güter, durchaus fraglich. Vielmehr ist eine differenzierte Betrachtung der wirtschaftlichen Vorteile notwendig, um ihre Abgrenzbarkeit vom Geschäfts- oder Firmenwert feststellen zu können. Nur eine solche differenzierte wirtschaftliche Betrachtung[72] ist im Sinne der GoB vertretbar. Jede Einschränkung bedeutet zwangsläufig ein mögliches Zuwiderlaufen der GoB-Konformität. Die gefestigte Rechtsprechung des BFH unterscheidet

---

[66] Vgl. 3.2.1.

[67] Vgl. bspw. BFH (1972), III R 23/71, S. 753 f.

[68] Vgl. Mutze (1960), S. 27; Moxter (2003), S. 73; Moxter (2007), S. 6.

[69] Moxter (2003), S. 73.

[70] Vgl. bspw. BFH (1976b), I R 112/75, S. 279.

[71] Vgl. Moxter (2007), S. 6 f.; a. A. Tiedchen (1991), S. 5.

[72] Vgl. zur wirtschaftlichen Betrachtungsweise nach GoB 2.2.2.1.2.

zurecht nicht mehr zwischen „Sachen und Rechten" einerseits sowie „tatsächliche Zustände, konkrete Möglichkeiten und sämtliche Vorteile für den Betrieb"[73] andererseits, sondern stellt an den Begriff des Vermögensgegenstands einheitliche Konkretisierungsanforderungen.[74]

Obwohl die typisierende Betrachtungsweise mit dem Ziel der Praktikabilität und Objektivierung eine „vorrangig steuerrechtliche[.] Relevanz" hat[75] und daher – normativ gesehen – keinen wesentlichen Beitrag zur Konkretisierung des Vermögensgegenstandsbegriffs leisten konnte, ist zu vermuten, dass sie auch die handelsrechtliche Aktivierung in der Vergangenheit maßgeblich beeinflusst hat: Sofern der Bilanzierende der Typisierungsvermutung folgend in seiner Bilanz Sachen und Rechte ansetzte und rein wirtschaftliche Güter nicht aktivierte, blieb eine steuerrechtlich initiierte Prüfung der GoB-Konformität aus. Erst wenn eine Aktivierung entgegen dieser Vermutung vorgenommen wurde, bot dies Anlass einer steuer- und – aufgrund der Maßgeblichkeit – dann auch handelsrechtlichen Überprüfung der Vermögensgegenstandskriterien.

Der Bilanzierende ist also in der Pflicht, die Aktivierungsfähigkeit sowohl im Unternehmen vorhandener Sachen und Rechte als auch insbesondere rein wirtschaftlicher Vorteile weitergehend zu prüfen. Diese Prüfung kann dazu führen, dass aufgrund der Typisierungsvermutung aktivierten Gütern ihre Aktivierungsfähigkeit abgesprochen wird und bisher nicht aktivierte rein wirtschaftliche Güter nun angesetzt werden. Voraussetzung hierfür sind aber klare, eindeutige Kriterien, die der handelsrechtlichen Objektivierung gerecht werden.

3.3.1.2 IFRS: Rückgriff auf die Zivilrechtsstruktur

3.3.1.2.1 Typisierte Greifbarkeit durch das Contractual-Legal-Kriterium im Fall des separaten Erwerbs gemäß IAS 38

Vergleichbar mit der Greifbarkeitskonzeption nach GoB ist auch ein immaterieller Vermögenswert nach IFRS weitergehend zu konkretisieren und so festzustellen, ob eine Abgrenzbarkeit vom Geschäfts- oder Firmenwert möglich ist. Für diese Beurteilung bildet die Identifizierbarkeit das zentrale Kriterium (IAS 38.11). Die Identifizierbarkeit ist nach dem sog. Contractual-Legal-Kriterium bereits dann gegeben, wenn der Vermögenswert durch ein vertragliches oder sonstiges Recht

---

[73] BFH (1990a), III B 90/88, S. 794.

[74] In der jüngeren Rechtsprechung definiert der BFH Wirtschaftsgüter als „alle Sachen, Rechte, tatsächlichen Zustände und konkreten Möglichkeiten, die entweder einzeln oder zusammen mit dem Betrieb übertragen werden können und aus der Sicht eines poten[z]iellen Betriebserwerbers einen eigenständigen Wert haben". Vgl. BFH (2011), I R 94/10, S. 245 (auch Zitat).

[75] Vgl. Koch (2011), S. 12 (auch Zitat).

abgesichert ist (IAS 38.12(b)). Eine zusätzliche oder alternative Prüfung des noch zu konkretisierenden Separierbarkeitskriteriums[76] sieht der Standard nicht vor (IAS 38.12(b)). Die Greifbarkeit wird durch einen (scheinbar) objektiven „Rückgriff auf existierende Rechtspositionen kompensiert", sodass eine Abgrenzbarkeit vom Geschäfts- oder Firmenwert gegeben ist.[77] Das typisierende Contractual-Legal-Kriterium sorgt – ähnlich wie die überkommene Typisierungsvermutung nach GoB[78] – für einen formalen Existenznachweis im Sinne einer Abspaltung des Vermögenswerts vom Geschäfts- oder Firmenwert; anders als nach GoB kann der Bilanzierende die im Zuge des Contractual-Legal-Kriteriums nachgewiesene Identifizierbarkeit grundsätzlich nicht widerlegen.[79] Für die Konkretisierung der Greifbarkeit nimmt die zugrunde liegende (Zivil-)Rechtsstruktur in der Bilanzierung nach IFRS demnach eine weitreichendere Rolle ein als dies in der Vergangenheit nach GoB der Fall war.

Da das Contractual-Legal-Kriterium einzig auf die Eigenschaft als Recht abstellt und in Ermangelung einer Widerlegbarkeit der daraus geschlossenen Greifbarkeitsvermutung, werden bestimmte Konzessionen, die bereits aufgrund ihrer Eigenschaft als Recht identifizierbar sind, somit per Definition als vom Geschäfts- oder Firmenwert abgrenzbar erachtet, obwohl sie tatsächlich – wie bspw. Schankkonzessionen – vom Unternehmer untrennbar sind.[80] Teilweise kommt es aus diesem Grund dazu, dass die Vermögenswertdefinition nach IFRS aufgrund des Contractual-Legal-Kriteriums über die Definition eines greifbaren Vermögensgegenstands hinausgeht.[81]

Zielführend ist die Anwendung des Contractual-Legal-Kriteriums bei solchen Gütern, die nicht separat, also ohne das Unternehmen übertragen werden können, bei denen es sich aber offensichtlich um identifizierbare Vermögenswerte handelt. So sorgt das Contractual-Legal-Kriterieum bspw. bei Rundfunk- oder Kernkraftwerkslizenzen[82] für eine – zumindest dem Grunde nach – parallele Bilanzierung nach GoB und IFRS. Nicht rechtlich abgesicherte Kundenbeziehungen erfüllen das Contractual-Legal-Kriterium in Ermangelung eines vertraglichen

---

[76] Vgl. 3.3.3.2.1.

[77] Vgl. Appelmann (2017), S. 92 (auch Zitat).

[78] Vgl. 3.3.1.1.

[79] Vgl. Koch (2011), S. 80 f.

[80] Vgl. Heyd/Lutz-Ingold (2005), S. 35–45; Baetge u. a. (2020), IAS 38, Rn. 18.

[81] Vgl. Koch (2011), S. 81.

[82] Vgl. IAS 38.BC10.

Rechts freilich nicht. Fraglich ist, ob mittelbar rechtlich abgesicherte Kunden-beziehungen, bspw. der Auftragsbestand oder Rahmenverträge, aufgrund des Contractual-Legal-Kriteriums als identifizierbar gelten.[83]

Obwohl Rahmenverträge grundsätzlich zwar (mittelbar) rechtlich abgesichert sind, sodass das Contractual-Legal-Kriterium zunächst erfüllt ist, wird die beste-hende Unsicherheit in Teilen der Literatur aber auch zutreffend gewürdigt: Sofern der Rahmenvertrag eine feste Abnahmeverpflichtung regelt, wird die Identifi-zierbarkeit als gegeben angesehen.[84] Dient ein Rahmenvertrag aber lediglich dazu, die allgemeinen Regelungen der Geschäftsbeziehung, bspw. Lieferbestim-mungen, festzulegen, ist die Identifizierbarkeit zu verneinen.[85] Somit findet hier eine Widerlegung des typisierenden Contractual-Legal-Kriteriums statt, obwohl der Standard eine solche Abweichung grundsätzlich nicht vorsieht. Auch bereits abgeschlossene Kundenverträge, d. h. der Auftragsbestand, stellen zwar ein vertragliches Recht des bilanzierenden Unternehmens dar, sodass die Identifizier-barkeit bei einer Orientierung am Contractual-Legal-Kriterium zunächst gegeben ist. Aufgrund der Unsicherheit, dass diese Verträge – oftmals ohne triftige Gründe – storniert werden können, sie also eine hohe Flüchtigkeit aufweisen, ist die Aktivierungsfähigkeit jedoch fraglich. Eine diese Unsicherheit abbildende und sich an die Würdigung von Rahmenverträgen anschließende Bilanzierung würde bedeuten, lediglich den Auftragsbestand als identifizierbar zu erachten, dessen tatsächliche Umsetzung rechtlich hinreichend abgesichert ist. Fehlt es an einer solchen Absicherung, ist eine Abgrenzung des Auftragsbestands vom Geschäfts- oder Firmenwert – zumindest aufgrund des Contractual-Legal-Kriteriums – zu verneinen.[86]

Eine Diskussion über die Aktivierungsfähigkeit von Auftragsbeständen fin-det in der Literatur bisweilen lediglich unzureichend statt. Die Tatsache, dass sowohl der Auftragsbestand als auch Rahmenverträge im Regelfall vom bilan-zierenden Unternehmen selbst generiert werden und es sich demnach um selbst erstellte immaterielle Werte handelt, an deren Bilanzierung aufgrund der Selbs-terstellung eine höhere Anforderung gestellt werden muss als im Rahmen

---

[83] Vgl. Bohr (2009), der eine „Differenzierung in Bezug auf die wirtschaftlich-substanzielle Qualität einzelner Kundenbeziehungen" (S. 39) vornimmt.

[84] Vgl. Arbeitskreis "Immaterielle Werte im Rechnungswesen" der Schmalenbach-Gesellschaft für Betriebswirtschaft e. V. (2009), S. 25; Bohr (2009), S. 39.

[85] Vgl. Lüdenbach/Prusaczyk (2004b), S. 213; Lüdenbach u. a. (2020), § 13, Rn. 16. Die BFH-Rechtsprechung sieht eine analoge bilanzielle Behandlung von Rahmenverträgen vor.

[86] Vgl. ebenfalls kritisch Lüdenbach u. a. (2020), § 13, die eine Erweiterung des Kontrollbe-griffs im Sinne einer faktischen Kontrollmöglichkeit ablehnen, da sie „dem Kriterium jeden Gehalt" nimmt (Rn. 16).

eines Unternehmenszusammenschlusses, wird – soweit ersichtlich – bisher nicht thematisiert.

3.3.1.2.2 Weite Auslegung des Contractual-Legal-Kriteriums bei Unternehmenszusammenschlüssen gemäß IFRS 3

Werden immaterielle Güter im Rahmen eines Unternehmenszusammenschlusses übertragen, legt das IASB die Kriterien teilweise in einer weniger objektivierten Sicht aus. So sieht das IASB bei im Rahmen eines Unternehmenszusammenschlusses erworbenen Kundenverträgen, d. h. dem Auftragsbestand, explizit einen identifizierbaren Vermögenswert.[87] Insbesondere in der Dienstleistungsbranche, bspw. bei Versicherungs- oder Telekommunikationsunternehmen, stellen gerade die mit Kunden geschlossenen Verträge einen Großteil der im Rahmen von Unternehmenszusammenschlüssen übernommenen immateriellen Vermögenswerte dar.[88] Wie bereits dargestellt[89], weisen derartige, nur mittelbar rechtlich abgesicherte Vorteile eine große Unsicherheit und Flüchtigkeit auf; Kündigungsrechte oder auch Vertraulichkeitspflichten stehen der Identifizierbarkeit nach Ansicht des IASB hier aber nicht entgegen.[90] Über den Vertrag hinaus besteht zudem sogar eine identifizierbare Kundenbeziehung, sofern das bilanzierende Unternehmen über Kundeninformationen verfügt, regelmäßigen Kundenkontakt pflegt und der Kunde seinerseits die Möglichkeit hat, mit dem Unternehmen Kontakt aufzunehmen.[91] Das IASB interpretiert das Contractual-Legal-Kriterium hier in einem außergewöhnlich weiten, entobjektivierten Sinn,[92] wenn es argumentiert, dass diese Art von Kundenbeziehungen, da sie auf vertraglichen Rechten beruhen, automatisch das Contractual-Legal-Kriterium erfüllen.[93] Dabei ist es sogar irrelevant, ob die Kundenbeziehungen auf aktuellen, bereits abgeschlossenen Verträgen beruhen; ein regelmäßiger Kundenkontakt genügt, um

---

[87] Vgl. IFRS 3.IE25.

[88] Vgl. bspw. Bohr (2009), S. 39 f.

[89] Vgl. 3.3.1.2.1.

[90] Vgl. auch Arbeitskreis „Immaterielle Werte im Rechnungswesen" der Schmalenbach-Gesellschaft für Betriebswirtschaft e. V. (2009), S. 24.

[91] Vgl. IFRS 3.IE28. Das IFRS Interpretations Committee veröffentlichte im Jahr 2009 eine Agenda-Entscheidung, in der es die Notwendigkeit der Überarbeitung von IFRS 3, insbesondere der Indikatoren zur Unterscheidung von vertraglichen und nicht-vertraglichen Kundenbeziehungen, argumentiert. Vgl. IFRS Interpretations Committee (2009).

[92] Vgl. Lüdenbach/Prusaczyk (2004b), S. 211; Hepers (2005), S. 178 f.; Koch (2011), S. 81 f.; Appelmann (2017), S. 88.

[93] Vgl. IFRS 3.IE26 f.

auf regelmäßige Vertragsabschlüsse und damit einhergehende Kundenbeziehungen schließen zu können.[94] Ausschlaggebend ist, dass das Unternehmen über
den Kundenkontakt verfügt, der bspw. durch Kundenbindungsprogramme bestätigt wird, und das Unternehmen hierdurch z. B. über die Kundendaten und
das Einkaufsverhalten informiert ist, sodass gezielt Kontakt mit dem Kunden
aufgenommen werden kann. Das ist bei bloßer Laufkundschaft aufgrund der
ihr immanenten Anonymität hingegen nicht der Fall; sie zählt folglich nicht
zu den Kundenbeziehungen.[95] Selbst wenn bspw. eine Verschwiegenheitserklä-
rung einem potenziellen Vertragsabschluss entgegensteht, hindert dies nach der
Ansicht des Standardsetzers nicht an einer Aktivierung.[96] Lediglich aus aktuellen Vertragsverhandlungen potenziell resultierende Kundenverträge sind bei
einem Unternehmenszusammenschluss nicht zu aktivieren (IFRS 3.B38). Zwar
darf man nicht verkennen, dass dem Kauf eines Unternehmens bereits eine
gewisse, allgemeine Wertbestätigung inhärent ist, sodass die der Identifizierung
von Vermögenswerten zugrunde liegende ökonomische Situation bei Unternehmenszusammenschlüssen grundsätzlich anders zu werten ist als insbesondere
im Fall der Selbsterstellung;[97] dennoch ist diese enorm weite Auslegung aufgrund einer teilweisen Zurückdrängung der wirtschaftlichen Betrachtungsweise[98]
kritisch zu sehen. Eine Orientierung an den Regelungen des IFRS 3 für den Auftragsbestand im Allgemeinen, d. h. für faktisch selbst erstellte Kundenverträge,
ist vor dem Hintergrund des niedrigen Objektivierungsgrads abzulehnen.

Bei gewissen erworbenen Vermögenswerten führt hingegen gerade die
Abgrenzung durch das Contractual-Legal-Kriterium zu einer zweckadäquaten
Bilanzierung. So sind bestimmte, der Natur nach an das Unternehmen gebundene
Rechte,[99] oder auch faktisch zusammengehörige Rechte, wie bspw. ein Patent

---

[94] Vgl. IFRS 3.IE28; Castedello (2014), S. 274.

[95] Vgl. Arbeitskreis "Immaterielle Werte im Rechnungswesen" der Schmalenbach-
Gesellschaft für Betriebswirtschaft e. V. (2009), S. 27.

[96] Vgl. IFRS 3.IE26.

[97] Vor diesem Hintergrund ist fraglich, ob die in den Illustrative Examples zu IFRS 3 genannten Beispiele identifizierbarer Vermögenswerte grundsätzlich zur Beurteilung der Identifizierbarkeit immaterieller Vermögenswerte herangezogen werden können. A. A. Behrendt-
Geisler (2013), S. 90.

[98] Vgl. Wehrum (2011), S. 152; Appelmann (2017), S. 92–94; Lüdenbach u. a. (2020), § 31,
Rn. 88. A. A. Velte (2008), der das Contractual-Legal-Kriterium „aufgrund der intersubjektiven Nachprüfbarkeit […] als verlässlich" ansieht (S. 155); teilweise auch Hepers (2005),
der für eine in diesem Zusammenhang für eine engere Auslegung des rechtlichen Kriteriums
plädiert (S. 175–178).

[99] Vgl. zu Kernkraftwerkslizenzen IFRS 3.B32(b).

und die zugehörige Lizenz,[100] bereits durch die Eigenschaft als Recht identifizierbar. Die Würdigung gleicht hier – wie noch zu zeigen sein wird – derjenigen nach handelsrechtlichen GoB[101].

3.3.1.2.3 Begriffliche Anknüpfung an die Zivilrechtsstruktur im Rahmenkonzept 2018 durch das Verständnis der wirtschaftlichen Ressource als ein Recht

Im aktuellen Rahmenkonzept von 2018 wird ein Vermögenswert als eine wirtschaftliche Ressource definiert.[102] Eine wirtschaftliche Ressource stellt wiederum ein Recht dar, das das Potenzial aufweist, wirtschaftlichen Nutzen zu generieren.[103] Das zu aktivierende Recht stellt dabei die Quelle dar, die es erst ermöglicht, dass dem Unternehmen ein künftiger Nutzen zufließen kann.

Obwohl durch die Definition der Ressource als ein Recht zunächst ein starker Bezug zu der der Ressource zugrunde liegenden Zivilrechtsstruktur und damit eine starke Einschränkung potenzieller Vermögenswerte impliziert wird,[104] wird weiter klargestellt, dass unter den Begriff des Rechts sowohl vertragliche und gesetzliche Rechte als auch Rechte aus faktischen Verpflichtungen einer Gegenpartei und Rechte auf künftige wirtschaftliche Vorteile verstanden werden.[105] Durch diese entobjektivierende Erweiterung des Ressourcenbegriffs weisen auch rein wirtschaftliche Güter, wie bspw. nicht-öffentliches Know-how oder die Arbeitsleistung,[106] die Eigenschaft potenzieller Vermögenswerte auf. Auch verschieden geartete Kundenbeziehungen, die nicht rechtlich abgesichert sind, sind somit unter den Begriff zu subsumieren.[107]

Grundsätzlich bietet die Definition eines Vermögenswerts als ein Recht durch die Anknüpfung an eine juristische Auslegung die Möglichkeit der Objektivierung und damit die vom IASB in der Vergangenheit angestrebte Orientierung am statisch geprägten Asset-Liability-Ansatz.[108] Durch die von der Zivilrechtsstruktur gelöste Definition ist aber faktisch keine Anhebung des Objektivierungsgrads

---

[100] Vgl. IFRS 3.B32(c).

[101] Vgl. Koch (2011), S. 81 m. w. N.

[102] Vgl. CF (2018), 4.3.

[103] Vgl. CF (2018), 4.4.

[104] Vgl. Dehmel (2015), S. 1771 f.

[105] Vgl. CF (2018), 4.7; CF (2018), BC4.36.

[106] Vgl. CF (2018), 4.7 f.

[107] Im Exposure Draft wurden Kundenbeziehungen explizit aufgeführt, vgl. ED/2015/3.4.8 (c).

[108] Vgl. zu einer kritischen Darstellung Dehmel (2015), S. 1771.

zu erkennen. Eine engere, ausschließlich auf rechtlich abgesicherte Ressourcen abstellende Definition würde aber vor allem der maßgeblichen wirtschaftlichen Betrachtungsweise zuwiderlaufen.[109] So findet durch den weiten Auslegungsspielraum zunächst auf Definitionsebene eine Erweiterung des Kreises potenzieller Vermögenswerte im Vergleich zum alten Rahmenkonzept und insbesondere im Vergleich zu IAS 38 statt;[110] durch eine Würdigung der Ansatzkriterien findet sodann eine Einschränkung statt.

Eine Auslegungsmöglichkeit anhand des jeweiligen nationalen Zivilrechts – wie sie eine Anknüpfung an den Rechtsbegriff zunächst vermuten lässt – erfolgt aufgrund der vorgenommenen Erweiterung des Rechtsbegriffs jedoch nicht.[111] Eine unmittelbare Auswirkung des Abstellens auf ein – zurecht denkbar weit interpretiertes – Recht ist nicht erkennbar. Normativ betrachtet ist die konzeptionelle Neuausrichtung aber dennoch positiv zu würdigen.

3.3.2 Beurteilung der faktischen Kontrolle über das Gut

3.3.2.1 GoB: Indirekte Forderung nach Kontrolle
3.3.2.1.1 Mangelnde Greifbarkeit bestimmter nicht kontrollierbarer Vorteile
3.3.2.1.1.1 Ausschluss von im Allgemeingebrauch stehenden Vorteilen
Die Rechtsprechung greift zur Konkretisierung der Greifbarkeit zwar nicht auf ein isoliertes Unentziehbarkeitskriterium im Sinne eines grundsätzlichen Ausschlusses der Nutzenziehung durch einen Dritten zurück. Vielmehr steht die Möglichkeit der Nutzung durch den Bilanzierenden im Vordergrund.[112] Dennoch schränkt die Rechtsprechung den Vermögensgegenstandsbegriff durch eine indirekte Forderung nach Kontrolle ein, indem sie diejenigen Vorteile von einer Aktivierung ausschließt, die im Allgemeingebrauch stehen. Laut höchstrichterlicher Rechtsprechung steht ein vermögenswerter Vorteil im Allgemeingebrauch, wenn er aufgrund der öffentlichen Zugänglichkeit nicht durch den Bilanzierenden kontrolliert werden kann;[113] bei einem Verkauf des Unternehmens würde

---

[109] Vgl. Dehmel (2015), S. 1771.

[110] Vgl. Dehmel (2015), S. 1772.

[111] Vgl. Dehmel (2015), S. 1772.

[112] Vgl. Pfeiffer (1984), S. 335 f.

[113] Vgl. BFH (1990), II R 30/89, S. 570.

ein solcher Vorteil „zwingend und automatisch auf den poten[z]iellen Erwerber übergeh[en]"[114]. Sofern der Bilanzierende einen juristisch durchsetzbaren Rechtsanspruch vorweisen kann, ist der Vorteil in der Regel nicht durch die Öffentlichkeit nutzbar. So entschied der BFH in einem Urteil betreffend die Nutzung einer Kläranlage, dass es sich bei dem durch einen Beitrag erlangten Vorteil um ein Sondernutzungsrecht, das Einleitungsrecht, handelt, das der Bilanzierende in dem Sinne kontrolliert, dass ein Dritter (die Allgemeinheit) die Kläranlage nicht ohne einen erneuten Beitrag nutzen darf bzw. bei einem Unternehmenskauf auch das Recht die Kläranlage nutzen zu dürfen auf den Erwerber übertragen werden muss.[115] Wird durch einen Beitrag indes kein exklusives Nutzungsrecht erworben, d. h. kann die Allgemeinheit – wie etwa bei einem Zuschuss zu einer öffentlichen Straße – den Vorteil auch ohne eine Leistung zu erbringen, nutzen, steht der Vorteil im Allgemeingebrauch und ist nicht zu aktivieren.[116]

Insbesondere bei rein wirtschaftlichen Vorteilen, wie bspw. solchen Kundendaten, die nicht durch ein Recht gesichert sind, ist diese Konkretisierung von besonderer Bedeutung. Ein Kundenstamm steht demnach im Allgemeingebrauch, wenn die Kundendaten ohne Anstrengung zusammengetragen werden können.[117] Im Zuge eines Unternehmensverkaufs würde ein solcher Kundenstamm mithin entweder automatisch oder ohne (finanzielle) Anstrengung auf den Erwerber übergehen, d. h. ohne, dass über diesen im Detail verhandelt werden muss. Ein potenzieller Erwerber des Unternehmens würde ihn in seinem Kaufpreis also nicht berücksichtigen,[118] da er ihn – ohne eine Investition zu tätigen – aus den allgemein zugänglichen Daten eigenständig generieren könnte.

3.3.2.1.1.2 Ausschluss von personengebundenen Vorteilen

Ebenso wie bei im Allgemeingebrauch stehenden Vorteilen, mangelt es dem bilanzierenden Unternehmen auch bei personengebundenen Vorteilen an einer hinreichenden Kontrolle.[119] Derartige Vorteile können sowohl ein an der Person hängender Status, etwa ein Rechtsanwaltstitel oder ein Meistertitel im Handwerk, aber auch persönliche, individuelle Fähigkeiten des Bilanzierenden, wie bspw. das Know-how bestimmter Produktionsprozesse, Erfindungen oder auch solche Kundenkontakte/Kundenbeziehungen, die bei einem Wechsel des Kaufmanns in

---

[114] Hommel (1998), S. 106.

[115] Vgl. BFH (1984), III R 30/79, S. 616 f.

[116] Vgl. BFH (1990), II R 30/89, S. 570.

[117] Vgl. Hommel (1998), S. 103–106.

[118] Vgl. BFH (1986), I R 218/82, S. 14.

[119] Vgl. Moxter (2007), S. 7.

ein anderes Unternehmen mit übergehen würden, sein. Diese persönlichen Vorteile können vom bilanzierenden Unternehmen nicht hinreichend kontrolliert werden und gehen daher im Geschäfts- oder Firmenwert auf. Die Beurteilung der Personengebundenheit hat systemkonform in wirtschaftlicher Betrachtung zu erfolgen.[120] So spricht der BFH einer Güterfernverkehrsgenehmigung,[121] die im Rahmen des Erwerbs eines Transportunternehmens übergeht, die Vermögensgegenstandseigenschaft zu, obwohl die Güterfernverkehrsgenehmigung an die Person, auf die sie ausgestellt ist, gebunden ist. Der BFH begründet dies damit, dass die Grundlage der Personengebundenheit, nämlich das Transportunternehmen, bei einer Veräußerung mit übertragen wird und fortbesteht.[122] In der jüngeren Rechtsprechung bestätigte der BFH diese Sichtweise, als er entschied, dass ein Domain-Name übertragen werden kann, weil sich die scheinbare Bindung an die Person lediglich daraus ergibt, dass jeder Domain-Name aus technischen Gründen nur ein Mal vergeben werden kann.[123] Anders hingegen liegt der Fall bei sog. Schankkonzessionen,[124] die die Eigenschaft aufweisen, sowohl objekt- als auch personenbezogen zu sein (§ 2 GastG). Scheidet die auf die Konzession ausgestellte Person aus dem Unternehmen aus, ist grundsätzlich eine erneute Antragsstellung notwendig, bei der die persönlichen Voraussetzungen der (neuen) Antragssteller geprüft werden.[125] Dem Unternehmen mangelt es demzufolge an einer hinreichenden Kontrolle der Konzession.

Insbesondere bei der Beurteilung der Aktivierungsfähigkeit von Kundenbeziehungen spielt eine mögliche Haftung des Vorteils an der Person des Kaufmanns eine wichtige Rolle. Ist bspw. das „Vertrauen des einzelnen Kunden zum Betriebsinhaber"[126] ausschlaggebend für dessen Umsätze, sind diese Kundenbeziehungen nicht ohne den Unternehmer übertragbar, mithin nicht greifbar. Diese Möglichkeit zieht der BFH im Fall eines Lieferantenstamms ebenfalls in Erwägung. Der hänge demnach an der Person des Kaufmanns, wenn der Erfolg des Unternehmens nicht von der „Lage oder [...] [der] besonderen Gestaltung" des

---

[120] Vgl. BFH (1974), III R 75/73, S. 655.

[121] Vgl. BFH (1989), X R 176–177/87, S. 15; BFH (1989), II R 15/86, S. 644.

[122] Vgl. BFH (1989), II R 15/86, S. 645.

[123] Vgl. BFH (2006), III R 6/05, S. 301; ferner zu den Eigenschaften eines Domain-Namens BGH (2005), VII ZB 5/05, S. 3353 f.

[124] Vgl. RFH (1931), VI A 2002/29, S. 146.

[125] Vgl. Erbs u. a. (2021), GastG, § 2, Rn. 8.

[126] BFH (1982), IV R 49/78, S. 651.

Unternehmens abhängt.[127] Der BFH sieht in der Tatsache, dass „geringe[.] Aufwendungen für Löhne und Gehälter" gezahlt wurden einen Hinweis darauf, dass die erfolgsfördernden Kundenbeziehungen an der Person des Unternehmers haften.[128] Im Fall eines Unternehmensverkaufs werden die Kundenbeziehungen, die aus „[i]ndividuellen Fähigkeiten und Vorteilen des Bilanzierenden"[129] bestehen, nicht mit dem gesamten Unternehmen übertragen, sondern am Unternehmer haften.[130]

3.3.2.1.2 Unentziehbarkeit als Prinzip der wirtschaftlichen Vermögenszugehörigkeit

Wenngleich die Kontrolle bei der Konkretisierung des Vermögensgegenstandsbegriffs nur mittelbar im Sinne des Ausschlusses nicht kontrollierbarer Vorteile zu finden ist, entfaltet sie insbesondere bei der Frage der Zurechnung des Vermögensgegenstands – dem systematisch der Konkretisierung nachgelagerten Schritt – Relevanz. So wird die wirtschaftliche Vermögenszurechnung in Rechtsprechung und Schrifttum regelmäßig durch die Kriterien „Substanz und Ertrag [...] vollständig und auf Dauer"[131] vorgenommen.[132] Wirtschaftlicher Eigentümer ist, wer mit dem Vermögensgegenstand verbundene Wertsteigerungen und -minderungen sowie Einnahmenpotenziale vereinnahmen kann.[133] Wenn der Bilanzierende nicht auch rechtlicher Eigentümer des Vermögensgegenstands ist, kommt es für die Beurteilung der Dauerhaftigkeit wesentlich auf die „Unentziehbarkeit der Vermögensposition" an.[134] Verfügt der Bilanzierende über eine unmittelbare oder zumindest mittelbare Rechtsposition, d. h. besteht kein Herausgabeanspruch bzw. ist ihm bei regulärem Verlauf keine wirtschaftliche Bedeutung beizumessen,[135] ist das Kriterium grundsätzlich als erfüllt anzusehen. So sind bspw. bereits abgeschlossene Kundenverträge, die Chancen auf künftige Gewinne

---

[127] Vgl. BFH (2009), III R 40/07, S. 611 (auch Zitat).

[128] Vgl. BFH (2009), III R 40/07, S. 611 (auch Zitat).

[129] Hommel (1998), S. 102.

[130] Vgl. Moxter (2007), S. 7.

[131] Döllerer (1971a), S. 536; BFH (1978), V R 137/75, S. 283 BFH (1984), I R 146/81, S. 827; BGH (1995), II ZR 164/94, S. 459; BFH (1996), X R 92/92, S. 99.

[132] Die Rechtsprechung verwendet neben der hier diskutierten sog. Döllerer-Formel ebenso die inhaltlich vergleichbaren Merkmale „Eigenbesitz, Gefahr, Lasten und Nutzen". Vgl. zu Einzelheiten und weiteren Nachweisen Wüstemann u. a. (2019), IV/1 (2019), Rn. 55–59.

[133] Vgl. Lorenz (2002), S. 110 f.

[134] Vgl. Koch (2011), S. 72 (auch Zitat).

[135] Vgl. BFH (2004), III R 50/01, S. 81.

bedeuten, mittelbar rechtlich unentziehbar. Und auch rein wirtschaftliche Kundenbeziehungen können dem Bilanzierenden Substanz und Ertrag vollständig und auf
Dauer zuteilwerden lassen, selbst wenn die Möglichkeit des Wertverlusts durch
Duplikation des Vorteils besteht.[136] Demnach ist für die Zurechnung von Vermögensgegenständen maßgeblich, ob der Bilanzierende den Vorteil in dem Maße
kontrollieren kann, dass er als unentziehbar angesehen werden kann.[137]

Sieht man den Ansatz eines Vermögensgegenstands, also die Definition und
die Zurechnung, in ihrer Gesamtheit, spielt das Kriterium der Unentziehbarkeit eine wesentliche Rolle. Für die Begriffsdefinition allein kann das Kriterium
lediglich als beschreibendes, nicht aber als ein die Greifbarkeit maßgeblich
bestimmendes Kriterium angesehen werden. Gerade bei rein wirtschaftlichen
Gütern entfaltet die Forderung nach Unentziehbarkeit aber eine objektivierende
Wirkung.

3.3.2.2 IFRS: Definitionskriterium der Verfügungsmacht
3.3.2.2.1 Verfügungsmacht im Sinne einer faktischen Unentziehbarkeit
Die in IAS 38 geforderte Kontrolle, auch Beherrschung, Verfügungsmacht oder
Verfügungsgewalt, über einen Vermögenswert weist eine konzeptionelle Ver-
gleichbarkeit mit dem aus der Zurechnung von Vermögensgegenständen nach
GoB bekannten Kriterium der Unentziehbarkeit auf.[138]

Gemäß IAS 38 beherrscht der Bilanzierende eine Ressource, wenn er sich
einerseits den künftigen wirtschaftlichen Nutzen dieser Ressource verschaffen
kann und andererseits Dritte von diesem Nutzen ausgeschlossen werden können.
Die Beherrschung kann sowohl durch das Innehaben juristisch durchsetzbarer
Ansprüche aber auch „auf andere Weise" (IAS 38.13), also durch eine faktische Verfügungsmacht, erfolgen. Während das Vorliegen juristisch durchsetzbarer
Ansprüche, bspw. eines exklusiven Rechts zur Nutzung eines bestimmten Verfahrens oder Produkts, d. h. ein Patent, in der Regel problemlos nachzuweisen ist, ist
der Nachweis einer faktischen Beherrschung ungleich schwieriger. Teilweise wird
eine solche Beherrschung aus beobachtbaren Tauschgeschäften identischer oder
ähnlicher Vermögenswerte abgeleitet.[139] Gründungs- und Anlaufkosten, Ausgaben für Aus- und Weiterbildungsmaßnahmen, Werbekampagnen und Maßnahmen

---

[136] Derartige Risiken werden im Zuge der Bewertung berücksichtigt.

[137] Hommel (1998) überträgt das passivische Kriterium der Unentziehbarkeit auf die Aktivierung und deklariert es sogar als das die Greifbarkeit maßgeblich konkretisierendes Kriterium an (S. 152, 196 f.).

[138] Vgl. Koch (2011), S. 77 m. w. N.

[139] Vgl. KPMG (2020), Rn. 3.3.70.10; Ernst & Young (2021), Kapitel 17, Abschnitt 2.1.2.

der Verkaufsförderung, Ausgaben für die Verlegung oder Reorganisation von Unternehmensteilen bzw. eines Unternehmens sind aufgrund einer mangelnden Kontrolle der Vorteile nicht aktivierungsfähig (IAS 38.69).[140]

Ähnlich der Diskussion des Contractual-Legal-Kriteriums stellt sich auch die des Kontrollkriteriums dar, denn sowohl für die Beurteilung gemäß IAS 38 als auch gemäß IFRS 3 kann die Art der (rechtlichen) Ausgestaltung der Kundenbeziehungen maßgeblich sein.

Verträge mit Kunden liefern aufgrund ihrer rechtlich durchsetzbaren Ansprüche die vermeintlich stärkste Bestätigung des Innehabens von Kontrolle, dennoch ist auch hier eine differenzierte Betrachtung in Abhängigkeit der konkreten Ausgestaltung notwendig. Bei im Rahmen eines Unternehmenszusammenschlusses übergegangenen Kundenverträgen vertritt der Standardsetzer eine ausnehmend weite Sichtweise. So führt er in den Illustrative Examples Kundenverträge, die im Zuge eines Unternehmenszusammenschlusses übergehen – ungeachtet etwaiger bedingungs- und fristloser Kündigungsrechte – unter den Beispielen „customer-related intangible assets" auf,[141] nimmt an, dass der Nutzenzufluss aus derartigen Kundenverträgen vom Bilanzierenden kontrolliert werden kann. Wenn der Kunde aber – wie auch vom Standardsetzer erwogen – über hinreichende Kündigungsrechte verfügt, liegt die tatsächliche Kontrolle beim Kunden und nicht etwa beim Bilanzierenden. Da diese Erklärung unter den Beispielen der Vermögenswerte gegeben wird, kann der vereinzelt vertretenen Auffassung, hier werde lediglich das Contractual-Legal-Kriterium bestätigt, nicht etwa die Vermögenswerteigenschaft,[142] nicht gefolgt werden. Es ist fraglich, ob ein derart weit interpretiertes Kontrollkriterium – zumindest bei Unternehmenszusammenschlüssen – einen Beitrag zur Konkretisierung des Vermögenswertbegriffs leisten kann, insoweit zweckadäquat im Sinne der Vermittlung entscheidungsrelevanter Informationen ist. Zwar findet durch den Erwerb eines Unternehmens bereits eine erste Objektivierung der im Unternehmen befindlichen Werte statt, an eine Abgrenzung vom Geschäfts- oder Firmenwert durch das Kriterium der Kontrolle muss aber dennoch eine gewisse Objektivierungsanforderung gestellt werden. Nur so kann das Kriterium sein Potenzial entfalten und den Vermögenswert tatsächlich konkretisieren. Der Bilanzierende muss demnach die Kontrolle haben, die Nutzenzuflüsse tatsächlich vereinnahmen zu können. Es ist also notwendig, dass die

---

[140] Vgl. IAS 38.BCZ46; siehe auch Koch (2011), S. 96 f. Widersprüchlich erscheint die Aussage von Koch (2011), dass Kosten für die Aus- und Weiterbildung durch eine vereinbarte Rückzahlung im Kündigungsfall ausnahmsweise hinreichend kontrollierbar und in diesem Fall aktivierungsfähig sind (S. 76 f. m. w. N.).

[141] Vgl. IFRS 3.IE25.

[142] So aber Appelmann (2017), S. 76.

Kontrolle – unabhängig von der Erfüllung des Contractual-Legal-Kriteriums – auch tatsächlich gegeben ist. Das Vorliegen von rechtlichen Ansprüchen darf bei dieser Beurteilung lediglich eine erste Orientierung geben; die faktische Durchsetzbarkeit der Ansprüche ist vielmehr ausschlaggebend. Andernfalls müssen auch diese Vorteile im Geschäfts- oder Firmenwert aufgehen. Im Fall der Kundenverträge müsste folglich eine Beurteilung der tatsächlichen Relevanz etwaiger Kündigungsrechte stattfinden.

Gerade bei Vorteilen, die nicht im Rahmen eines Unternehmenszusammenschlusses übergehen, d. h. insbesondere solche, die selbst erstellt sind, hat das Kontrollkriterium grundsätzlich das Potenzial einen wesentlichen Beitrag zur Konkretisierung zu leisten. Gemäß IAS 38.16 ist die Beherrschung nichtvertraglicher Kundenbeziehungen, also bspw. einer Ansammlung von (aufbereiteten) Kundendaten, grundsätzlich nicht gegeben. Sie wird allerdings bestätigt, sofern Markttransaktionen gleicher oder ähnlicher Kundenbeziehungen vorliegen. Es ist aber fraglich, ob durch diesen wenig objektivierten Vergleich auf eine tatsächliche Verfügungsmacht über die Kundenbeziehungen geschlossen werden kann. Die Individualität verschieden gearteter Kundenbeziehungen und auch die unterschiedliche Aufbereitung und damit verbundene Kontrolle der Daten, lassen an der tatsächlichen Bestätigung der Kontrolle durch eine lediglich abgeleitete Bestätigung am Markt zweifeln und wird aus diesem Grund in der Literatur in Frage gestellt.[143]

Eine Beurteilung, die Unsicherheiten im Zusammenhang mit der Selbsterstellung hinreichend abbildet, kann mithin ebenfalls erfordern, die tatsächliche Kontrolle über die Nutzenzuflüsse zu evaluieren und dabei die Besonderheiten des Einzelfalls in die Beurteilung einfließen zu lassen.

3.3.2.2.2 Rückgriff auf die Kontrolle im Rahmenkonzept 2018

Im gegenwärtigen Rahmenkonzept von 2018 werden – ebenso wie nach GoB – diejenigen Rechte von einer Aktivierung ausgeschlossen, die im Allgemeingebrauch stehen[144]. Die fehlende Vermögensgegenstandseigenschaft wird dabei auf zwei unterschiedliche Arten hergeleitet: So ist mit der Allgemeinheit zugänglichen Rechten einerseits kein unternehmensspezifischer Nutzen verbunden, der über den im Allgemeingebrauch stehenden hinausgeht. Andererseits kann das Unternehmen derartige Rechte nicht hinreichend kontrollieren, insbesondere ist

---

[143] Vgl. Duhr (2006), S. 90; Bohr (2009), S. 275 f.; Koch (2011), S. 77; Lüdenbach u. a. (2020), § 13, Rn. 5.
[144] Vgl. CF (2018), 4.9.

es nicht möglich, andere von der Nutzenziehung auszuschließen.[145] So ist bspw. eine öffentliche Straße oder auch bestimmtes Wissen von der Allgemeinheit nutzbar, ohne dass das Unternehmen diese Vorteile kontrollieren kann. Der Kreis potenzieller Aktiva ist durch diesen Ausschluss zunächst ebenso eingeschränkt wie gemäß GoB.

Die Verfügungsmacht wird in der Vermögenswertdefinition des überarbeiteten Rahmenkonzepts aber nicht nur im Zuge des Ausschlusses von im Allgemeingebrauch stehenden Rechten herangezogen, sondern nunmehr als „zentrales Begriffselement"[146] übernommen. So hat ein Unternehmen die Kontrolle über die wirtschaftliche Ressource inne, wenn es die gegenwärtige Möglichkeit hat, frei über die Ressource zu verfügen und ihm der wirtschaftliche Nutzen zufließt. In der finalen Version des Rahmenkonzepts betont der Standardsetzer zudem, dass stets nur eine Partei die Kontrolle über eine Ressource innehaben kann.[147] Im Einklang mit IAS 38 wird das Kriterium zunächst durch einen Rückgriff auf juristisch durchsetzbare Ansprüche konkretisiert, sodass Sachen und Rechte aufgrund ihrer rechtlichen Unentziehbarkeit als grundsätzlich kontrollierbar gelten. Juristisch durchsetzbare Ansprüche liefern zwar den stärksten Hinweis auf die Kontrolle einer Ressource, aber auch die Möglichkeit, andere Parteien vom Nutzen der Ressource ausschließen zu können, ist ausreichend.[148] So kann ein Unternehmen auch solches Know-how kontrollieren, das zwar nicht durch ein Patent rechtlich abgesichert ist, aber durch Geheimhaltung gesichert werden kann.[149] Sofern mit der Ressource ein Nutzenzufluss verbunden ist, fließt dieser dann zwangsläufig – als unmittelbare Folge der Kontrolle über die Ressource – dem kontrollierenden Unternehmen zu.[150] Dabei steht der Nutzenzufluss selbst sinnvollerweise nicht im Fokus der Konkretisierung eines Vermögenswerts,[151] sondern vielmehr die Kontrolle über die Ressource und ein damit einhergehender Ausschluss Dritter.

Nachdem im Zuge der Überarbeitung des Rahmenkonzepts zunächst diskutiert wurde, auf den Begriff der Beherrschung bzw. der Verfügungsmacht

---

[145] Vgl. CF (2018), BC4.39.

[146] Dehmel (2015), S. 1772.

[147] Vgl. CF (2018), 4.20.

[148] Vgl. CF (2018), 4.22.

[149] Vgl. CF (2018), 4.22.

[150] Vgl. CF (2018), 4.23.

[151] Vgl. Samuelson (1996), S. 151; Peasnell u. a. (2009), S. 522. Ebenso wird auch in der jüngeren höchstrichterlichen Rechtsprechung nicht mehr auf einen unternehmensspezifischen oder längerfristigen Nutzenzufluss abgestellt. Ob die dahinterstehenden Motive vergleichbar sind, kann abschließend nicht beurteilt werden.

(„control") gänzlich zu verzichten, um begriffliche Überschneidungen mit dem abweichenden Verständnis der Beherrschung in anderen Standards zu vermeiden,[152] entschied sich der Standardsetzer letztlich für eine von bestehenden Standards abweichende Formulierung. Insbesondere durch die Konkretisierung des Innehabens von Kontrolle als „exposure to significant variations in the amount of economic benefits"[153] hält er einerseits am Kontrollbegriff fest, weicht andererseits aber – zumindest sprachlich – von bestehenden Konkretisierungen des Beherrschungskonzepts, bspw. durch den Risk-and-Rewards-Ansatz, ab.[154] Damit unterstreicht das IASB zwar die angestrebte Stärkung der Entscheidungsrelevanz der Rechnungslegung, nicht ersichtlich ist jedoch, wie durch die Zurückdrängung des Risk-and-Rewards-Ansatzes auf Rahmenkonzeptebene eine konsistentere Anwendung der Standards erwartet werden kann, wenn eben dieser Ansatz sogar in jüngeren Einzelstandards, bspw. als Indikator für das Innehaben von Kontrolle in IFRS 15, zu finden ist.[155]

Deutlich zu erkennen ist durch die Präzisierung des Kontrollbegriffs die derzeit vom IASB angestrebte Orientierung am statischen Asset-Liability-Ansatz[156] und dies ist vor dem Hintergrund der Konsistenz der Rechnungslegung durchaus positiv zu bewerten. Ob der nun im Rahmenkonzept 2018 vorhandene direkte Verweis auf die Verfügungsmacht einen Beitrag zur Konkretisierung des Vermögenswertbegriffs im Speziellen leisten kann, kann zum jetzigen Zeitpunkt nicht abschließend beurteilt werden. Möglicherweise ergibt sich aus dieser (Neu-) Ausrichtung jedoch eher eine sprachliche als eine inhaltliche Konkretisierung des Begriffs, die keinen wesentlichen Einfluss auf den Kreis potenzieller Vermögenswerte hat, ihn also weder erweitert noch einschränkt. Festzustellen ist aber, dass der im Rahmenkonzept 2018 vorhandene Rückgriff auf (juristisch durchsetzbare) Rechte auf der einen Seite und die Forderung nach Kontrolle auf der anderen Seite insgesamt für eine objektivierte Ausrichtung des Vermögenswertbegriffs im Sinne einer möglicherweise konsistenteren Auslegung sorgt.

---

[152] In den IFRS sind verschiedene Beherrschungskonzepte zu finden, wobei für die Beurteilung der Kontrolle in zwei jüngere Standards, IFRS 10 *Konzernabschlüsse* und IFRS 15 *Erlöse aus Verträgen mit Kunden*, u. a. an den Risk-and-Rewards-Ansatz angeknüpft wird. Vgl. CF (2018), BC4.41.

[153] Vgl. CF (2018), BC4.42.

[154] Auch in IFRS 16 wurde der Risk-and-Rewards-Ansatz zugunsten des Right-of-Use-Ansatzes zurückgedrängt.

[155] Zur inhaltlichen Ausgestaltung des Risk-and-Rewards-Ansatzes in IFRS 10 vgl. Lüdenbach u. a. (2020), § 28, Rn. 66–73 und in IFRS 15 vgl. Wüstemann u. a. (2017), IFRS 15, Rn. 94 f.

[156] Vgl. auch unter 3.2.2.2.

Die Forderung nach Kontrolle über das Gut hat in beiden Rechnungslegungssystemen grundsätzlich das Potenzial für eine zunehmende Konkretisierung
des Vermögensbegriffs zu sorgen. Aber gerade bei den schwer zu konkretisierenden rein wirtschaftlichen Kundenbeziehungen, die nicht durch ein Recht
gesichert sind, ist eine Betrachtung der Besonderheiten des Einzelfalls zwingend
notwendig.

3.3.3 Konkretisierung der Greifbarkeit

3.3.3.1 GoB: Maßgebliche Übertragbarkeit mit dem gesamten Unternehmen

3.3.3.1.1 Überkommene Übertragbarkeitskonzeptionen

3.3.3.1.1.1 Ausschluss rein wirtschaftlicher Güter durch Einzelvollstreckbarkeit
Die Greifbarkeit eines potenziellen Vermögensgegenstands dem Grunde nach
wird regelmäßig durch die Möglichkeit der Übertragbarkeit weiter konkretisiert.[157] Es ist weitestgehend unbestritten, dass die Möglichkeit der Übertragbarkeit eines Gutes regelmäßig dessen Vermögensgegenstandseigenschaft
objektiviert,[158] dennoch werden in der Literatur unterschiedliche Übertragbarkeitskonzeptionen vertreten.

Mit dem Ziel größtmöglicher Objektivierung wird – begründet durch das
Gläubigerschutzprinzip – besonders in der älteren Literatur teilweise die Einzelvollstreckbarkeit gefordert.[159] Danach ist ein Vermögenswert nur dann übertragbar, wenn er nach Maßgabe des Zwangsvollstreckungsrechts einer Vollstreckung
zugänglich ist. Solchen Gütern wird die Greifbarkeit abgesprochen, die nur
„durch Übertragung oder Überlassung verwertet werden können"[160], sodass rein
wirtschaftliche Güter – obwohl sie vom Gesetzgeber in das Gliederungsschema
des § 266 Abs. 2 HGB als „ähnliche Werte" aufgenommen wurden[161] – per
se nicht aktivierbar wären.[162] Das Kriterium der Einzelvollstreckbarkeit ist mit

---

[157] Vgl. Moxter (1987a), S. 1849 f.; Moxter (2003), S. 73.

[158] Hommel (1998) betrachtet auch die Unentziehbarkeit als ein der Übertragbarkeit gleich-
rangiges, die Greifbarkeit definierendes Kriterium (S. 155).

[159] So etwa Tiedchen (1991), S. 44–59; Siegel (1994), S. 2238.

[160] Koch (2011), S. 19.

[161] Vgl. zum Begriff der „ähnlichen Werte" 3.2.1.2.1.

[162] Vgl. Schülke (2010), S. 993.

einem hohen Maß an Objektivierung verbunden.[163] Ein Aktivierungskriterium heranzuziehen, welches von der Zerschlagung des Unternehmens ausgeht, ist vor dem Hintergrund einer Fortführungsannahme jedoch abzulehnen[164].

3.3.3.1.1.2 Stark ermessensbehaftete Beurteilung der konkreten und abstrakten Einzelveräußerbarkeit

Ebenfalls aus dem Grundsatz der Einzelbewertung[165] und dem Realisationsprinzip[166] wird in der Literatur die Notwendigkeit einer konkreten Einzelveräußerbarkeit[167] abgeleitet.[168] Danach erfüllen lediglich Gegenstände des Rechtsverkehrs, die im Zerschlagungsfall veräußerbar sind und somit ein Schuldendeckungspotenzial aufweisen, das Greifbarkeitsprinzip.[169] Die hierdurch erzielte Einschränkung des subjektiven Ermessens soll ein hohes Maß an Objektivierung ermöglichen[170] und gleichzeitig – da nicht wie im Fall der Einzelvollstreckbarkeit eine Veräußerung im Sinne des Zwangsvollstreckungsrechts gefordert wird – der Kreis greifbarer Güter auch um solche erweitert werden, die rein wirtschaftlicher Natur sind. Die Forderung nach einer konkreten Einzelveräußerbarkeit wird somit scheinbar dem Gläubigerschutz durch eine besonders vorsichtige Betrachtung gerecht.[171]

Zurecht ist in der Literatur die Zweckadäquanz eines solchen Einzelveräußerbarkeitskriteriums umstritten, denn eine „Objektivierungshürde"[172] ist bei diesem Kriterium gerade nicht zu erkennen. Während Know-how, Mitarbeiterfähigkeiten und auch Kundenbeziehungen nach diesem Verständnis als konkret einzelveräußerbar angesehen werden können,[173] werden gleichzeitig Vermögenswerte von

---

[163] Vgl. Lutz/Schlag (2017), II/1, Rn. 29 f.; bereits Gutenberg (1926), S. 506, zit. nach Eibelshäuser (1983), S. 251.

[164] Vgl. Auch Tiedchen (1991) stellt die Problematik dar ohne sie aber kritisch zu würdigen (S. 53).

[165] Vgl. Gail (1977), S. 137.

[166] Vgl. Schneider (1971), S. 608; krit. Maul (1975), S. 159 f.

[167] Synonym werden in der Literatur auch die Begriffe der Einzelübertragbarkeit, der Einzelverkehrsfähigkeit oder der selbständigen Verkehrsfähigkeit verwendet.

[168] Vgl. Bachmayr (1976), S. 567; Crezelius (1986/87), S. 396.

[169] Vgl. Ley (1987), S. 122 f. und S. 134; Gräber (1981), S. 70; Walter (1982), S. 241 f.

[170] Vgl. Saage (1969), S. 1711; Pfeiffer (1982), S. 144; Walter (1982), S. 242.

[171] Vgl. Kupsch (1981), S. 216; Lutz (1995), der es „Einzelverwertbarkeit" nennt, inhaltlich aber die Einzelveräußerbarkeit beschreibt (S. 82).

[172] Moxter (1987a), S. 1848; im Ergebnis auch Gruber (1991), S. 107.

[173] Vgl. Moxter (1984a), S. 84; Hommel (1998), S. 91.

einer Aktivierung ausgeschlossen, die ohne Zweifel ein Schuldendeckungspotenzial aufweisen.[174] So ist etwa ein Gebäude bei einer entsprechenden Betrachtung
nicht aktivierbar, weil es nicht losgelöst vom Grund und Boden veräußert
werden kann, obwohl es zweifellos einen Vermögensgegenstand darstellt.[175]
Auch bestimmte Konzessionen und Rechte, die aufgrund ihrer Bindung an das
Unternehmen nicht konkret einzelveräußerbar sind, würden nach Maßgabe dieses Kriteriums nicht aktiviert werden.[176] Die Forderung nach einer konkreten
Einzelveräußerbarkeit steht der wirtschaftlichen Betrachtung des Vermögens-
wertprinzips[177] und dem Fortführungsprinzip gemäß § 252 Abs. 1 Nr. 2 HGB
entgegen.[178]

Den mit der konkreten Einzelveräußerbarkeit verbundenen Objektivierungsde-
fiziten wird in der Literatur teilweise mit der Forderung nach einer abstrakten
Einzelveräußerbarkeit begegnet, wonach es genügt, wenn Vermögenswerte „ihrer Natur nach"[179] einzelveräußerbar sind. Da nach diesem Verständnis weder
gesetzliche noch vertragliche Veräußerungsverbote an einer Aktivierung des
Vermögenswertes hindern, wird teilweise die Ansicht vertreten, durch diese Konkretisierung einen objektiven Begriff des immateriellen Vermögensgegenstands
zu bestimmen und so einhergehende „Unsicherheiten, Zufälligkeiten und subjektive Einflüsse mindern" zu können.[180] Durch diese Erweiterung des Kreises
greifbarer Vermögenswerte, erfährt die vermeintlich starke Objektivierung des
Einzelveräußerbarkeitskriteriums eine erhebliche Einschränkung.[181] Einerseits
gelten auch rein wirtschaftliche Güter, wie der Kundenstamm, sowohl konkret als
auch abstrakt einzelveräußerbar,[182] da sie ohne das Unternehmen übertragen
werden können. Insbesondere schwer zu objektivierende Kundenbeziehungen
können bspw. im Konkursfall vom Inhaber durch Verschweigen zurückbehalten und gegen ein Entgelt an Dritte veräußert werden.[183] Andererseits ist dem
Geschäfts- oder Firmenwert die Vermögensgegenstandseigenschaft nach beiden

---

[174] Vgl. Glade (1991), S. 45 f.; Hommel (1998), S. 91.

[175] Vgl. Hommel (1998), S. 91.

[176] Vgl. Baetge u. a. (2019), S. 161.

[177] Vgl. Hommel (1998), S. 87 f.

[178] Koch (2011), S. 13.

[179] Knobbe-Keuk (1993), S. 88; vgl. für einen Überblick über die Interpretationen Roland
(1980), S. 153–156; Pfeiffer (1982), S. 144 f.; Ströfer (1982), S. 1093; Heinen (1986), S. 190.

[180] Vgl. Pfeiffer (1982), S. 144 f. (auch Zitat).

[181] Vgl. im Ergebnis auch Käufer (2010), S. 90 m. w. N.

[182] Vgl. Hommel (1998), S. 93.

[183] Vgl. Moxter (1984a), S. 84.

Formen der Einzelveräußerbarkeit abzusprechen, da ihn gerade die Verbindung zum Unternehmen oder zumindest zu Teilen des Unternehmens charakterisiert.[184] In anderen Fällen, bspw. für gesetzlich nicht einzelveräußerbare Konzessionen oder auch für Nießbrauchrechte, besteht in der Literatur Uneinigkeit bezüglich der Beurteilung ihrer konkreten und abstrakten Einzelveräußerbarkeit.[185] Es wird also deutlich, dass „das Einzelveräußerbarkeitsprinzip gerade bei den schwierig zu konkretisierenden rein wirtschaftlichen Gütern an Trennschärfe"[186] verliert.

Die Rechtsprechung lehnt den Rekurs auf eine konkrete und auch abstrakte Einzelveräußerbarkeit sinnvollerweise ab, da hierdurch keine zweckadäquate Objektivierung erreicht wird; fordere man die Einzelveräußerbarkeit, sehe man „den handelsrechtlichen Begriff des Vermögensgegenstands zu eng"[187].

3.3.3.1.1.3 Ausschluss rein unternehmensintern nutzbarer Güter durch die Forderung nach Einzelverwertbarkeit

Zu einer Ausweitung greifbarer Vermögensgegenstände führt die in der Literatur weit verbreitete Einzelverwertbarkeitskonzeption,[188] wonach grundsätzlich diejenigen Vermögenswerte übertragbar sind, „die zur Begleichung von Verbindlichkeiten verwertet werden können"[189]. Teilweise wird auch auf die Möglichkeit der Einzelverwertung durch Zwangsvollstreckung abgestellt, um eine durch vertragliche Gestaltung erzielte Manipulation der Greifbarkeit auszuschließen.[190] Die – im Vergleich zu den Kriterien der Einzelvollstreckbarkeit und der Einzelveräußerbarkeit – erfolgte Erweiterung des Kreises potenzieller Vermögensgegenstände ergibt sich daraus, dass im Sinne der Einzelverwertbarkeit auch

---

[184] Vgl. Koch (2011), S. 17.

[185] Vgl. Koch (2011), S. 17 m. w. N.

[186] Hommel (1998), S. 91. Vgl. im Ergebnis auch Ballwieser (1990), S. 484; Tiedchen (1991), S. 35 f.; Keitz (1997), S. 24.

[187] BFH (1975), I R 72/73, I R 72/73, S. 14.

[188] Vgl. für Vertreter dieses Kriteriums bspw. Adler/Düring/Schmaltz (1998), § 246 HGB, Rn. 39; Nonnenmacher (1993), der darauf abstellt, dass „ein immaterieller Wert einzeln veräußerbar oder anderweitig einzeln verwertbar ist" (S. 1234); Keitz (1997), S. 31; Lüdenbach/Freiberg (2009), S. 135; Schülke (2010), S. 994; Sommerhoff (2010), S. 65; Wehrum (2011) sieht das Kriterium der Einzelverwertbarkeit maßgeblich für die Handelsbilanz, für die Steuerbilanz hingegen die Übertragbarkeit mit dem gesamten Unternehmen (S. 76); Baetge u. a. (2019), S. 159.

[189] Lamers (1981), S. 205.

[190] Vgl. Keitz (1997), die je nach Sachverhalt eine Abwägung zwischen Einzelvollstreckbarkeit und Einzelverwertbarkeit fordert (S. 31).

denjenigen Gütern die Greifbarkeit zugesprochen wird, die im Zuge einer entgeltlichen Nutzungsüberlassung[191] im Zerschlagungsfall zu einem Überschuss[192]
oder Einzahlungsstrom[193] führen.[194] Der vereinzelt in der Literatur vertretenen Auffassung, die Einzelverwertbarkeit und die abstrakte Einzelveräußerbarkeit
könnten „gleichgesetzt werden"[195], kann allerdings nur dann gefolgt werden,
wenn bereits die abstrakte Einzelveräußerbarkeit eine Veräußerung auch im
Sinne einer Nutzungsüberlassung definiert; eine solche Betrachtung findet in der
Literatur gleichwohl keinen Wiederklang. Wie bei dem Kriterium der Einzelveräußerbarkeit, wird auch die Einzelverwertbarkeit in der Literatur unterschiedlich
konkretisiert.[196] Bei einem Großteil immaterieller, insbesondere rein wirtschaftlicher Güter, ist die Einzelverwertbarkeit demzufolge zu bejahen.[197] Im Fall
der Einzelverwertbarkeit werden jedoch nicht nur diejenigen Güter ausgeschlossen, die rein unternehmensintern verwertet, sondern auch diejenigen Güter, die
sinnvollerweise nur zusammen mit anderen Gütern genutzt werden können.

Auch bei der Beurteilung der Einzelverwertbarkeit eines Kundenstamms ist
in der Literatur eine fehlende Trennschärfe festzustellen. Während von Teilen
der Literatur jeder Kundenstamm – unabhängig von seiner genauen Ausgestaltung – als einzelverwertbar angesehen wird,[198] fordern andere Teile der Literatur
eine „hinreichend sichere Einzelverwertbarkeit"[199], wonach ein Kundenstamm,
der nur mit dem gesamten Unternehmen verwertet werden kann, als nicht greifbar
gilt.[200]

---

[191] Vgl. Lamers (1981), S. 212.

[192] Vgl. Lamers (1981), S. 211 f.

[193] Vgl. Fabri (1986), S. 40; Keitz (1997), S. 31.

[194] Vgl. Curtius-Hartung (1970), S. 329.

[195] Rade/Stobbe (2009), S. 1111.

[196] Vgl. Lutz/Schlag (2017), II/1, stellen auf die Möglichkeit der Verwertung im Zerschlagungsfall ab und nennen das Kriterium „selbständige Verwertungsfähigkeit" (Rn. 26). Zur
Diskussion der unterschiedlichen Ausprägungen vgl. Ballwieser (2019), B131, Rn. 10–14.

[197] Vgl. Koch (2011), S. 21.

[198] Vgl. Hommel (1998), S. 96; Lorenz (2002), S. 36.

[199] Koch (2011), S. 21.

[200] Vgl. Adler/Düring/Schmaltz (1998), § 246, Rn. 41.

3.3.3.1.2 Dominanz einer wirtschaftlichen Übertragbarkeit

3.3.3.1.2.1 Maßgeblichkeit der Übertragbarkeit mit dem gesamten Unternehmen

Weite Teile der Literatur[201] und vor allem die Rechtsprechung[202] stellen zu Recht nicht auf die Einzelvollsteckbarkeit, -veräußerbarkeit oder -verwertbarkeit ab, da keines dieser Kriterien einen hinreichenden Beitrag zur Objektivierung des (immateriellen) Vermögensbegriffs leistet. Die in den bereits diskutierten Kriterien dominante Forderung der externen Verwertungsmöglichkeit führt laut Kritikern zu einer erheblichen Einschränkung der Begriffsdefinition, die insbesondere eine Aktivierung unternehmensintern nutzbarer rein wirtschaftlicher Güter ausschließt.[203] Sowohl vor dem Hintergrund des heute geltenden Bilanzverständnisses der Fortführung des Unternehmens[204] als auch einer zunehmend wissensbasierten, digitalen Unternehmensausrichtung, scheint aber gerade nicht nur eine externe, sondern insbesondere auch eine unternehmensinterne Nutzung der Vermögenswerte geboten. So zeichnet sich die Greifbarkeit eines Vermögensgegenstands vielmehr durch seine Übertragbarkeit mit dem gesamten Unternehmen aus. Nach Maßgabe einer absatzorientierten Auslegung ist sie dann gegeben, wenn ein (fiktiver) Erwerber unter der Annahme der Unternehmensfortführung den Vermögenswert bei der Kaufpreisbemessung berücksichtigen würde.[205] Durch diese Fiktion gelingt es, das sich sowohl aus einer externen als auch einer internen Nutzung ergebende Vermögen des Bilanzierenden bei Fortführung des Unternehmens zu ermitteln.[206] Bereits in Urteilen des Reichsfinanzhofs (RFH) wird ein derartiges Übertragbarkeitsverständnis deutlich. Bei einem aktivierungspflichtigen Vermögensgegenstand handelt es sich danach um ein Gut, „das bei Veräußerung des ganzen Betriebs sozusagen greifbar ist, d. h. als Einzelheit ins Gewicht fällt oder um etwas, das […] sich […] nicht so ins Allgemeine verflüchtigt, daß es nur als Steigerung des good will des ganzen Unternehmens in die Erscheinung tritt".[207]

---

[201] Vgl. stellvertretend Moxter (2007), S. 7.

[202] Vgl. bereits RFH (1931), VI A 2002/29; S. 146; BFH (1956), I 209/55 U, S. 150; aber auch in jüngerer Rechtsprechung bspw. BFH (2018), III R 5/16, S. 538 m. w. N.

[203] Vgl. Hommel (1998), S. 97; Koch (2011), S. 23.

[204] Vgl. Euler (1996), S. 135 f.; Koch (2011), S. 24 f.

[205] Vgl. BFH (1955), I 149/54 S, S. 267; BFH (1975), I R 24/73; BFH (1986), I R 218/82, S. 15; BFH (1975), I R 24/73, S. 811.

[206] Vgl. Koch (2011), S. 25 m. w. N.

[207] Vgl. RFH (1931), VI A 2002/29, S. 146 (auch Zitat).

Die Möglichkeit einer zivilrechtlichen Übertragbarkeit entfaltet vermeintlich eine starke Objektivierungswirkung, dennoch hat die Rechtsprechung gezeigt, dass eine solche zivilrechtliche Betrachtung nicht zwangsläufig zu einer (zweck-) adäquaten Bilanzierung führt. So stellen auch zivilrechtlich von einer Übertragung ausgeschlossene Rechte dennoch einen Vermögensgegenstand dar, wenn sie zumindest wirtschaftlich übertragbar sind. Rechte können demnach grundsätzlich als übertragbar mit dem gesamten Unternehmen angesehen werden. Ausgeschlossen hiervon sind solche Rechte, die in wirtschaftlicher Betrachtung nicht übertragbar sind. So gelten Schankkonzessionen, die ohne ein erneutes Entgelt des Unternehmenserwerbers nicht auf ihn übergehen, in höchstrichterlicher Rechtsprechung als nicht übertragbar.[208]

Zunehmende Relevanz spielt die bilanzielle Abbildung sog. Cloud-Produkte. Diese basieren auf einer ERP-Software, die in der Regel von einem Cloud-Anbieter bereitgestellt wird.[209] Regelmäßig wird die Software vom Cloud-Anbieter nicht erworben, sondern im Rahmen einer Nutzungsvereinbarung bereitgestellt, sodass aufgrund der Nichtbilanzierung schwebender Geschäfte keine Bilanzierung der Cloud selbst beim Nutzer stattfindet.[210] Darüber hinaus entstehende Kosten für das Customizing, d. h. die Einrichtung einer Schnittstelle sowie individuelle Anpassungen der Software, können aber möglicherweise als eigenständiger Vermögensgegenstand aktivierungsfähig sein. Die Übertragbarkeit des aus dem Customizing entstandenen Vorteils dürfte – zumindest mit dem gesamten Unternehmen – in der Regel zu bejahen sein.[211] Aufgrund der diversen Ausgestaltungsmöglichkeiten im Rahmen von Cloud-Produkten, muss eine Bilanzierungslösung stets auf einer Analyse des Einzelfalls basieren.

3.3.3.1.2.2 Schwache Objektivierungswirkung auf die Bilanzierungsfähigkeit von Kundenbeziehungen

3.3.3.1.2.2.1 Gesondertes Übertragungsgeschäft

Durch die Forderung einer wirtschaftlichen Übertragbarkeit, nach der sogar ein fiktiver Übergang des Gutes ausreicht, können auch rein wirtschaftliche Güter das Kriterium der Greifbarkeit erfüllen. Im Fall des rein wirtschaftlichen Gutes Kundenbeziehungen stellt sich die Erfüllung des Kriteriums als kritisch dar, weil die konkrete inhaltliche Ausgestaltung der Kundenbeziehungen maßgeblich

---

[208] Vgl. RFH (1931), VI A 2002/29, S. 146.

[209] Vgl. zu den verschiedenen Ausgestaltungsformen Deubert/Lewe (2019), S. 811 f.; zur Bilanzierungsfähigkeit von Künstlicher Intelligenz vgl. Hanke (2020), S. 504–510.

[210] Vgl. Böckem/Geuer (2019), S. 474 f.; Deubert/Lewe (2019), S. 813.

[211] Vgl. Böckem/Geuer (2019), S. 474 f.; Deubert/Lewe (2019), S. 813–815.

ist. Grundsätzlich muss gelten, dass in hohem Maße aufbereitete Kundendaten eher als Einzelheit ins Gewicht fallen, als solche Daten, die ein Dritter nicht unmittelbar nutzen kann. Wie bereits ausgeführt, ist die Übertragbarkeit von Kundenbeziehungen zu verneinen, wenn sie an der Person des Kaufmanns haften oder im Allgemeingebrauch stehen; das Unternehmen kann die Kundenbeziehungen in diesen Fällen nicht hinreichend kontrollieren.[212] Für die Beurteilung der Greifbarkeit ist aber nicht nur die inhaltliche Ausgestaltung der Kundenbeziehungen, sondern insbesondere auch die Form der Übertragung von Bedeutung. Regelmäßig sind Kundenbeziehungen an andere wirtschaftliche Vorteile gebunden und gehen nur zusammen mit diesen über. Hier ist eine differenzierte Betrachtung im Einzelfall notwendig, um zu beurteilen, ob dennoch eine Abgrenzbarkeit vom Geschäfts- oder Firmenwert möglich bzw. geboten ist.

So ist das Kriterium der Übertragbarkeit unstrittig als erfüllt anzusehen, wenn die Kundenbeziehungen im Zuge eines gesonderten Anschaffungsgeschäfts übergehen; hier sorgt der in den meisten Fällen vorliegende Übertragungsvertrag – etwa auch durch den Abschluss eines Pachtvertrags[213] – sogar für das Vorliegen eines objektivierten Rechtsgeschäfts. Der BFH entschied bereits 1970,[214] dass Geschäftsbeziehungen immer dann vom Geschäfts- oder Firmenwert trennbar sind, wenn sie einziger Bestandteil eines Übertragungsgeschäftes sind. Werden die Kundenbeziehungen also bei einem Unternehmensverkauf zurückbehalten, können sie gesondert verwertet werden und sogar Gegenstand einer schuldrechtlichen Beziehung sein.[215] In diesem Fall sind die Kundenbeziehungen dem Grunde nach vom Geschäfts- oder Firmenwert trennbar und folglich zu aktivieren.[216]

---

[212] Vgl. 3.3.2.1.1.1.

[213] Auch wenn die Vermögensgegenstandseigenschaft regelmäßig bejaht werden kann, hat eine Aktivierung aufgrund des Grundsatzes der Nichtbilanzierung schwebender Geschäfte dennoch zu unterbleiben. Vgl. Koch (2011), S. 111–115 m. w. N.

[214] Vgl. BFH (1970), I R 196/67, S. 176.

[215] Vgl. BFH (2009), III R 40/07, S. 609. Im vorliegenden Sachverhalt wurden der Kundenstamm und das Know-how in Bezug auf die Lieferanten im Wege eines Nutzungsüberlassungsvertrags übertragen.

[216] Vgl. FG München (2010), 8 K 460/10, S. 47.

3.3.3.1.2.2.2 Übertragbarkeit zusammen mit Wettbewerbs- oder Konkurrenzverbot

Problematischer ist der Übergang von Kundenbeziehungen zusammen mit anderen Vorteilen oder auch im Zuge eines Gesamtunternehmenserwerbs zu beurteilen. Gehen sie im Zuge eines Unternehmenskaufs automatisch über, sind sie nicht vom Geschäfts- oder Firmenwert isolierbar, mithin nicht greifbar.[217]

Regelmäßig wird infolge der Übertragung von Kundenbeziehungen ein Wettbewerbs- oder Konkurrenzverbot vereinbart, um sicherzustellen, dass sie der Erwerber auch tatsächlich in vollem Umfang nutzen kann. Zwar stellte der BFH in einem Urteil zur Verpachtung eines Mandantenstamms klar, dass dieser „nicht notwendigerweise das Rechtsschicksal der im übrigen übertragenen Gegenstände des Betriebsvermögens teilen" muss und „Gegenstand eines selbständigen Übertragungsgeschäfts sein" kann,[218] entschied aber gleichwohl, dass der neben dem Wettbewerbsverbot bestehende Kundenstamm im Geschäfts- oder Firmenwert aufgehe, da nichts für den Erwerb eines „Kundenstamms im eigentlichen Sinne"[219] spreche.[220] Inhaltlich vergleichbar ist auch die Einstandszahlung eines Vertreters an seinen Geschäftsherrn. Durch die Zahlung erhält der neu in den Bezirk eingearbeitete Vertreter die „rechtlich verfestigte [.] wirtschaftliche Chance, Provisionseinnahmen zu erzielen"[221]. Wirtschaftlich betrachtet erhält er dadurch die Möglichkeit, die in dem jeweiligen Bezirk vorhandenen Kunden zu beraten und ihnen neue Verträge zu vermitteln; mithin stellt die Zahlung u. a. eine Gegenleistung für erhaltene Kundenbeziehungen dar und wird in ihrer Gesamtheit als „Vertreterrecht" umschrieben.[222] Auch in einer Entscheidung über die Geschäftsveräußerung eines Pflegedienstes stellte der BFH heraus, dass „das [vereinbarte] Konkurrenzverbot den Erhalt des Kundenstamms sichert"[223].

Regelmäßig sind neben einem Wettbewerbs- oder Konkurrenzverbot bestehende Kundenbeziehungen damit nicht als Einzelheit hinreichend abgrenzbar, sie können aber nach den Umständen des Einzelfalls gemeinsam, außerhalb

---

[217] Vgl. Hommel (1998), S. 106.

[218] Vgl. BFH (1996), I R 128–129/95, S. 547 (auch Zitate).

[219] BFH (1996), I R 128–129/95, S. 547.

[220] Entscheidend ist, dass das Wettbewerbsverbot beim Erwerb des Unternehmens „als eine der wesentlichen Grundlagen der Geschäftsübernahme" übergeht. Vgl. bereits BFH (1973), I R 89/71, S. 580.

[221] BFH (2007), X R 2/04, S. 110.

[222] Vgl. BFH (2007), X R 2/04, S. 110 (auch Zitat).

[223] BFH (2012), XI R 1/11, S. 303.

des Geschäfts- oder Firmenwerts, aktiviert werden. Wird das Wettbewerbsverbot selbst lediglich als Nebenabsprache vereinbart, ist auch dessen Greifbarkeit zu verneinen.[224]

3.3.3.1.2.2.3 Übertragbarkeit zusammen mit einer Konzession oder öffentlich-rechtlichen Genehmigung

Neben einem Wettbewerbs- oder Konkurrenzverbot können die Kundenbeziehungen auch an eine Konzession gebunden sein bzw. nur durch eine öffentlich-rechtliche Genehmigung zu erlangen sein. So hatte sich der BFH in der Vergangenheit regelmäßig mit der Frage zu befassen, ob bei dem Erwerb einer Vertragsarztpraxis die einzelnen Bestandteile wie bspw. die öffentlich-rechtliche Vertragsarztzulassung, die Räumlichkeiten, das Mobiliar oder auch der Patientenstamm greifbare Vermögensgegenstände darstellen oder im Praxiswert aufgehen. Um die Behandlung von Kassenpatienten gegenüber den Krankenkassen abrechnen zu können, benötigt ein Arzt nicht nur Räumlichkeiten zur Ausübung der vertragsärztlichen Tätigkeit, sondern insbesondere eine Vertragsarztzulassung. In einem gesperrten Planungsbezirk kann der ausscheidungswillige Arzt seinen Vertragsarztsitz im Rahmen eines Nachbesetzungsverfahrens ausschreiben lassen. Niederlassungswillige Ärzte können sich auf diese Niederlassungsmöglichkeit bewerben. Die Zulassung selbst wird sodann durch einen Zulassungsausschuss unter Berücksichtigung der subjektiven Fähigkeiten der zur Wahl stehenden Ärzte erteilt, bspw. derer beruflichen Qualifikation.[225] Dabei spielt das Ermessen des Zulassungsausschusses eine entscheidende Rolle.[226] Die wirtschaftlichen Interessen des ausscheidenden Arztes werden insoweit berücksichtigt, als „der Kaufpreis die Höhe des Verkehrswerts der Praxis nicht übersteigt."[227] Die Zulassung wird einer bestimmten Person erteilt und haftet somit an ihr; eine Übertragung oder Verpfändung der Zulassung ist nicht möglich.[228] Zwar kann der ausscheidende Arzt insoweit Einfluss auf das Nachbesetzungsverfahren nehmen, als er dem Zulassungsausschuss seinen Wunschnachfolger mitteilt und bei Bewerbungen anderer Ärzte auf seinen Vertragsarztsitz das Verfahren abbricht oder

---

[224] Vgl. BFH (1998), IV R 48/97, S. 776 f.

[225] Zum Nachbesetzungsverfahren vgl. Pawlita (2021), § 103 SGB V, Rn. 234–240; Geiger (2016), § 103 SGB V, Rn. 92, 95 f.

[226] Vgl. BFH (2011), VIII R 13/08, S. 877; Pawlita (2021), § 103 SGB V, Rn. 225–233.

[227] BFH (2011), VIII R 13/08, S. 877.

[228] Vgl. BSG (2000), B 6 KA 67/88 R, S. 2823 f.

verschiebt,[229] eine unmittelbare Einflussnahme hat er aufgrund der inhaltlichen Ausgestaltung des Verfahrens indes nicht.[230]

Ein vereinfachtes Übertragungsverfahren ist im Fall der Vertragsarztzulassung – anders als bei vergleichbaren Sachverhalten – mangels einer entsprechenden gesetzlichen oder faktischen Regelung nicht vorgesehen. So hat der BFH der Übertragbarkeit von Güterfernverkehrskonzessionen (öffentlich-rechtliche Genehmigung) zugestimmt, da sie mit dem gesamten Unternehmen übertragen werden können, obwohl die Konzession nur durch eine Behörde ausgestellt werden kann.[231] Diese Übertragbarkeit ist jedoch durch ein vereinfachtes Verfahren möglich, welches die Konzession ohne ein erneutes Ausschreibungsverfahren an den Erwerber des Unternehmens überträgt.

Ähnlich ist auch die Übertragbarkeit einer Internet-Domain zu bewerten. Diese kann vom bisherigen Inhaber an einen vorgeschlagenen Dritten übertragen werden; die für diese Übertragung zuständige Registrierungsstelle DENIC verpflichtet sich, der Übertragung auf den vorgeschlagenen Dritten zuzustimmen. Wirtschaftlich betrachtet ist die Übertragbarkeit einer Internet-Domain also gegeben.[232] Auch im Rahmen des Transfers eines professionellen Fußballspielers innerhalb der Fußball-Bundesliga ist es notwendig, dass der den Spieler abgebende Verein zunächst beim Liga-Ausschuss des Deutschen Fußballbundes auf die Spielerlaubnis verzichtet, bevor sie für den aufnehmenden Verein neu erteilt werden kann. Da der Liga-Ausschuss den Transfer – bei Vorliegen eines wirksamen Ablösevertrags – aber nicht verhindern kann, faktisch nur formal zwischengeschaltet ist, ist auch das Kriterium der Übertragbarkeit erfüllt.[233] Die Vergleichbarkeit der Sachverhalte beschränkt sich also darauf, dass in einem reglementierten Markt aufgetreten wird und die Marktchancen genutzt werden.[234] Aus diesem Grund stellte der BFH wiederholt fest, dass mit dem Erwerb einer Vertragsarztpraxis regelmäßig ein „einheitliches Chancenpaket" verbunden ist, in dem bspw. der „Vorteil aus einer Vertragsarztzulassung" oder auch ein „Patientenstamm" untrennbar enthalten ist;[235] die einzelnen Bestandteile bilden

---

[229] Derartige Einflussmöglichkeiten wurden in dem zugrunde liegenden Sachverhalt des Urteil des BFH (2011), VIII R 13/08 erläutert (S. 877).

[230] Vgl. auch FG Baden-Württemberg (2017), 4 K 173/14 zur mangelnden Übertragbarkeit einer Fernsehlizenz aus eben diesen Gründen (S. 2417).

[231] Vgl. BFH (1989), X R 176–177/87, S. 15; BFH (1989), II R 15/86, S. 644.

[232] Vgl. BFH (2006), III R 6/05, S. 302.

[233] Vgl. BFH (1992), I R 24/91, S. 979 f.; BFH (2011), I R 108/10, S. 241.

[234] Vgl. BFH (2011), VIII R 13/08, S. 877 zur Vergleichbarkeit mit einer Güterfernverkehrsgenehmigung.

[235] Vgl. BFH (2017), VIII R 7/14, S. 691 (auch Zitate).

grundsätzlich keinen getrennt vom Praxiswert anzusetzenden immateriellen Vermögensgegenstand.[236] Vergleichbar argumentierte das FG Baden-Württemberg zur Frage der Übertragbarkeit einer Fernsehlizenz. Auch hier wird auf den Charakter der Lizenz als höchstpersönliches Recht und die damit einhergehende Bindung an den Inhaber verwiesen.[237] Dass Fernseh- und Übertragungslizenzen stets neu ausgeschrieben und in Übereinstimmung mit den kartellrechtlichen Regelungen verteilt werden und somit nicht vereinfacht übertragen werden können, gilt nicht nur in der Zeit des analogen, sondern insbesondere auch des digitalen Fernsehens und Streamings.

Von dieser grundsätzlich maßgeblichen Betrachtung kann gemäß höchstrichterlicher Rechtsprechung allein in einem besonders gelagerten „Sonderfall"[238] abgewichen werden. So hat der BFH bspw. entschieden, dass der Vorteil aus der Vertragsarztzulassung – wirtschaftlich betrachtet – alleiniger Gegenstand der Veräußerung sein kann und somit einen Vermögensgegenstand darstellt. Werden faktisch lediglich die „mit der Vertragsarztzulassung verbundenen Marktchancen" auf den Erwerber übertragen, nicht aber die Praxis selbst (bspw. Praxisräume, Mobiliar, Patientenstamm), konkretisiert sich der Vorteil aus der Vertragsarztzulassung zu einem greifbaren Vermögensgegenstand.[239] Ob ein solcher „isolierte[r] Anschaffunsvorgang[.]"[240] vorliegt, ist „im Rahmen einer Gesamtwürdigung zu bestimmen";[241] maßgeblich dabei ist nicht die vertragliche Vereinbarung der Parteien, sondern deren tatsächliche Umsetzung.[242]

Aus der höchstrichterlichen Rechtsprechung können für die Übertragbarkeit unterschiedlich gearteter Kundenbeziehungen folglich konsistente Regelungen abgeleitet werden, deren Anwendung aber stets eine Würdigung der Besonderheiten des Einzelfalls verlangt. Auf die Bilanzierungsfähigkeit von Kundenbeziehungen entfaltet die Übertragbarkeit mit dem gesamten Unternehmen zwar nur eine schwache, aber dennoch eine notwendige Objektivierungswirkung.

---

[236] Vgl. BFH (2011), VIII R 13/08, S. 877; BFH (2017), VIII R 7/14, S. 691–693; BFH (2017), VIII R 56/14, S. 695.

[237] Vgl. FG Baden-Württemberg (2017), 4 K 173/14FG, S. 2417.

[238] BFH (2017), VIII R 56/14, S. 695; vgl. auch BFH (2011), VIII R 13/08, S. 877 f.

[239] Vgl. BFH (2011), VIII R 13/08, S. 877 f.; BFH (2017), VIII R 7/14, S. 691 f.

[240] FG Nürnberg (2014), 1 K 1894/12, S. 365.

[241] Vgl. BFH (2017), VIII R 7/14, S. 692 (auch Zitat); BFH (2011), VIII R 13/08, S. 877 f.

[242] Vgl. BFH (2017), VIII R 56/14, S. 695 f.

3.3.3.1.3 Gegenwärtiger Diskussionsstand zur Forderung der Einzelverwertbarkeit

3.3.3.1.3.1 Widersprüchliche Aufwertung der Einzelverwertbarkeit in der Regierungsbegründung des BilMoG

In der Literatur ist gerade das Übertragbarkeitskonzept der Einzelverwertbarkeit trotz der einschlägigen BFH-Rechtsprechung zur Übertragbarkeit mit dem gesamten Unternehmen weit verbreitet und scheint seit dem BilMoG auch dem Willen des Gesetzgebers zu entsprechen. So wird der Rückgriff auf die Einzelverwertbarkeit in der Literatur teilweise mit dem Verweis auf die Gesetzesbegründung zum BilMoG belegt und so auf das scheinbar vom Gesetzgeber gewollte Kriterium abgestellt.[243] Im Zuge der Einführung des Wahlrechts zur Aktivierung (nicht entgeltlich erworbener) selbst erstellter immaterieller Güter des Anlagevermögens wird in der Gesetzesbegründung zwar herausgestellt, dass als Voraussetzung der Aktivierung stets die Vermögensgegenstandseigenschaft „im handelsbilanziellen Sinn"[244] zu prüfen sei. Im Zuge der Prüfung der Greifbarkeit wird dann jedoch auf die Eigenschaft der Einzelverwertbarkeit rekurriert.[245] Eine Erklärung, in welchem Sinn die Einzelverwertbarkeit zu verstehen ist, wird allerdings nicht vorgenommen.[246]

Dass der in der Gesetzesbegründung getroffenen Forderung der Einzelverwertbarkeit aber gerade nicht gefolgt werden kann, ergibt sich daraus, dass der Gesetzgeber keine Änderung der „bisherige[n] Interpretation des handelsrechtlichen Vermögensgegenstandsbegriffs"[247] intendierte. Ein Kriterium, das maßgeblich aus der Schuldendeckungskontrolle abgeleitet wird, ist folglich nicht zweckadäquat.[248] Eine von Befürwortern des Prinzips der Einzelverwertbarkeit aus einem Unterschied zwischen handels- und steuerbilanziellem Zweck

---

[243] Vgl. Hennrichs (2013), § 246 HGB, mit einer Analyse der verschiedenen Begrifflichkeiten und dem Ergebnis, dass „für das Handelsrecht idF des BilMoG [...] der BFH [...] seine Begriffsdefinition überdenken müsse" (Rn. 21–32, Zitat Rn. 31); Lutz/Schlag (2017), II/1, die darauf verweisen, dass „die derzeit herrschende Auffassung [...] dem Konzept des BilMoG zugrunde" liegt (Rn. 26); Schubert/Huber (2020), § 247 HGB, weisen zwar auf die höchstrichterliche Konkretisierung im Sinne der Übertragbarkeit mit dem gesamten Unternehmen hin (Rn. 13), aber nennen die „selbständige Verwertbarkeit [...] [die] wohl bislang hM" (Rn. 377).

[244] BT-DrS 16/10067, S. 50.

[245] Vgl. BT-DrS 16/10067, S. 50.

[246] Moxter/Engel-Ciric (2019) sehen ebenso eine mangelnde Auseinandersetzung mit dem Verständnis des Begriffs Einzelverwertbarkeit in Praktikerkommentierungen (S. 77–79).

[247] BT-DrS 16/10067, S. 35.

[248] Vgl. Wüstemann/Wüstemann (2010a), S. 761.

abgeleitete Rechtfertigung der Forderung nach Einzelverwertbarkeit[249] widerspricht der vom Gesetzgeber vorgegebenen Maßgeblichkeit der Handels- für die Steuerbilanz, die auch in der Gesetzesbegründung bestätigt wurde.[250]

Das Aufgreifen der Einzelverwertbarkeit kann nur – wie auch weitere Inkonsistenzen innerhalb der Gesetzesbegründung[251] – auf eine mangelnde Präzision der gewählten Begrifflichkeiten zurückgeführt werden.

3.3.3.1.3.2 Ausweitung der abstrakten Einzelverwertbarkeit durch DRS 24

3.3.3.1.3.2.1 Keine GoB-Konformität der Forderung nach abstrakter Einzelverwertbarkeit

Mit der Veröffentlichung des DRS 24 *Immaterielle Vermögensgegenstände im Konzernabschluss*[252] am 15.02.2016 durch das Bundesministerium für Justiz und Verbraucherschutz (BMJV) im Bundesanzeiger hat das DRSC Empfehlungen für die Bilanzierung immaterieller Vermögensgegenstände im Konzernabschluss gegeben. Damit wurde erstmals ein vom DRSC entwickelter Standard veröffentlicht, der sich nicht – wie der Titel zunächst suggeriert – mit einem ausschließlich die Konzernrechnungslegung betreffenden Thema, sondern vielmehr mit handelsrechtlichen Vorschriften zum Jahresabschluss befasst. Aus diesem Grund empfiehlt das DRSC auch eine entsprechende Anwendung im Jahresabschluss.[253]

Der Standard definiert einen Vermögensgegenstand anhand der abstrakten Einzelverwertbarkeit.[254] Es wird argumentiert, dass sich DRS 24 aufgrund einer mangelnden Legaldefinition des Vermögensgegenstandsbegriffs im HGB der Definition des Gesetzgebers in der Gesetzesbegründung zum BilMoG bedient.[255] Gänzlich außer Acht gelassen wird dabei die Kritik an dieser Definition und die in der Literatur[256] vorherrschende und durch die ständige höchstrichterliche Rechtsprechung[257] bestätigte Meinung, dass die Forderung nach Einzelverwertbarkeit keinen GoB darstellt.

---

[249] Vgl. Adler/Düring/Schmaltz (1998), § 246 HGB, Rn. 28 f.

[250] Vgl. Wüstemann/Wüstemann (2012a), S. 3127.

[251] Für eine Diskussion der Wertungswidersprüche vgl. Moxter/Engel-Ciric (2019), S. 44–46.

[252] Vgl. DRS 24 gilt als Nachfolger des nach Inkrafttreten des BilMoG im Jahr 2010 aufgehobenen DRS 12 *Immaterielle Anlagewerte*.

[253] Vgl. DRS 24.1 f.; DRS 24.6. Zu einer ausführlichen Kritik vgl. 2.1.1.4.3.1 m. w. N.

[254] Zu einer erkennbaren Anlehnung der Definition an IAS 38 vgl. 3.3.3.2.1.3.

[255] Vgl. auch Keitz (2015), S. 688.

[256] Vgl. dazu ausführlich 3.3.1.2.3.

[257] Vgl. BFH (2011), VIII R 13/08, S. 876.

Gemäß DRS 24 ist die Greifbarkeit bei einer rein internen Verwertungsmöglichkeit zu verneinen. Die Definition der Einzelverwertbarkeit wird aber denkbar weit verstanden. So muss es zwar grundsätzlich möglich sein, das Gut einzeln an Dritte zu veräußern, darüber hinaus reicht es aber auch aus, wenn das Gut sinnvollerweise nur zusammen mit anderen Gütern verwertbar ist.[258] Auch ein gesetzliches oder vertragliches Verwertbarkeitsverbot ebenso wie die fehlende Verwertungsabsicht schließen das Vorliegen einer abstrakten Verwertbarkeit nicht aus.[259] Dieses Verständnis der abstrakten Einzelverwertbarkeit zugrunde gelegt, gelangt man bei einer Vielzahl der (strittigen) Sachverhalte zum gleichen Ergebnis wie nach dem in ständiger höchstrichterlicher Rechtsprechung entwickelten Kriterium der Übertragbarkeit mit dem gesamten Unternehmen. Je weiter man die Einzelverwertbarkeit also interpretiert, desto näher kommt sie dem Verständnis der Übertragbarkeit mit dem gesamten Unternehmen. Zu einer abweichenden Beurteilung kommt man aber immer dann, wenn der potenzielle Vermögensgegenstand an das Unternehmen gebunden ist und nur zusammen mit einem Gesamtunternehmenserwerb übertragen werden kann. So erfüllt bspw. das Recht einer Brauerei, durch an Gastwirte geleistete Zuschüsse eine bestimmte Abnahmemenge Bier zu verlangen, nicht die Definition eines einzelverwertbaren Gutes, denn es ist in seiner Form grundsätzlich nur mit dem gesamten Betrieb übertragbar. Würde man das Bierlieferungsrecht – die zweckgebundene Forderung – auf eine andere Gaststätte übertragen, würde sich ggf. der Inhalt der Forderung ändern, wenn bspw. an diese Gaststätte eine andere Biersorte geliefert würde. Im entsprechenden Urteil stellt der zuständige Senat klar, „[d]ie Klägerin versteht [...] den handelsrechtlichen Begriff des Vermögensgegenstands zu eng, wenn sie das Merkmal der selbstständigen Verkehrsfähigkeit fordert."[260] Auch die Übertragbarkeit von Güterfernverkehrskonzessionen, die zwar personengebunden ausgestellt werden, der darauf resultierende wirtschaftliche Vorteil aber bei einem Gesamtunternehmenserwerb mit übergeht, wurde vom BFH mehrfach bestätigt,[261] obwohl derartige Konzessionen und damit vergleichbare Rechte keine Einzelverwertbarkeit aufweisen.[262] In der jüngeren Rechtsprechung bestätigte der BFH vermehrt die Greifbarkeit solcher Vorteile, die nicht einzeln

---

[258] Vgl. DRS 24.22.

[259] Vgl. DRS 24.20.

[260] BFH (1975), I R 72/73, S. 14.

[261] Vgl. BFH (1989), II R 15/86, S. 645; BFH (1989), X R 176–177/87, S. 17; BFH (1991), I R 148/90, S. 484; BFH (1992), I R 43/91, S. 530.

[262] Vgl. Koch (2011), S. 33.

verwertbar sind. Danach handelt es sich bei betriebsgebundenen Zuckerrübenlieferrechten[263] und auch bei Milchlieferungsrechten, die nur gemeinsam mit
dem Milcherzeuger übergehen können, um dem Grunde nach vom Geschäfts-
oder Firmenwert trennbare Vermögensgegenstände.[264] Ebenso sind Wiederbe-
pflanzungsrechte im Weinbau, die notwendig sind, um innerhalb der EU Wein auf
dafür vorgesehenen Flächen anbauen zu dürfen, zu aktivieren; es ist unmaßgeb-
lich, dass sie an den Weinanbaubetrieb gebunden sind und nur mit ihm übergehen
können.[265]

In der Literatur wird vereinzelt aber auch die Meinung vertreten, dass bei nicht
abtretbaren Forderungen Einzelverwertbarkeit (in einem weit verstandenen Sinn)
vorliege.[266] Die Grenze zum Greifbarkeitsverständnis im Sinne einer Übertragbarkeit mit dem gesamten Unternehmen ist bei einer solchen Interpretation der
Einzelverwertbarkeit nicht mehr ersichtlich. Es stellt sich die Frage, warum dann
nicht am durch die Rechtsprechung bestätigten Kriterium festgehalten wird.

3.3.3.1.3.2.2   Keine GoB-Konformität des DRS 24 per se

Die Bilanzierung immaterieller Vermögensgegenstände ist grundsätzlich kein
konzernspezifisches Thema, sondern vielmehr bereits auf der Ebene der jeweiligen Einzelabschlüsse relevant. Die Notwendigkeit einer konzernspezifischen
Konkretisierung, d. h. die Entwicklung von (abweichenden) Bilanzierungsregeln,
ist vor diesem Hintergrund grundsätzlich nicht ersichtlich. Die Notwendigkeit
zusätzlicher, konzernspezifischer Regelungen betreffend immaterielle Vermögensgegenstände wie die des DRS 24 kann – normativ gesehen – lediglich für
Angaben im Konzernanhang oder Konzernlagebericht einschlägig sein. Eine Konkretisierung zusätzlicher Angaben im Konzernlagebericht wird bereits durch den
entsprechenden DRS 20 *Konzernlagebericht* vorgenommen. So wird als Beispiel für die Angabe nichtfinanzieller Leistungsindikatoren der Kundenstamm
genannt.[267] Aufgrund dieser fehlenden Legitimation weist DRS 24 für den Konzernabschluss keine GoB-Konformität auf. Obwohl das DRSC die Anwendung
des Standards im Einzelabschluss empfiehlt und für DRS grundsätzlich auch eine
gesetzliche GoB-Vermutung besteht (§ 342 Abs. 2 HGB), schließt die fehlende

---

[263] Vgl. BFH (2008), IV R 1/06, S. 29; BFH (2010), IV R 3/08, S. 512 f.

[264] Vgl. BFH (2009), IX R 33/08, S. 959.

[265] Vgl. BFH (2017), VI R 65/15, S. 354.

[266] Vgl. Lutz/Schlag (2017), II/1, die eine selbständige Verwertungsfähigkeit als Teil einer
individuellen Schuldendeckungsfähigkeit als maßgebliches Vermögensgegenstandskriterium
sehen (Rn. 26).

[267] Vgl. DRS 20.107.

GoB-Konformität die Anwendung im Einzelabschluss per se aus. Darüber hinaus scheidet die Anwendung von für die Konzernrechnungslegung konzipierten Standards, selbst wenn sie GoB-Konformität vermuten lassen, im Einzelabschluss aufgrund divergierender Zwecke aus: Die primäre Ausschüttungsbemessungsfunktion des Einzelabschlusses weicht von der Informationsfunktion des Konzernabschlusses ab.[268]

Wegen der – zumindest gegenwärtig[269] – nur mittelbaren Kompetenz des DRSC zur Entwicklung widerlegbarer Vermutungen kann die Forderung nach Einzelverwertbarkeit, zumal sie im Widerspruch zur geltenden BFH-Rechtsprechung steht, nicht als GoB gewertet werden.

3.3.3.1.3.3 Keine zweckadäquate Konkretisierung von Kundenbeziehungen durch die Forderung nach Einzelverwertbarkeit

Insgesamt wird deutlich, dass die konkrete Ausgestaltung von Kundenbeziehungen ihre Übertragbarkeit – sowohl im Sinne einer Übertragbarkeit mit dem gesamten Unternehmen als auch einer weit verstandenen Einzelverwertbarkeit – maßgeblich beeinflusst. Da Kundenbeziehungen regelmäßig an rechtliche Positionen gebunden sind und mit ihnen übergehen, ist die Greifbarkeit dieser Vorteile auch im Sinne des im DRS 24 etablierten Verständnisses einer abstrakten Einzelverwertbarkeit regelmäßig zu bejahen; die Übertragbarkeit ist sinnvollerweise nur zusammen mit anderen Gütern möglich.[270] Auch wenn die Kundenbeziehungen an einer Genehmigung hängen, auf dessen Übertragung der Bilanzierende keinen Einfluss hat, ist die abstrakte Einzelverwertbarkeit – ebenso wie die Übertragbarkeit mit dem gesamten Unternehmen – zu verneinen. Vorteile, die nur zusammen mit dem Gesamtunternehmen übertragbar sind und somit im Sinne der höchstrichterlichen Rechtsprechung einen Vermögensgegenstand darstellen, erfüllen die Anforderungen an eine abstrakte Einzelverwertbarkeit jedoch nicht. Auch Kundenbeziehungen können so ausgestaltet sind, dass eine Veräußerung nur zusammen mit dem Unternehmen sinnvoll ist. Eine Orientierung an der abstrakten Einzelverwertbarkeit würde in diesen Fällen zu keiner zweckadäquaten Bilanzierung führen; es schränkt den Kreis ansatzfähiger Kundenbeziehungen unsachgemäß ein.

Zwar schränkt das Greifbarkeitsverständnis der Übertragbarkeit mit dem gesamten Unternehmen die Aktivierung insbesondere rein wirtschaftlicher Vorteile nicht bedeutend ein, gleichzeitig eröffnet es – im Vergleich zu den

---

[268] Vgl. Moxter/Engel-Ciric (2019), S. 24.

[269] Zu einer möglichen Legitimation des DRSC zur GoB-Ermittlung vgl. 2.1.1.4.2.

[270] Vgl. DRS 24.22.

bereits erläuterten alternativen Übertragbarkeitskonzeptionen[271] – kaum Ermessensspielräume.[272] Die Übertragbarkeit mit dem gesamten Unternehmen trägt mithin zu einer Objektivierung des Vermögensgegenstandsbegriffs bei. Gerade die zunehmende Diskussion rein wirtschaftlicher Vorteile zeigt, dass dieses Greifbarkeitsverständnis – eben durch seine Offenheit – „ohne Begriffswechsel eine Anpassung an neuere Entwicklungen"[273] ermöglicht.

3.3.3.2 IFRS: Identifizierbarkeitsmerkmale als zentrale Aktivierungsvoraussetzung immaterieller Vermögenswerte

3.3.3.2.1 Konkretisierung durch Separierbarkeit

3.3.3.2.1.1 Notwendige Verwertbarkeit einzeln oder mit anderem Vermögenswert

Ebenso wie die Konzeption der Übertragbarkeit mit dem gesamten Unternehmen nach GoB[274] dient gemäß IAS 38.11 das Kriterium der Identifizierbarkeit eines immateriellen Vermögenswerts zur Abgrenzung des Vermögenswerts vom Geschäfts- oder Firmenwert dem Grunde nach. Während immaterielle Vermögenswerte bereits dann typisiert als identifizierbar gelten, wenn sie durch das Contractual-Legal-Kriterium rechtlich objektiviert werden,[275] können durch das Separierbarkeitskriterium auch solche Werte abgrenzbar vom Geschäfts- oder Firmenwert sein, die nicht aufgrund vertraglicher oder anderer gesetzlicher Rechte identifiziert werden (IAS 38.11 f.).[276] Ein Vermögenswert gilt als separierbar, wenn die Übertragung entweder im Sinne einer konkreten Einzelverwertbarkeit, d. h. einzeln, oder im Sinne einer abstrakten Einzelverwertbarkeit im Kollektiv, d. h. mit einem Vertrag, einem anderen Vermögenswert oder einer Schuld, möglich ist (IAS 38.12(a)).[277] Somit erfüllen grundsätzlich auch nicht rechtlich geschützte Erfindungen das Kriterium der Separierbarkeit, selbst wenn diese faktisch nur zusammen mit einem anderen Vermögenswert, bspw. einer Marke, übertragen werden können (IFRS 3.B34(b)). Als „dominierende Form"[278] des

---

[271] Vgl. 3.3.3.1.1.

[272] Vgl. Koch (2011), S. 27.

[273] Eibelshäuser (1983), S. 74; vgl. ferner Koch (2011), S. 27 f.

[274] Vgl. 3.3.3.1.2.1.

[275] Vgl. 3.3.1.2.

[276] Vgl. IAS 38.BC10.

[277] Vgl. Lüdenbach u. a. (2020), § 13, Rn. 13.

[278] Koch (2011), S. 86.

Nachweises der Separierbarkeit stellt IAS 38.16 auf Transaktionen mit vergleichbaren Vermögenswerten ab. Auch wenn das Heranziehen vergleichbarer
Transaktionen eine objektivierende Wirkung hat, ist es – gerade bei individuellen
rein wirtschaftlichen Gütern wie Kundenbeziehungen – oftmals aber nicht möglich, auf eine Transaktion mit vergleichbaren Vermögenswerten abzustellen.[279]
Kann der Vorteil jedoch nur mit dem gesamten Unternehmen übertragen werden,
ist das Kriterium der Separierbarkeit nicht erfüllt.[280]

Ebenso wie nach GoB wurde auch im Rahmen der IFRS-Bilanzierung der
Ansatz von Kosten, die im Zusammenhang mit der Lizenz und dem Transfer von
Fußballspielerwerten entstehen, diskutiert.[281] So nahm das IFRS Interpretations
Committee im Juni 2020 zu einer Anfrage über die Bilanzierung erhaltener Trans-
ferentschädigungen Stellung und bestätigte darin indirekt den Ansatz eines sog.
„registration rights", das sowohl die originären Kosten für die Ausbildung des
Fußballerspielers als auch die Kosten für eine Registrierung im elektronischen
Transfersystem, beinhaltet.[282] Während für die GoB durch die höchstrichter-
liche Rechtsprechung bisher die Abgrenzbarkeit der aus einem Transfer des
Fußballspielers resultierenden Entschädigung bejaht wurde, bestätigt das IFRS
Interpretations Committee in dieser Entscheidung hingegen sogar den Ansatz
originärer, nicht durch einen Transfer bestätigter Kosten.[283] Die Abgrenzbarkeit der Spielerlaubnis und in diesem Zusammenhang anfallender Kosten wird
hier über ein Nutzungs- und Transferrecht vorgenommen, das bereits über das
Contractual-Legal-Kriterium die Identifizierbarkeit belegt. Auch eine Beurteilung
der Separierbarkeit dieser Kosten führt zu keinem anderen Ergebnis.

Eine konzeptionelle Schwäche weist die Konkretisierung der Identifizierbarkeit eines immateriellen Vermögenswerts in solchen Fällen auf, in denen eine
Orientierung am Contractual-Legal-Kriterium zu einer vom Separierbarkeitskriterium abweichenden Beurteilung führt. So ist eine bilanzielle Erfassung von
vertraglichen Stammkundenbeziehungen nach dem Contractual-Legal-Kriterium
aufgrund des Innehabens eines vertraglichen Rechts geboten, eine Orientierung
am Separierbarkeitskriterium würde die Isolierbarkeit vom Geschäfts- oder Firmenwert – insbesondere aufgrund einer mangelnden Abgrenzbarkeit bei der

---

[279] Vgl. Heidemann (2005), S. 77; Koch (2011), S. 86.

[280] Vgl. Kavvadias (2014), S. 45.

[281] Vgl. Schröder/Specht (2020) für eine Diskussion verschiedener in diesem Zusammenhang auftretender Kosten (S. 959–965).

[282] Vgl. IFRS Interpretations Committee (2020), (auch Zitate).

[283] Zur Diskussion des Ansatzes originärer Spielerwerte vgl. Madeja (2007), S. 148–153.

Überlassung an Dritte – grundsätzlich objektivierungsbedingt ablehnen.[284] Handelt es sich hingegen um nicht vertragliche Kundenbeziehungen, sind diese auch nicht aufgrund des Contractual-Legal-Kriteriums identifizierbar, sodass ihr Ansatz grundsätzlich ausbleibt. Da IAS 38.16 jedoch auf einen Nachweis durch Transaktionen vergleichbarer Vermögenswerte abstellt, kann das Vorliegen von „Tauschtransaktionen für dieselben oder ähnliche nicht vertragsgebundene Kundenbeziehungen [...] den Nachweis, dass Kundenbeziehungen separierbar sind", erbringen (IAS 38.16). Aus diesem Grund ist eine hierarchische Prüfung der Identifizierbarkeit zwingend vorzunehmen, eine Konkretisierung anhand von Separierbarkeit hingegen nur dann, wenn eine Bestätigung anhand des Contractual-Legal-Kriteriums ausscheidet.[285] Andernfalls genügt „the fact that an intangible asset arises from contractual or other legal rights" als „characteristic that distinguishes it from goodwill."[286]

Insgesamt führt die Orientierung am Separierbarkeitskriterium in vielen Fällen zum gleichen Ergebnis wie die Orientierung am Kriterium der Übertragbarkeit nach GoB. Auch bei der Aktivierung von Kosten im Zusammenhang mit der Nutzung von Cloud-Produkten sollte eine Orientierung an den IFRS zu keiner anderen Bilanzierungslösung führen als nach GoB[287].[288] Während Cloud-Produkte in der Regel vom Cloud-Nutzer weder selbst erstellt noch erworben, sondern vielmehr durch einen Cloud-Anbieter für einen bestimmten Zeitraum bereitgestellt werden, handelt es sich um eine Nutzungsüberlassung, die nicht in den Anwendungsbereich von IAS 38 fällt.[289] Etwas anderes kann möglicherweise für die Programmierung und Einrichtung der unternehmensindividuellen Schnittstelle gelten. Die durch hierfür anfallende Kosten entstandene Rechtsposition belegt die Identifizierbarkeit bereits aufgrund des Contractual-Legal-Kriteriums.[290] Aber auch dem Separierbarkeitskriterium folgend kann eine Übertragbarkeit – zumindest zusammen mit dem Nutzungsvertrag über das Cloud-Produkt selbst – denkbar sein.

---

[284] Vgl. Lüdenbach/Prusaczyk (2004b), S. 211.

[285] Vgl. Küting/Dawo (2003), S. 401; Koch (2011), S. 83. Der Standardsetzer weist auf solche Fälle hin, in denen das Contractual-Legal-Krtierium und das Separierbarkeitskriterium zu unterschiedlichen Ergebnissen kommen. Vgl. IAS 38.BC10.

[286] Vgl. IAS 38.BC10 (auch Zitate).

[287] Vgl. zur Bilanzierungslösung nach GoB 3.3.3.1.2.1.

[288] Vgl. Böckem/Geuer (2019), S. 474.

[289] Vgl. Berger/Fischer (2018), S. 2289; Schunk u. a. (2020), S. 1411 f. Das IFRS Interpretations Committee kam in einem zu beurteilenden Fall ebenfalls zu dieser Schlussfolgerung. Vgl. IFRS Interpretations Committee (2019b).

[290] Vgl. Böckem/Geuer (2019), S. 472 f.

Anders als nach GoB ist die Separierbarkeit nicht gegeben, wenn ein Vorteil – wie bereits dargestellt – lediglich gemeinsam mit einer Gruppe von Vermögenswerten oder auch mit dem gesamten Unternehmen übertragen werden kann. Demnach scheidet bspw. die Aktivierung eines Bierlieferungsrechts, also der Gewährung von Zuschüssen an Gastwirte „gegen Übernahme von zeitlich begrenzten Bierbezugsverpflichtungen" einer bestimmten Brauerei,[291] aufgrund der Notwendigkeit der Übertragung zusammen mit dem gesamten Unternehmen (der Gaststätte) bei einer Orientierung am Separierbarkeitskriterium grundsätzlich aus; wegen des Vorliegens eines Rechts ist die Identifizierbarkeit in diesen Fällen aber über das Contractual-Legal-Kriterium zu bejahen[292]. Während der Kreis potenzieller Vermögenswerte durch das Contractual-Legal-Kriterium zunächst teilweise weiter ausgelegt wurde als nach GoB, wird er dem Separierbarkeitskriterium (isoliert) folgend, nach GoB partiell weiter gezogen als nach IFRS.[293]

3.3.3.2.1.2 Weite Auslegung der Separierbarkeit bei im Rahmen von Unternehmenszusammenschlüssen zugegangenen Vermögenswerten

Gehen immaterielle Vermögenswerte im Rahmen eines Unternehmenszusammenschlusses über, sieht das IASB ihre Separierbarkeit in vielen Fällen als gegeben, selbst wenn eine Aktivierung aufgrund von Selbsterstellung gemäß IAS 38.63 zuvor ausgeschlossen war (IFRS 3.13). Insbesondere bei der Behandlung von Kundenbeziehungen erfährt das Kriterium der Separierbarkeit eine denkbar weite Auslegung. Bereits bei vertraglichen Kundenbeziehungen sorgt das Contractual-Legal-Kriterium für das Vorliegen eines identifizierbaren Vermögenswerts, selbst wenn im Erwerbszeitpunkt kein aktueller Vertrag vorliegt.[294] Nicht-vertragliche Kundenbeziehungen sind grundsätzlich nur dann identifizierbar, wenn sie durch Separierbarkeit nachgewiesen werden.[295] Voraussetzung für die Separierbarkeit ist die grundsätzliche Verwertungsmöglichkeit, bspw. durch einen Tausch oder Verkauf (IFRS 3.B33). Aber auch bei fehlendem Nachweis vergleichbarer und durch Markttransaktionen bestätigter Kundenlisten wird nicht-vertraglichen Kundenbeziehungen die Separierbarkeit zugesprochen

---

[291] Vgl. BFH (1975), I R 72/73, S. 13 (auch Zitat).

[292] Vgl. IAS 38.BC10.

[293] Vgl. im Ergebnis auch Koch (2011), S. 85.

[294] Vgl. IFRS 3.IE28; vgl. auch Appelmann (2017), S. 66 f.; Castedello (2014), S. 274.

[295] Vgl. IFRS 3.IE31.

(IFRS 3.B33). Der Standardsetzer sieht die grundsätzliche Verwertungsmöglichkeit, bspw. durch einen Tausch oder Verkauf, in diesen Fällen als gegeben an, da Kundenlisten im Allgemeinen oft lizensiert und somit am Markt bestätigt würden. Einzig das Vorliegen von Vertraulichkeitsvereinbarungen oder ähnliche Vertragsbedingungen, die eine Verwertung der Kundenliste ausschließen, kann die Separierbarkeit einschränken (IFRS 3.B33). Ebenso scheidet die Aktivierung eines potenziellen Vermögenswerts aus, wenn das bilanzierende Unternehmen zwar eine Verwertungsabsicht hat, nicht aber die Möglichkeit, diese Absicht umzusetzen.[296] Diese Argumentation des Standardsetzers muss jedoch kritisch gesehen werden und die Separierbarkeit nicht vertraglicher Kundenbeziehungen insbesondere aufgrund einer fehlenden oder zumindest nicht eindeutigen Separierbarkeit weitestgehend abgelehnt werden.

Die Lizensierung vergleichbarer Vermögenswerte kann grundsätzlich einen Hinweis auf die Separierbarkeit des vorliegenden Gutes liefern, dennoch vermag diese Begründung nur im speziellen Einzelfall zu überzeugen. Da Kundenlisten in den meisten Fällen – und das erkennt auch der Standardsetzer – unternehmensspezifisch ausgestaltet sind und „von anderen Kundenlisten abweichende Merkmale haben" (IFRS 3.B33), somit nur schwer zu objektivieren sind, müsste stets eine Prüfung des Einzelfalls vorzunehmen sein; auch bei Unternehmenszusammenschlüssen kann eine pauschale Separierbarkeit nicht zweckadäquat im Sinne der Vermittlung entscheidungsrelevanter Informationen sein. Bei einem maßgeblich an vergleichbaren Markttransaktionen orientierten Nachweis der Separierbarkeit würde zumindest ein gewisser Objektivierungsgrad angenommen werden können; aufgrund der Individualität von Kundenbeziehungen und der damit einhergehenden fehlenden Vergleichbarkeit ist ein solcher Nachweis aber in aller Regel nicht möglich. Kosten für die Aus- und Weiterbildung von Mitarbeitern können – ebenso wie nach GoB[297] – u. a. aufgrund der fehlenden Separierbarkeit im Regelfall nicht aktiviert werden; es mangelt hier an der Möglichkeit der Einzelverwertung.[298]

Im Vergleich zur Übertragbarkeitskonzeption nach GoB, bei der die Zugangsart keine maßgebliche Auswirkung auf den Grad der angestrebten Objektivierung

---

[296] Vgl. IFRS 3.BC169.

[297] Vgl. 3.4.1.3.2 und 3.4.1.5.5.1.

[298] A. A. Mindermann (2009), der argumentiert, dass eine Bindung des entstehenden Vorteils an den Mitarbeitenden bei entsprechender Gestaltung des Arbeitsvertrags der Separierbarkeit nicht entgegensteht und es maßgeblich auf die Bereitschaft eines (potenziellen) Erwerbs ankommt, einen separaten Betrag für diesen Vorteil zu zahlen (S. 184 f.). Der Aspekt, dass der Mitarbeitende selbst aber nicht aktiviert wird, wird indes nicht in die Argumentation einbezogen.

bei der Beurteilung der Greifbarkeit dem Grunde nach hat, ist die Auslegung gemäß IFRS 3 weitaus weniger restriktiv.[299]

3.3.3.2.1.3 Parallele der Einzelverwertbarkeitskonzeption des DRSC zur Separierbarkeit gemäß IFRS

Die vom DRSC im DRS 24 vertretene Übertragbarkeitskonzeption der abstrakten Einzelverwertbarkeit ist mit der Ausgestaltung des Separierbarkeitskriteriums inhaltlich vergleichbar. Das DRSC wählt zur Konkretisierung des Einzelverwertbarkeitsverständnisses sogar eine mit IAS 38 vergleichbare Formulierung.[300]

Eine solche Orientierung des DRS 24 an den IFRS-Kriterien ist durchaus nachvollziehbar, da sowohl die IFRS als auch der Konzernabschluss auf die Vermittlung von Informationen gerichtet sind, mithin einen gleichgelagerten Zweck verfolgen. Sofern es eine Notwendigkeit zur Konkretisierung des Vermögensgegenstandsbegriffs im Konzernabschluss geben würde, wäre eine Orientierung an den IFRS – ebenso wie bei anderen konzernrelevanten Themen, bspw. DRS 27 *Anteilmäßige Konsolidierung* oder DRS 25 *Währungsumrechnungen im Konzernabschluss* – durchaus zweckadäquat. Zwar führt eine Orientierung an der Einzelverwertbarkeit – wie bereits gezeigt wurde[301] – in vielen Fällen zum gleichen Ergebnis wie nach GoB, es werden hierdurch aber solche Vermögenswerte von der Aktivierung ausgeschlossen, die nur zusammen mit dem Unternehmen übertragen werden können. Ein durch diese Einschränkung erreichter Beitrag zu einer informationsgerechteren Bilanzierung ist auch für den Konzernabschluss überaus fraglich, da ein Ausschluss von Vermögenswerten stattfindet, die nachweislich einen Ertragswertbeitrag leisten. Im Unterschied zur Konkretisierung durch das DRSC wird die Identifizierbarkeit in den IFRS nicht nur durch das Separierbarkeitskriterium im Sinne einer Einzelverwertbarkeit belegt. Gerade in solchen Fällen, in denen eine Orientierung an der Einzelverwertbarkeit zu keiner entscheidungsrelevanten Bilanzierung führen würde, bspw. bei nicht einzelverwertbaren Lizenzen zum Betrieb von Kernkraftwerken, sorgt das Contractual-Legal-Kriterium für den Bilanzansatz. DRS 24 kennt das Contractual-Legal-Kriterium zwar nicht, sieht die abstrakte Einzelverwertbarkeit aber auch dann als gegeben, wenn „Dritte grundsätzlich bereit sind, für die Vorteile aus den Gütern ein Entgelt zu entrichten"[302]. Ebenso wie IFRS 3.B32 spricht auch DRS 24 solchen Lizenzen die Vermögensgegenstandseigenschaft zu, selbst

---

[299] Vgl. Koch (2011), S. 86 f.

[300] Vgl. Wulf/Sackbrock (2020), § 266 HGB, Rn. 25.

[301] Vgl. 3.3.3.2.1.3.

[302] DRS 24.20.

„wenn vertraglich eine Veräußerung der Lizenz an einen Dritten ausgeschlossen wurde"[303].

3.3.3.2 Keine dominierende Rolle der Identifizierbarkeit bei der Definition im Rahmenkonzept 2018

Obwohl der Standardsetzer deutlich macht, dass die Identifizierbarkeit – entweder aufgrund vertraglicher oder gesetzlicher Rechte oder auch durch die Eigenschaft der Separierbarkeit – die Vermögenswerteigenschaft regelmäßig belegt und so zu der Vermittlung relevanter Informationen führt, ist sie kein Bestandteil der Vermögenswertdefinition des aktuellen Rahmenkonzepts von 2018.[304] Eine weitergehende Erläuterung der Beweggründe liefert der Standardsetzer jedoch nicht. Möglicherweise reagiert er hiermit auf die in der Literatur[305] bestehende Diskussion zur Redundanz des übergeordneten Definitionskriteriums der Kontrolle und desjenigen der Identifizierbarkeit für immaterielle Vermögenswerte. So wird die Ansicht vertreten, dass sich beide Kriterien inhaltlich entsprechen: Ein vorliegender Rechtsanspruch kann sowohl als Nachweis der Kontrolle über einen Vermögenswert als auch des Contractual-Legal-Kriteriums und damit der Identifizierbarkeit dienen.[306] Darüber hinaus konkretisiert der Standardsetzer die Separierbarkeit ebenso wie die Beherrschung durch Tauschtransaktionen zwischen ähnlichen Vermögenswerten.[307] Überwiegend besteht in der Literatur die Meinung, eine derartige Doppelung der Kriterien sei jedoch „unschädlich", da sich die Interpretation beider Kriterien im Hinblick auf die Unentziehbarkeitswirkung inhaltlich entsprechen.[308] Durch die grundsätzliche Forderung der Beherrschung eines Vermögenswerts und die Prüfung des Contractual-Legal-Kriteriums als spezielles Definitionsmerkmal immaterieller Vermögenswerte werde die Forderung der Unentziehbarkeit bei immateriellen Vermögenswerten lediglich bestärkt.[309]

Da keine Prüfung des Identifizierbarkeitskriteriums auf Rahmenkonzeptebene vorgesehen ist und infolgedessen eine pauschale Einschränkung des Vermögenswertbegriffs durch das Contractual-Legal-Kriterium ausbleibt, muss das

---

[303] DRS 24.20.

[304] Vgl. CF (2018), BC4.34.

[305] Vgl. bspw. Bohr (2009), S. 275 f.; Duhr (2006), S. 118.

[306] Vgl. bspw. Thiele/Kühle (2018), IAS 38, Rn. 153; KPMG (2020), Rn. 3.3.70.10.

[307] Vgl. IAS 38.BC12 f.

[308] Vgl. Koch (2011), S. 89 (auch Zitat); Duhr (2006), S. 118.

[309] Vgl. Duhr (2006), S. 118; Koch (2011), S. 89.

Kontrollkriterium eine weitreichende Konkretisierungsaufgabe übernehmen.[310]
Überaus fraglich ist aber, ob die Frage der Abgrenzung vom Geschäfts- oder
Firmenwert dem Grunde nach durch die Beurteilung der Kontrolle hinreichend
gewürdigt werden kann.

3.4 Selbständige Bewertbarkeit: Abgrenzbarkeit vom originären Geschäfts- oder Firmenwert der Höhe nach

3.4.1 GoB: Grundsatz eines weiten Verständnisses einer wirtschaftlichen Realisierbarkeit des Vermögensvorteils

3.4.1.1 Schwache Objektivierungswirkung durch eine griffweise Schätzung

Das Vermögenswertprinzip in seiner Allgemeinheit und auch die notwendige
weite Auslegung der Greifbarkeit können den Begriff des Vermögensgegenstands
nicht hinreichend einschränken, sodass es eines restriktiveren Kriteriums bedarf.
Nach ständiger Rechtsprechung[311] und herrschender Literaturmeinung[312] ist das
aus dem Einzelbewertungsprinzip (§ 252 Abs. 1 Nr. 3 HGB)[313] folgende Prinzip
der selbständigen Bewertbarkeit für eine weitergehende Konkretisierung zwingend heranzuziehen. Die überwiegende Literaturmeinung sieht die selbständige
Bewertbarkeit als ein von der Greifbarkeit unabhängiges Kriterium; Greifbarkeit
und selbständige Bewertbarkeit bedingen sich grundsätzlich nicht gegenseitig,[314]
sodass für die Konkretisierung eines Vermögensgegenstands auch bei Vorliegen
der Greifbarkeit zwingend die selbständige Bewertbarkeit geprüft werden muss.
Etwas anderes kann auch gerade bei rein wirtschaftlichen Werten nicht gelten.[315]

---

[310] Vgl. Heidemann (2005), S. 95; Appelmann (2017), S. 76 f., die aufzeigen, dass das
Contractual-Legal-Kriterium und das Kriterium der Kontrolle, bspw. bei Vorliegen eines
jederzeit bedingungs- und fristlos kündbaren Kundenvertrags, nicht zum selben Ergebnis
führen.

[311] Vgl. stellvertretend BFH (2010), IV R 28/08, S. 407 f. m. w. N.

[312] Vgl. bspw. Moxter (1987a), S. 1846; Hommel (1998), S. 206.

[313] Vgl. Jüttner (1993), S. 119–149; Moxter/Engel-Ciric (2019) beschreiben die Bedeutung des Einzelbewertungsprinzips für die handelsrechtliche Bilanzierung als „dominierend"
(S. 43).

[314] Vgl. Hommel (1998), S. 213.

[315] So aber Moxter (2007), S. 9.

Auch der teilweise vertretenen Ansicht, bei vorhandener Greifbarkeit im Sinne einer Einzelvollstreckbarkeit, Einzelveräußerbarkeit oder Einzelverwertbarkeit sei die selbständige Bewertbarkeit bereits implizit erfüllt,[316] kann nicht für alle denkbaren Fälle zugestimmt werden. So ist ein abstrakt einzelverwertbarer Vorteil nicht zwangsläufig auch selbständig bewertbar.[317] Die selbständige Bewertbarkeit verlangt die Abgrenzbarkeit des vermögenswerten Vorteils vom Geschäfts- oder Firmenwert der Höhe nach, d. h. dass er „nach der Verkehrsauffassung einer besonderen Bewertung zugänglich" ist.[318] Ist ein vom Geschäfts- oder Firmenwert abgrenzbarer Wert nicht ermittelbar, geht der Vorteil in diesem auf.[319] Die Forderung nach Zugangs-, Folge- und Abgangswerten, also eine strenge Auslegung der selbständigen Bewertbarkeit,[320] ist schon vor dem Hintergrund nicht zweckmäßig, dass bspw. „Konzessionen, gewerbliche Schutzrechte und ähnliche Rechte und Werte" ebenso wie der „Geschäfts- oder Firmenwert" danach keiner selbständigen Bewertung zugänglich wären, obwohl sie explizit als Bilanzposten im Gliederungsschema des § 266 Abs. 2 HGB aufgeführt sind.[321] Die selbständige Bewertbarkeit ist bei einer gesonderten, externen Anschaffung unproblematisch.[322] Eine Abgrenzbarkeit der einzelnen Werte gestaltet sich bei einem Zugang durch einen Unternehmenskauf häufig schwierig. Die Rechtsprechung verlangt bei der Abgrenzung aber lediglich eine „griffweise[.] Schätzung[.]"[323], die im Bereich des Möglichen liegt, um den beigemessenen, „ermessensbeschränkte[n] Wert"[324] zu belegen und damit das Kriterium der selbständigen Bewertbarkeit zu erfüllen. Selbst wenn ein Vermögenswert nur gemeinsam mit anderen Vermögenswerten übertragen werden kann,

---

[316] Vgl. Roland (1980), S. 161 f., der die selbständige Bewertbarkeit aufgrund der von ihm vertretenen Einzelübertragbarkeit als redundant ansieht; Tiedchen (1991), die eine Prüfung der selbständigen Bewertbarkeit als nicht notwendig oder gar nicht sinnvoll erachtet, weil sie bereits durch das von ihr vertretene Greifbarkeitsverständnis im Sinne der Einzelzwangsvollstreckung belegt wird (S. 63); Marx (1994), der dem Kriterium der Einzelbewertbarkeit keine „zusätzliche Abgrenzungsarbeit" beimisst (S. 2382, auch Zitat).

[317] Vgl. Koch (2011), S. 36.

[318] Vgl. bspw. BFH (2014), X R 20/12, S. 327 (auch Zitat).

[319] Vgl. Moxter (2007), S. 9.

[320] Vgl. Euler (1996), S. 152; Moxter (2003), S. 81.

[321] Vgl. Hommel (1998), S. 216; Koch (2011), S. 38 f.

[322] Vgl. Moxter (2003), S. 82.

[323] Moxter (2007), S. 9; vgl. auch BFH (1992), I R 24/91, S. 980 f.; BFH (1998), VIII R 28/95, S. 508.

[324] Hommel (1998), S. 216.

ist er auch dann selbständig bewertbar, wenn sein Wert lediglich durch Residualbewertung, also durch Ermittlung eines Unterschiedsbetrags, ermittelbar ist.[325] So ist auch der Geschäfts- oder Firmenwert zu bemessen und erfüllt aus diesem Grund die Vermögensgegenstandskriterien.[326] Sofern die Nutzungsdauer des potenziellen Vermögensgegenstands geschätzt und im Zuge der Abschreibung ein Wert ermittelt werden kann, kann auch die Folgebewertung bejaht werden.[327] Aus diesem Grund ist auch für den Geschäfts- oder Firmenwert eine Folgebewertung möglich und damit das Prinzip der selbständigen Bewertbarkeit erfüllt.[328] Dass das Kriterium der selbständigen Bewertbarkeit stets in wirtschaftlicher Betrachtungsweise auszulegen ist, machte der BFH in einer Entscheidung über die bilanzielle Behandlung einer Kaufoption deutlich. So erfülle die am Ende eines Leasingvertrags an den Leasingnehmer eingeräumte, deutlich unter dem Verkehrswert liegende Kaufoption die Vermögensgegenstandseigenschaft; ein Erwerber des gesamten Unternehmens würde der Kaufoption im Rahmen des Gesamtpreises einen besonderen Wert beimessen.[329] Dieser weiten Auslegung des Kriteriums wohnt grundsätzlich eine schwache Objektivierung inne.[330] Lediglich „wenn es an jeglichem Anhaltspunkt für die Bemessung fehlt"[331], ist eine objektive Schätzung nicht möglich und folglich das Prinzip der selbständigen Bewertbarkeit nicht erfüllt.

Aber auch bei einzeln zugegangenen Gütern stellt sich die selbständige Bewertbarkeit teilweise strittig dar. Geht ein Gut durch eine Erbschaft, eine Schenkung oder einen Tausch auf ein anderes Unternehmen über, ist die selbständige Bewertbarkeit – insbesondere, wenn es sich um immaterielle Güter handelt – regelmäßig nicht hinreichend belegbar.[332] Bei einem Tausch ist es hinreichend, wenn dem hingegebenen oder dem erhaltenen Gut ein Wert beizumessen ist.[333] Wird also bspw. ein nicht bewertbarer Kundenstamm gegen einen bewertbaren Vermögensgegenstand getauscht, erfüllt auch der Kundenstamm,

---

[325] Vgl. Moxter (2003), S. 82.

[326] Vgl. Moxter (2003), S. 82; Duhr (2006), S. 125–127; Böcking u. a. (2020), § 309 HGB, Rn. 6.

[327] Vgl. Euler (1996), S. 153.

[328] Vgl. Duhr (2006), S. 125–127; Störk/Hoffmann (2020), § 309 HGB, Rn. 12.

[329] Vgl. BFH (2014), X R 20/12, S. 329.

[330] Vgl. Koch (2011), S. 39.

[331] BFH (1968), IV 210/61, S. 412.

[332] Vgl. Moxter (2003), S. 83.

[333] Vgl. Kronner (1995) zu in der Literatur vertretenen Methoden zur Berechnung der Anschaffungskosten (S. 75 f.); Moxter/Engel-Ciric (2019), S. 121.

durch die Bewertbarkeit des getauschten Gutes, das Kriterium der selbständigen Bewertbarkeit. Die Aktivierung des eingetauschten Vermögensgegenstands geht in diesem Fall mit einer Umsatzrealisierung durch die Aufdeckung eines Teils des Geschäfts- oder Firmenwerts einher.[334] Die selbständige Bewertbarkeit unentgeltlich erworbener Güter kann nur dann bejaht werden, wenn – bspw. durch das Vorliegen eines aktiven Markts – ein Wert schätzbar ist. Aber auch wenn die Vermögensgegenstandseigenschaft eines unentgeltlich erworbenen Gutes belegt ist, sind in der Literatur unterschiedliche Meinungen zur bilanziellen Behandlung vertreten.[335] Teilweise wird ein handelsrechtliches Wahlrecht zwischen einer Aktivierung und Nichtaktivierung propagiert.[336] Zweckadäquat kann hingegen nur eine mit dem Vollständigkeitsgebot (§ 246 Abs. 1 HGB) begründete Ansatzpflicht sein.[337] Im Zweifel werden dann auch solche unentgeltlich erworbenen Vermögensgegenstände aktiviert, die beim Ersteller gemäß § 248 Abs. 2 S. 2 HGB einem Aktivierungsverbot unterlagen. Maßgeblich ist einzig die Erfüllung der Vermögensgegenstandskriterien.

Ebenso stellen erhaltene Zuschüsse der öffentlichen Hand, die insbesondere in Krisenzeiten von besonderer Relevanz sind und durch die bspw. Vermögensgegenstände unentgeltlich oder für einen geringen Betrag erworben werden können (sog. Investitionszuschüsse oder /-zulagen),[338] keine selbständig bewertbaren Vermögensgegenstände dar. In Rechtsprechung und Literatur gibt es kein einheitliches und gefestigtes Meinungsbild zur Bilanzierung derartiger Zuschüsse.[339] So wird die Minderung der Anschaffungs- und Herstellungskosten, der Ansatz eines passiven Sonderpostens und/oder die sofort ertragswirksame Erfassung diskutiert.[340] Zweckadäquat kann nur eine bilanzielle Behandlung sein, die in

---

[334] Vgl. Moxter (2003), S. 83.

[335] Vgl. für einen Überblick über die bilanzielle Behandlung Wohlgemuth/Radde (2021), I/4, Rn. 73.

[336] Vgl. Gelhausen (2009), Abschn. E, Rn. 91; Ballwieser (2020), § 248 HGB, Rn. 31 und 46; Schmidt/Usinger (2020), § 248 HGB, Rn. 13.

[337] So auch Knobbe-Keuk (1993), S. 179; Moxter (2003), S. 83; Adler/Düring/Schmaltz (1998), § 255 HGB, stellen auch einen Ausweis im Inventar in Aussicht (Rn. 83); Schubert/Gadek (2020), § 255 HGB, sprechen von einem Bewertungswahlrecht wonach ein erfolgsneutraler Ansatz zu bevorzugen, abhängig vom Zuwendungszweck aber auch ein erfolgswirksamer Ansatz möglich sei (Rn. 100).

[338] Vgl. zum Begriffsverständnis Wolf (2010), S. 9–11 m. w. N.

[339] Vgl. ausführlich Wolf (2010), S. 29–99.

[340] Vgl. Künkele/Zwirner (2010), S. 341; Farwick (2016), S. 563 f.; Scholz (2021), S. 144–146. Die steuerbilanzielle Behandlung von Investitionszuschüssen sieht die Erfassung als

Abhängigkeit der konkreten Ausgestaltung des gewährten Zuschusses ermittelt wird.[341]

3.4.1.2 Überkommene Bestätigung der Werthaltigkeit insbesondere rein wirtschaftlicher Güter durch den entgeltlichen Erwerb

Bis im Zuge des BilMoG unter anderem auch der § 248 Abs. 2 HGB a. F. unter zum Teil erheblicher Kritik des Schrifttums[342] abgeschafft wurde, waren aufgrund eben dieser gesetzlichen Grundlage nicht entgeltlich erworbene immaterielle Vermögensgegenstände des Anlagevermögens von der Aktivierung ausgeschlossen. Danach konnte ein selbst erstellter Vermögensgegenstand – der auch sonst die Vermögensgegenstandskriterien erfüllt – nur dann aktiviert werden, wenn eine Bestätigung der Werthaltigkeit des immateriellen Vermögensgegenstands am Markt in Form eines entgeltlichen Erwerbs stattgefunden hat. Dabei muss der immaterielle Vermögensgegenstand grundsätzlich „als solcher Gegenstand des Erwerbsvorganges sein"[343], d. h. der Vorteil darf nicht erst durch den Erwerb selbst konkretisiert werden.[344] Ausgenommen hiervon sind Rechte; da sie bereits aufgrund ihrer inhaltlichen Ausgestaltung objektiviert sind, genügt es, wenn sie durch den Erwerb selbst begründet werden.[345] Während bei rein wirtschaftlichen Gütern – insbesondere nach der älteren Rechtsprechung – ein entgeltlicher Erwerb im engeren Sinne, d. h. das Vorliegen eines synallagmatischen Austauschverhältnisses, gefordert wurde,[346] bestätigte der BFH das Vorliegen eines entgeltlichen Erwerbs in jüngeren Urteilen auch bei Zugrundelegung einer „weitere[n], wirtschaftliche[n] Betrachtung des Austauschverhältnisses" im Sinne eines „Quasi-Synallagma[s].[347] So wurde der entgeltliche Erwerb eines Domain-Namens bejaht, obwohl kein Erwerb im zivilrechtlichen Sinn, sondern vielmehr

---

Betriebseinnahme oder als Minderung der Anschaffungs- und Herstellungskosten vor. Vgl. dazu Pfaff u. a. (2018), A. V. 4., Rn. 510; Kulosa (2020), § 6 EStG, Rn. 75.

[341] Vgl. Wolf (2010) mit einer GoB-konformen Analyse der verschiedenen Bilanzierungsmöglichkeiten (S. 67–75).

[342] Vgl. bspw. Moxter (2008), S. 1517; Arbeitskreis Bilanzrecht der Hochschullehrer Rechtswissenschaften (2008), S. 213; Wüstemann/Wüstemann (2010a), S. 765 f.

[343] Döllerer (1969), S. 505.

[344] Vgl. Hommel (1998) mit einer ausführlichen Darstellung der einschlägigen Rechtsprechung (S. 185, 281).

[345] Vgl. Mellwig (1981), S. 1810; stellvertretend BFH (1975), I R 72/73, S. 14.

[346] Vgl. bspw. BFH (1979), IV R 145/77, S. 147; BFH (1980), VIII R 80/77, S. 688; BFH (1984), VIII R 249/80, S. 291; BFH (1992), XI R 45/88, S. 542.

[347] Vgl. Koch (2011), S. 45 (auch Zitate).

ein „abgeleiteter Erwerb" stattgefunden hatte. Dass der Erwerber – nach der Kündigung des Registrierungsvertrags durch den Verkäufer – mit der zuständigen Behörde einen neuen Vertrag abschließt und so den Domain-Namen neu begründet, stehe dem entgeltlichen (abgeleiteten) Erwerb nicht entgegen.[348] Auch im Fall einer vom aufnehmenden an den abgebenden Verein gezahlten Transferentschädigung für einen Fußballspieler liegt ein entgeltlicher Erwerb vor, obwohl auch hier eine Neuerteilung der notwendigen Spielerlaubnis durch den Deutschen Fußball-Bund (DFB) stattfindet. Aufgrund des „enge[n] Veranlassungszusammenhang[s]" zwischen der gezahlten Transfersumme und der Erteilung der Spielerlaubnis, sei die Werthaltigkeit am Markt auch hier bestätigt worden.[349]

Auch in dieser systemkonformen weiten Auslegung leistete das Prinzip des entgeltlichen Erwerbs als Ausdruck des Vorsichts- und Objektivierungsprinzips einen Beitrag zur Konkretisierung der handelsrechtlichen Aktivierung.[350] Insbesondere auch wegen seiner leichten Nachprüfbarkeit avancierte der entgeltliche Erwerb nicht nur gemäß zahlreicher Literaturmeinungen,[351] sondern insbesondere auch in der höchstrichterlichen Rechtsprechung von einer zusätzlichen Konkretisierung zu einem den Vermögensgegenstandskriterien vorgelagerten Prinzip; wurde bereits der entgeltliche Erwerb verneint, fand oftmals keine Prüfung der Vermögensgegenstandskriterien statt.[352] Eine Schärfung des Vermögensgegenstandsbegriffs wurde durch diese Vorgehensweise nicht erreicht.[353] Auch rein normativ betrachtet ersetzt das Vorliegen eines entgeltlichen Erwerbs die Prüfung der Vermögensgegenstandskriterien nicht; der entgeltliche Erwerb selbst stellt kein Vermögensgegenstandskriterium dar. Aussagen über die Werthaltigkeit in künftigen Perioden können allein durch einen entgeltlichen Erwerb nicht verlässlich getätigt werden.[354] Vielmehr kann der entgeltliche Erwerb – sofern ein greifbarer, selbständig bewertbarer Vermögensgegenstand vorliegt – einen Hinweis auf den wertmäßigen Ansatz in der Bilanz liefern.[355]

---

[348] Vgl. BFH (2006), III R 6/05, S. 303 (auch Zitat); Euler (2007), S. 772.

[349] Vgl. BFH (1992), I R 24/91, S. 979 (auch Zitat); BFH (2011), I R 108/10, S. 240.

[350] Vgl. Hommel (1998), S. 177 m. w. N.

[351] Vgl. bspw. Roland (1980), S. 148 u. S. 172; Crezelius (1987), S. 18 f.; Keitz (1997), S. 37 f.

[352] Vgl. BFH (1980), VIII R 80/77, S. 688; BFH (1984), VIII R 249/80, S. 291.

[353] Vgl. Hommel (1998), S. 141.

[354] Vgl. Janke (1994), S. 222.

[355] Vgl. Moxter (2007), S. 31.

Für die Konkretisierung rein faktisch abgesicherter wirtschaftlicher Güter wurde der Stellenwert des entgeltlichen Erwerbs, obwohl er als Vermögensgegenstandskriterium grundsätzlich abgelehnt wurde, jedoch in Teilen der Literatur abweichend beurteilt: Aufgrund der mangelnden Objektivierung durch die Prüfung der Vermögensgegenstandskriterien wurde der entgeltliche Erwerb bei diesen Gütern als „eine notwendige Konkretisierung zur Erfüllung der Vermögensgegenstandsprinzipien" angesehen.[356] *Hommel* sieht die besondere Bedeutung des entgeltlichen Erwerbs auch durch die höchstrichterliche Rechtsprechung zur Aktivierungsfähigkeit eines Kundenstamms bestätigt, da er nur dann als ein vom Geschäfts- oder Firmenwert getrennter Vermögensgegenstand zu aktivieren ist, wenn für ihn „ein besonderes Entgelt vereinbart und ein solches gezahlt"[357] wurde.[358] Insbesondere bei selbst erstellten immateriellen Vermögensgegenständen, die sich gerade dadurch auszeichnen, nicht entgeltlich erworben zu sein, läuft die Forderung nach einem entgeltlichen Erwerb seit der Abschaffung des § 248 Abs. 2 HGB a. F. im Zuge des BilMoG ins Leere. Hier bedarf es einer Konkretisierung der Vermögensgegenstandskriterien selbst, um einen hinreichenden Objektivierungsgrad zu erreichen.

3.4.1.3 Aktivierung selbst erstellter immaterieller Vermögensgegenstände des Anlagevermögens

3.4.1.3.1 Aktivierungswahlrecht des § 248 Abs. 2 S. 1 HGB

3.4.1.3.1.1 Notwendigkeit des Vorliegens eines Vermögensgegenstands

Mit dem Ziel einer (hinreichenden) Objektivierung der Ausgaben hat die Rechtsprechung in der Vergangenheit die Vermögensgegenstandskriterien (weiter-) entwickelt und so den Begriff des Vermögensgegenstands geschärft. Der durch die Prüfung der Kriterien konkretisierte Vermögensgegenstand erfüllt den für die handelsrechtliche Bilanzierung notwendigen Objektivierungsgrad. Nichts anderes kann für selbst erstellte immaterielle Vermögensgegenstände des Anlagevermögens gelten; das Vorliegen eines Vermögensgegenstands ist zwingend notwendig, um die Möglichkeit der Ausübung des Aktivierungswahlrechts[359] prüfen zu können.

Die eigentlich selbstverständliche Forderung des Vorliegens eines Vermögensgegenstands wird auch in der Regierungsbegründung zum Ausdruck gebracht,

---

[356] Vgl. Koch (2011), S. 47 (auch Zitat); Kußmaul (1988), S. 56; Hommel (1998), S. 181 f.

[357] BFH (1981), I R 54/77, S. 190; so auch BFH (1968), I R 151/82, S. 469; BFH (1979), I R 37/75, S. 472; BFH (1987), II R 224/82, S. 52.

[358] Vgl. Hommel (1998), S. 182.

[359] Zur Diskussion einer Aktivierungspflicht vgl. Dehmel (2021), S. 247 f. m. w. N.

indem klargestellt wird, dass „immer zu prüfen [sei], ob das zu aktivierende Gut als Vermögensgegenstand im handelsbilanziellen Sinn klassifiziert werden kann. Nur in diesem Fall kommt die Aktivierung überhaupt in Betracht."[360] Auch der Rechtsausschuss des Bundestags stimmt dieser Aussage zu; die Aktivierung von Entwicklungskosten sei nur dann möglich, „wenn die Vermögensgegenstandseigenschaft des selbst geschaffenen immateriellen Vermögensgegenstands des Anlagevermögens bejaht werden kann."[361] Im Widerspruch zu dieser Aussage wird in der Regierungsbegründung jedoch an einer anderen Stelle gefordert, dass zur Ausübung des Aktivierungswahlrechts der Vermögensgegenstand „mit hoher Wahrscheinlichkeit"[362] entstehen muss.[363] Die tatsächliche Reichweite dieser Aussage ist jedoch fraglich.[364] Nach der in dieser Arbeit vertretenen Meinung wird das Vorliegen eines Vermögensgegenstands für die Aktivierung – in Anlehnung an den Gesetzeswortlaut selbst – zwingend als notwendig erachtet. Auch im DRS 24 wird als Voraussetzung der Aktivierung gefordert, dass „mit hoher Wahrscheinlichkeit der angestrebte immaterielle Vermögensgegenstand entsteht"[365]. Diese Forderung ist mutmaßlich durch die enge Orientierung an den Regelungen der IFRS zu erklären, die auf eine wahrscheinliche Entstehung des Vermögenswerts abstellen.[366]

Unstrittig ist, dass hierdurch auf die mit der Beurteilung immaterieller Werte grundsätzlich verbundene Unsicherheit hingewiesen wird. Während entgeltlich erworbene Güter im Zeitpunkt des Erwerbs naturgemäß bereits hergestellt sind und als fertiges Produkt vorliegen, durchlaufen bestimmte selbst erstellte Güter bis zu ihrer Fertigstellung die Phasen der Forschung und der Entwicklung.

3.4.1.3.1.2 Notwendige Trennung der Forschungs- und Entwicklungsphase

Gemäß § 255 Abs. 2a HGB unterliegen die in der Forschungsphase anfallenden Aufwendungen einem Aktivierungsverbot; angesetzt werden dürfen nur Aufwendungen der Entwicklungsphase. Die zeitliche Trennung der Forschungs-

---

[360] BT-DrS 16/10067, S. 50.

[361] BT-DrS 16/12407, S. 85.

[362] BT-DrS 16/10067, S. 60.

[363] In der Literatur wird teilweise an diese Aussage angeknüpft. Vgl. bspw. Gelhausen (2009), Abschnitt E, Rn. 69; Laubach u. a. (2009), S. 22; Ballwieser (2020), § 248 HGB, Rn. 16; Schubert/Gadek (2020), § 255 HGB, Rn. 488.

[364] Vgl. Wüstemann/Wüstemann (2010a), S. 763; Moxter/Engel-Ciric (2019), S. 50, 80 f.

[365] Vgl. DRS 24.50.

[366] Vgl. Laubach u. a. (2009), S. 21; ausführlich 3.4.2.1.

von der Entwicklungsphase ist aus diesem Grund von besonderer Bedeutung.[367] Nach der in § 255 Abs. 2a HGB verankerten Definition ist unter Forschung die Suche nach neuen Erkenntnissen zu verstehen, deren Nutzen jedoch nicht hinreichend konkret ist. Die Entwicklung hingegen ist die Anwendung der gewonnen Erkenntnisse bzw. die Weiterentwicklung bereits vorhandener Güter, die besonders durch „verstärkt projekt- bzw. produktbezogene[.] sowie anwendungsorientierte[.]"[368] Inhalte charakterisiert ist. „[A]ufgrund alternierender Prozesse oder anderer Umstände"[369] ist eine zweifelsfreie Trennung beider Phasen regelmäßig nicht möglich. In diesem Fall sind – dem Vorsichtsprinzip folgend – sämtliche Aufwendungen der Forschungsphase zuzurechnen und somit nicht aktivierbar.[370] Entgegen vereinzelter Literaturmeinungen[371] kann die Abgrenzung der in der Forschungs- von denen in der Entwicklungsphase anfallenden Aufwendungen auch nicht als Ermessensentscheidung des Managements verstanden werden; im Zweifelsfall hat ein Ansatz der Aufwendungen aus Vorsichtsgründen stets zu unterbleiben.[372] Teile der Literatur verweisen für die Auslegung des § 248 Abs. 2 S. 1 HGB auf die Regelungen der IFRS; insbesondere die Trennung zwischen Forschungs- und Entwicklungsphase, die gemäß IAS 38.57 anhand eines detaillierten Kriterienkatalogs vorgenommen wird, würde bei einem derartigen Rückgriff möglich sein.[373] Zwar wurden die Kriterien aus IAS 38.57 im Zuge der BilMoG-Entwicklung diskutiert und auch in einen Entwurf des Gesetzes mit aufgenommen,[374] da sie aber nicht in den finalen Gesetzeswortlaut übernommen wurden, und aus diesem Grund keine handelsrechtlichen GoB bilden, entspricht ein solcher Verweis auf die IFRS keiner GoB-konformen Auslegung.[375] Zudem weisen auch die Kriterien der IFRS eine hohe Unbestimmtheit auf, sodass sie für eine Konkretisierung der handelsrechtlichen Abgrenzung an Praktikabilität einbüßen.[376]

---

[367] Vgl. Küting u. a. (2008), S. 691; Kahle/Haas (2010), S. 34–39; Küting/Ellmann (2010), S 1300.

[368] Koch (2011), S. 52.

[369] Seidel u. a. (2009), S. 1287.

[370] Vgl. Mindermann (2008), S. 276; Laubach u. a. (2009), S. 22.

[371] Vgl. bspw. Göllert (2008), S. 1169; Hüttche (2009), S. 1350.

[372] Vgl. auch Koch (2011), S. 52 f.

[373] Vgl. Gelhausen (2009), Abschn. E, Rn. 46, 72–79; Weinand/Wolz (2010), S. 135.

[374] Vgl. BilMoG-RefE (2007), S. 122.

[375] Vgl. zur mangelnden Eignung der IFRS im Rahmen der GoB-Ermittlung 2.1.1.4.2; a. A. Schubert/Huber (2020), § 247 HGB, Rn. 380.

[376] Vgl. Moxter/Engel-Ciric (2019), S. 50.

Während eine Aktivierung in der Forschung befindlicher Güter also bereits aufgrund der Gesetzlichkeiten ausbleibt,[377] ist eine Aktivierung in der laufenden Entwicklung ebenso wie nach Fertigstellung denkbar. Grundsätzlich besteht in der Literatur Einigkeit darüber, dass eine unmittelbare Bejahung der Vermögens-gegenstandseigenschaft bei Eintritt in die Entwicklungsphase (per se) vor dem Hintergrund der zu diesem Zeitpunkt häufig noch bestehenden Unsicherheiten bzgl. der Werthaltigkeit nicht zweckadäquat sein kann.[378] Auch ein Abstellen auf einen am Abschlussstichtag wahrscheinlich vorliegenden Vermögensgegen-stand würde eine nur unzureichende Würdigung der in diesem Fall bestehenden Risiken und damit eine nicht hinreichende Beachtung des handelsrechtlichen Vor-sichtsprinzips bedeuten; Konformität mit dem geltenden Zweckverständnis kann so nicht erreicht werden.[379]

In der Literatur findet sich insoweit ein uneinheitliches Meinungsbild zum möglichen Aktivierungszeitpunkt selbst erstellter immaterieller Vermögensge-genstände des Anlagevermögens. Einerseits wird die Ansicht vertreten, die Vermögensgegenstandseigenschaft könne regelmäßig auch vor der Fertigstellung des Gutes belegt werden.[380] Aufgrund der bis zur Fertigstellung des Gutes beste-henden Unsicherheiten, wird andererseits aber argumentiert, eine Aktivierung sei nur dann mit dem die Aktivierung bestimmenden Vermögensermittlungsprinzip vereinbar, wenn der mit „der Entwicklung angestrebte Endzustand erreicht ist."[381] Vor dem Hintergrund einer vorsichtigen Bilanzierung ist eine Aktivierung laufen-der Entwicklungsprojekte nur dann gerechtfertigt, wenn die einer Aktivierung entgegenstehenden Unsicherheiten hinreichend abgebaut sind. Im Zweifel sind laufende Entwicklungsprojekte bis zur Fertigstellung aufgrund der ihnen inhä-renten Unsicherheit im Anhang zu dokumentieren und erst ab der Fertigstellung in die Bilanz aufzunehmen.[382]

3.4.1.3.2 Ausnahmeregelungen bei fehlender zweifelsfreier Abgrenzbarkeit vom Geschäfts- oder Firmenwert

In Ermangelung einer objektiven Abgrenzbarkeit – insbesondere durch eine selbständige Bewertbarkeit – zu denjenigen Aufwendungen, die im originären

---

[377] Vgl. Kahle/Haas (2010), S. 34–39.

[378] Vgl. Mindermann (2008), S. 275.

[379] Im Ergebnis auch Moxter/Engel-Ciric (2019), S. 50.

[380] Vgl. Eitzen u. a. (2010), S. 359.

[381] Koch (2011), S. 56; vgl. auch Johnson (1976), S. 811; Dehmel (2021), S. 249.

[382] So im Ergebnis auch Koch (2011), S. 56.

Geschäfts- oder Firmenwert aufgehen, hat der Gesetzgeber im Zuge des Bil-MoG bestimmte selbst geschaffene immaterielle Werte des Anlagevermögens von einer Aktivierung ausgeschlossen.[383] So besteht für „Marken, Drucktitel, Verlagsrechte, Kundenlisten oder vergleichbare immaterielle Vermögensgegenstände" gemäß § 248 Abs. 2 S. 2 HGB ein Aktivierungsverbot. Die genannten Vermögensgegenstände können nur dann angesetzt werden, wenn sie durch einen entgeltlichen Erwerb objektiviert wurden.[384] Der Gesetzgeber intendierte mit diesem Ausschluss gleichwohl keine abschließende Aufzählung nicht ansatzfähiger Vermögensgegenstände.[385] Vielmehr ist immer dann von einer Aktivierung abzusehen, wenn die Kosten nicht eindeutig von Aufwendungen abgegrenzt werden können, die auf den originären Geschäfts- oder Firmenwert entfallen. Etwas anderes kann nicht gelten, weil bei einer nicht eindeutigen Abgrenzung – sowohl dem Grunde als auch der Höhe nach – die Vermögensgegenstandseigenschaft bereits nicht erfüllt ist. Für selbst erstellte immaterielle Vermögensgegenstände des Anlagevermögens findet somit eine doppelte Objektivierung statt: So ist ein Ansatz nur dann möglich, wenn die Vermögensgegenstandskriterien erfüllt sind und der Vermögensgegenstand zudem nicht in den Anwendungsbereich des § 248 Abs. 2 S. 2 HGB fällt.

Es wird deutlich, dass eine differenzierte Betrachtung des Einzelfalls notwendig ist, um zu beurteilen, ob eine Abgrenzung vom Geschäfts- oder Firmenwert möglich ist. Obwohl es sich bei bestimmten Vorteilen, wie Marken, Drucktiteln und Verlagsrechten, um geschützte rechtliche Positionen handelt, ergibt sich in wirtschaftlicher Betrachtungsweise, dass die Aufwendungen, die für die Erlangung getätigt wurden, nicht zweifelsfrei, mithin nicht objektiv, von denjenigen für den Geschäfts- oder Firmenwert im Allgemeinen abgegrenzt werden können. Werbeaufwendungen werden regelmäßig nicht nur für die Markenentwicklung sondern auch für die Entwicklung des gesamten Unternehmens, also des Geschäfts- oder Firmenwerts, getätigt.[386] Andere selbst geschaffene Immaterialgüterrechte, bspw. Patente, sind hingegen ansatzfähig, weil die hierfür getätigten Aufwendungen in der Regel aufgrund eines „klaren Projektbezugs" vom Geschäfts- oder Firmenwert getrennt werden können.[387]

---

[383] Vgl. BT-DrS 16/10067, S. 50; Arbeitskreis der Schmalenbach-Gesellschaft (2008), S. 1816.

[384] Vgl. Ernst/Seidler (2008), S. 639; Merkt (2021), § 248 HGB, Rn. 4.

[385] Vgl. Ernst/Seidler (2008), S. 639; Oser u. a. (2009), S. 577; Koch (2011), S. 63.

[386] Vgl. BT-DrS 16/10067, S. 50; Hommel/Berndt (2009), S. 2191.

[387] Vgl. Koch (2011), S. 65 (auch Zitat).

Vor diesem Hintergrund ist auch der Ausschluss „vergleichbarer Güter" zu interpretieren. So fallen aufgrund einer nicht zweifelsfreien Abgrenzung der Aufwendungen auch „rechtlich geschützte Bezeichnungen eines Unternehmens sowie Werktitel aller Art, bspw. Filmtitel,"[388] unter das Ansatzverbot.[389] Das gleiche gilt für Aufwendungen für die Aus- und Weiterbildung von Mitarbeitern, die Managementqualität und nicht rechtlich geschütztes betriebliches Know-how.[390] Zutreffend wird eine derartige objektivierungsbedingte Einschränkung des Ansatzes selbst erstellter immaterieller Vermögensgegenstände des Anlagevermögens in der Literatur durchaus „positiv [...] bewerte[t]"[391].

3.4.1.4   Notwendigkeit der (zusätzlichen) Objektivierung insbesondere rein wirtschaftlicher Güter

3.4.1.4.1   Konkretisierung durch den Projektbezug

Mit dem Ziel einer hinreichenden Objektivierung der in der Entwicklungsphase anfallenden Aufwendungen selbst erstellter immaterieller Vermögensgegenstände des Anlagevermögens, wird in der Literatur (und zunächst auch im BilMoG-RefE) vor allem das mit dem in IAS 38.57[392] zur Konkretisierung der Entwicklungskosten vorhandene und in weiten Teilen damit vergleichbare Kriterium des Projektbezugs diskutiert. Danach ist für die Erfüllung des Kriteriums zum einen die Möglichkeit einer „sachlichen, zeitlichen und finanziellen" Abgrenzung des Projekts sowie die Darstellung des mit dem Projekt verbundenen Nutzens notwendig, zum anderen muss die Weiterführung des Projekts hinreichend sicher sein.[393]

Diese allgemeine Definition zur Prüfung des Projektbezugs bedarf einer weitergehenden Konkretisierung, die eröffnete Ermessensspielräume des Bilanzierenden zweckkonform einschränkt. Eine solche Konkretisierung hat für die handelsrechtliche Rechnungslegung insbesondere unter Beachtung des Vorsichtsprinzips zu erfolgen.[394] Dieses gebietet, eine grundsätzlich enge Auslegung des

---

[388] Koch (2011), S. 66.

[389] Vgl. Schmidt/Usinger (2020), § 248 HGB, Rn. 20.

[390] Vgl. Arbeitskreis der Schmalenbach-Gesellschaft (2008), S. 1816; Laubach u. a. (2009), S. 21; Solmecke (2009), S. 64.

[391] Koch (2011), S. 63.

[392] Vgl. 3.4.2.2.2.2.

[393] Vgl. Arbeitskreis der Schmalenbach-Gesellschaft (2001), S. 992 f. (auch Zitat); so auch zunächst BilMoG-RefE (2007), S. 122.

[394] Vgl. zum Stellenwert des Vorsichtsprinzips 2.2.2.1.1.2.

Projektbezugs anzunehmen, die bspw. in der Forderung nach einem gewissen Grad an Rechtsschutz zum Ausdruck kommen kann.[395] Die selbständige Bewertbarkeit aufgrund des Projektbezugs kann also regelmäßig bei Patenten, Geschmacks- oder Gebrauchsmustern bejaht werden, da die mit der Entwicklung verbundenen Unsicherheiten in diesem Zeitpunkt hinreichend abgebaut sind.[396] Vor diesem Hintergrund ist die Aktivierung von Entwicklungskosten eines neuen Medikaments erst ab dem Zeitpunkt vorzunehmen, ab dem die Zulassungsgenehmigung der zuständigen Behörde vorliegt; in der Praxis erfolgt die Bilanzierung regelmäßig dementsprechend.[397] In der Regierungsbegründung zum BilMoG werden explizit „auch ungeschütztes Know-how oder Dienstleistungen"[398] als potenzielle Vermögensgegenstände angebracht; da der Projektbezug dieser „ähnliche[n] Werte" (§ 266 Abs. 2 A I. 1. HGB) aber regelmäßig nicht hinreichend objektiviert werden kann, kann ein Ansatz „nur in besonderen Fällen" möglich sein.[399] Als durchaus abgrenzbar scheint sich hingegen die Erstellung der Internetseite eines Unternehmens darzustellen, die bspw. zur Abwicklung von Onlinebestellungen genutzt wird. Anders als lediglich zu Werbezwecken genutzte Internetauftritte, sollte eine künftige Nutzenziehung möglich und die projektzugehörigen Kosten aus diesem Grund aktivierbar sein.[400]

Das Kriterium des Projektbezugs wurde in seiner Entstehung zwar von den Regelungen der IFRS beeinflusst, im finalen Gesetzeswortlaut lehnte der BilMoG-Gesetzgeber einen direkten Verweis auf die IFRS aber zutreffenderweise ab.[401] Vor dem Hintergrund des Stellenwerts des Vorsichtsprinzips in der handelsrechtlichen Bilanzierung kann eine Orientierung an den IFRS-Regelungen zwar teilweise, wie bspw. im Fall der Entwicklungskosten eines neuen Medikaments,

---

[395] Vgl. Arbeitskreis der Schmalenbach-Gesellschaft (2008), S. 1815–1817; Koch (2011), S. 59 f.

[396] Die rechtliche Absicherung erfolgt bei Patenten gemäß Patentgesetz, bei Geschmacksmustern gemäß Geschmacksmustergesetz und bei Gebrauchsmustern gemäß Gebrauchsmustergesetz. Für nähere Ausführungen und weitere Literaturverweise vgl. Koch (2011), S. 61 f.

[397] Vgl. Sommerhoff (2010), S. 221; grundsätzlich zum Aktivierungsverhalten nach BilMoG Keitz u. a. (2011), S. 2448 f.; Eierle/Wencki (2014), S. 1029–1036; Quick/Hahn (2016), S. 1127–1130.

[398] BT-DrS 16/10067, S. 60.

[399] Vgl. Koch (2011), S. 62 (auch Zitat).

[400] Zur BFH-Entscheidung betreffend einen erworbenen Domainnamen vgl. 3.3.3.1.2.2. Vgl. ferner Velte (2008), S. 177–179.

[401] Vgl. BT-DrS 16/10067, S. 60 f.

aber nicht per se zu einer GoB-konformen Bilanzierungslösung führen.[402] Eine Interpretation des Projektbezugs anhand der IFRS ist – entgegen anderslautender Literaturmeinungen[403] – abzulehnen,[404] denn gerade für rein wirtschaftliche Güter ist der Projektbezug im Zweifel strenger auszulegen als nach IFRS.

3.4.1.4.2 Konkretisierung durch den entgeltlichen Erwerb

3.4.1.4.2.1 Beibehaltung des entgeltlichen Erwerbs für die Steuerbilanz

Gerade bei rein wirtschaftlichen Gütern, wie rein wirtschaftlichen Kundenbeziehungen, ist durch die Forderung des Projektbezugs regelmäßig keine hinreichende Konkretisierung möglich. Selbst wenn eine Konkretisierung der selbständigen Bewertbarkeit durch die Bestimmung des Projektbezugs in zeitlicher Hinsicht möglich sein sollte, ist bei Selbsterstellung eines immateriellen Vermögensgegenstands zudem „im allgemeinen nur eine relative Bewertbarkeit erreichbar"[405]. Grundsätzlich bestimmen bei Ausübung des Aktivierungswahlrechts zwar die Herstellungskosten die Zugangsbewertung, insbesondere bei selbstgeschaffenen Kundenbeziehungen gestaltet sich die selbständige Bewertbarkeit aber besonders problematisch, da die Zurechnung von Gemeinkosten das Realisationsprinzip verletzt und keine Marktpreise existieren, die eine objektive Wertbestimmung ermöglichen[406].

Aus diesem Grund wird für die Steuerbilanz auch nach dem BilMoG das seit dem Aktiengesetz 1965 vorhandene „Objektivierungsmaß"[407] für immaterielle Vermögensgegenstände zugrunde gelegt. So ist eine Aktivierung gemäß § 5 Abs. 2 EStG nur dann möglich, wenn sie entgeltlich erworben wurden.[408] Selbst erstellte Güter, die eine solche „objektivierte Wertbestimmung im Zugangszeitpunkt" nicht aufweisen, sind von der Aktivierung ausgeschlossen.[409]

Die Beibehaltung des entgeltlichen Erwerbs und damit eine von den handelsrechtlichen Vorschriften abweichende steuerrechtliche Bilanzierung ist – normativ

---

[402] Vgl. grundsätzlich zum Stellenwert der IFRS als Auslegungsbasis für die GoB Hennrichs/Pöschke (2009), S. 538 f; Moxter (2009), S. 10. Vgl. zudem 2.1.1.4.2.

[403] Vgl. Weinand/Wolz (2010), S. 135; Schubert/Huber (2020), § 247 HGB, die einen „Rückgriff auf IAS 38.57 [als nicht] unzulässig" sehen (Rn. 380).

[404] Zu diesem Ergebnis kommt auch Koch (2011) für die Abgrenzung von Forschungs- und Entwicklungsphase und die Bestimmung der Aktivierungsvoraussetzungen (S. 51).

[405] Moxter (2003), S. 84.

[406] Vgl. Moxter (2008), S. 1517.

[407] Eibelshäuser (1983), S. 245.

[408] Vgl. Schmidt/Usinger (2020), § 248 HGB für eine Erläuterung zum Vorliegen eines entgeltlichen Erwerbs (Rn. 35–43).

[409] Vgl. Eibelshäuser (1983), S. 245 (auch Zitat).

gesehen – nachvollziehbar: Zwar weisen die Handels- und Steuerbilanz einen in der Ermittlung eines an die (stillen) Gesellschafter ausschüttungsfähigen Gewinns deckungsgleichen Primärzweck auf,[410] dem in der Informationsfunktion liegende handelsrechtliche Sekundärzweck, kommt im Rahmen der steuerrechtlichen Bilanzierung aber keine Bedeutung zu.[411] Da die Abschaffung des entgeltlichen Erwerbs im Zuge des BilMoG aber gerade auf eine „Anhebung des Informationsniveaus"[412] zurückzuführen ist, wäre eine umfangreichere steuerbilanzielle Aktivierung vor diesem Hintergrund unsachgemäß. Obwohl eine Aktivierung selbst erstellter immaterieller Vermögensgegenstände des Anlagevermögens nicht nur eine Informations-, sondern ebenso eine Gewinnwirkung entfaltet, ist die Auswirkung auf den tatsächlich ausschüttbaren Betrag auch handelsrechtlich limitiert. Eine entsprechende Wertung liegt auch der Regelung des § 268 Abs. 8 HGB zugrunde. Danach unterliegen auch Herstellungskosten selbst erstellter immaterieller Vermögensgegenstände des Anlagevermögens einer Ausschüttungssperre.[413] Gewinne „dürfen nur [...] ausgeschüttet werden, wenn die nach der Ausschüttung verbleibenden frei verfügbaren Rücklagen zuzüglich eines Gewinnvortrags und abzüglich eines Verlustvortrags mindestens den insgesamt angesetzten Beträgen abzüglich der hierfür gebildeten passiven latenten Steuern entsprechen" (§ 268 Abs. 8 HGB). Aus der Einführung einer Ausschüttungssperre wurde in der Literatur teilweise gedeutet, dass „das BMJ seiner eigenen Aktivierungskonzeption nicht recht traut"[414]. Möglicherweise soll durch dieses Instrument, das die Wichtigkeit des Gläubigerschutzgedankens unterstreicht, aber auch der Weg für eine umfangreiche Aktivierung selbst erstellter Vermögensgegenstände erleichtert werden; ohne Zweifel wird die Intention des Gesetzgebers, durch eine vermehrte Aktivierung die Informationsfunktion zu stärken, hierdurch noch einmal hervorgehoben.

Vor diesem Hintergrund kann argumentiert werden, dass die handelsrechtliche Ausschüttungssperre und die steuerrechtliche Beibehaltung des entgeltlichen Erwerbs also letztendlich zu einer zweckadäquaten, vorsichtigen Ermittlung des ausschüttungsfähigen Betrags führen; auf diesen hat weder die potenzielle

---

[410] Vgl. Ballwieser (2011), S. 580.

[411] Vgl. zum Zweck der Steuerbilanz Winnefeld (2015), Rn. 80.

[412] BT-DrS 16/10067, S. 34.

[413] Vgl. BT-DrS 10/10067, S. 64; zur Ermittlung des ausschüttungsgesperrten Betrags vgl. Gelhausen/Althoff (2009), S. 585.

[414] Mindermann (2008), S. 277; vgl. auch Sommerhoff (2010), S. 121 f.; Ballwieser (2020), § 248 HGB, Rn. 3.

handelsrechtliche Aktivierung noch die steuerrechtliche Nicht-Aktivierung regelmäßig eine unmittelbare Auswirkung. Nicht zu verkennen ist aber, dass die Ausschüttungssperre nur für Kapitalgesellschaften gilt; bei Einzelkaufleuten und Personengesellschaften ist es möglich, dass durch eine Aktivierung der potenziell „entziehbare Betrag überschätzt wird"[415].

3.4.1.4.2.2 Möglichkeit einer objektivierungsbedingten Beibehaltung des entgeltlichen Erwerbs für die Handelsbilanz

Bei nicht auf einem Markt gehandelten Gütern genügt durch das Ansatzwahlrecht des § 248 Abs. 2 S. 1 HGB eine weite Auslegung der selbständigen Bewertbarkeit im Sinne einer griffweisen Schätzung womöglich nicht, da hierdurch keine hinreichende Objektivierung erzielt wird.[416] Aus diesem Grund und mit dem Ziel einer gesteigerten Rechtssicherheit wird in der Literatur diskutiert, das Prinzip der selbständigen Bewertbarkeit im Falle der Selbsterstellung „erheblich enger" auszulegen.[417] Denkbar wäre, für solche selbst erstellten immateriellen Vermögensgegenstände des Anlagevermögens, die aufgrund ihrer fehlenden Marktgängigkeit und in Ermangelung vergleichbarer Vermögensgegenstände nahezu unmöglich zu konkretisieren sind, eine objektivierungsbedingte Beibehaltung des entgeltlichen Erwerbs zu fordern. Eine solche restriktive Auslegung des Kriteriums würde gleichzeitig dazu führen, dass ein Ansatz selbst erstellter „ähnliche[r] Werte" (§ 266 Abs. 2 A I. 1. HGB) faktisch nicht möglich ist. Die Aktivierung selbst erstellter Kundenbeziehungen würde dieser engen Sichtweise folgend regelmäßig ausbleiben. Ein Ansatz wäre lediglich denkbar, wenn die für die Selbsterstellung getätigten Ausgaben hinreichend klar vorliegen – und nicht nur durch eine annähernde Schätzung.

Aber auch im Falle eines entgeltlichen Erwerbs ist eine differenzierte Betrachtung des Einzelfalls notwendig. Nach der vorstehend dargestellten Sichtweise führt der Erwerb bereits fertiggestellter immaterieller Vermögensgegenstände des Anlagevermögens zwar regelmäßig zum Ansatz in der Bilanz des Erwerbers, insbesondere bei einem Gesamtunternehmenserwerb kann sich eine objektivierte Abgrenzung der erworbenen Vermögensgegenstände aber schwierig gestalten, wenn entweder kein Kaufpreis für die einzelnen Vermögenswerte vereinbart wurde und keine Marktpreise ermittelbar sind oder ein vereinbarter Kaufpreis aufgrund der im Ermessen der Vertragsparteien liegenden Ausgestaltung des

---

[415] Wüstemann/Wüstemann (2010a), S. 766 m. w. N.

[416] Vgl. Koch (2011), S. 58 f.

[417] Vgl. Koch (2011), S. 59 (auch Zitat); Hommel (1998), S. 286.

Kaufvertrags nicht die tatsächlichen Gegebenheiten widerspiegelt.[418] In diesem Zusammenhang stellt sich die Erfüllung der Vermögensgegenstandskriterien von erworbenen Forschungs- und Entwicklungsprojekten kritisch dar. Sowohl für die aus der Forschung als auch aus der Entwicklung resultierenden Erkenntnisse ist in vielen Fällen wahrscheinlich bereits ein Beleg für das Vorliegen eines vermögenswerten Vorteils schwierig, da ein Erwerber des gesamten Unternehmens nicht zwangsläufig an allen laufenden Projekten des akquirierten Unternehmens Interesse haben muss. Insbesondere aber die selbständige Bewertbarkeit setzt ein funktionierendes Investitionscontrolling des akquirierten Unternehmens oder aber eine detaillierte Aufteilung des Unternehmenskaufpreises voraus. Sofern also die Vermögensgegenstandseigenschaft laufender Forschungs- und Entwicklungsprojekte erfüllt ist, kann der entgeltliche Erwerb den Ansatz in der Bilanz objektivieren. Ein pauschaler Ansatz erworbener Forschungs- und Entwicklungsprojekte kann indes keine GoB-konforme Bilanzierungslösung darstellen. Der entgeltliche Erwerb müsste hier als eine zusätzliche, objektivierende Forderung bereits vorhandener Vermögensgegenstände verstanden werden. Eine Beibehaltung des entgeltlichen Erwerbs zur Konkretisierung von selbst erstellten und oftmals nicht auf einem Markt gehandelten Gütern, kann folglich nicht per se zu einer zweckadäquaten Bilanzierung führen. Während der entgeltliche Erwerb bei bereits fertiggestellten Gütern das Kriterium der selbständigen Bewertbarkeit oftmals hinreichend konkretisiert, hat ein Ansatz von Forschungs- und Entwicklungsprojekten auch im Fall des entgeltlichen Erwerbs regelmäßig zu unterbleiben. Eine pauschale Ablehnung der Aktivierungsfähigkeit von im Zuge eines Unternehmenszusammenschlusses erworbenen Forschungs- und auch Entwicklungsergebnissen kann hingegen nicht vertreten werden.[419]

3.4.1.5 Differenzierte Betrachtung des rein wirtschaftlichen Gutes Kundenbeziehungen

3.4.1.5.1 Gesetzliches Aktivierungsverbot von selbst erstellten Kundenlisten

Gemäß § 248 Abs. 2 S. 2 HGB fallen auch „Kundenlisten oder vergleichbare immaterielle Vermögensgegenstände des Anlagevermögens" unter das Ansatzverbot. Da der Gesetzgeber selbst keine Definition vornimmt, ist fraglich, welche Art der Kundenbeziehungen unter den Begriff der Kundenliste zu subsumieren sind. Versteht man unter einer Kundenliste jegliche Art zusammengetragener Kundendaten, unterliegen jedwede Kundenbeziehungen dem Ansatzverbot. Legt

---

[418] Vgl. Wehrum (2011), S. 81 f. zur Problematik bei einem Gesamtunternehmenserwerb.
[419] Vgl. im Ergebnis auch Lüdenbach/Prusaczyk (2004a), S. 417; Wehrum (2011), S. 181.

man den Begriff einer Kundenliste hingegen enger aus, könnten aufwendig aufbereitete Kundenbeziehungen im Sinne eines Kundenstamms möglicherweise nicht unter das Aktivierungsverbot fallen. Nach h. M. umfasst der Anwendungsbereich des § 248 Abs. 2 S. 2 HGB jedoch auch Kundenlisten, die „neben Namen und Anschrift [...] [noch] weitere kundenspezifische Daten wie bspw[.] Art und Häufigkeit der Bestellungen, Kreditwürdigkeit, Zahlungsverhalten etc[.] beinhalten"[420], da dessen Herstellungskosten nicht eindeutig von denen des gesamten Geschäfts- oder Firmenwertes abgegrenzt werden können.[421] Wenn eine eindeutige Bestimmung und Abgrenzung der Herstellungskosten für einen Kundenstamm im eben genannten Sinne möglich ist, weil dessen Erstellung bspw. ein abgrenzbares Projekt[422] ist, muss im Umkehrschluss also gelten, dass die Grundlage des Aktivierungsverbots fehlt und ein so gearteter Kundenstamm grundsätzlich ansatzfähig wäre. Eine solche, isolierte Bestimmung der Herstellungskosten wird jedoch regelmäßig nicht möglich sein, sodass auch ein solcher Kundenstamm unter Berücksichtigung des Vorsichtsprinzips in der Regel unter das Aktivierungsverbot fallen muss.[423] Mangels abgrenzbarer Herstellungskosten muss vor dem Hintergrund einer vorsichtigen Bilanzierung auch der Ansatz nicht dokumentierter Kundenbeziehungen im Sinne bloßer Kundenkontakte ausbleiben. Ebenso wie im Fall der Managementqualität ist eine Trennung vom Geschäfts- oder Firmenwert nicht ersichtlich.

3.4.1.5.2 Aktivierungsverbot bei fehlender Abgrenzbarkeit von den Vertriebskosten

Da die Veräußerung eines Gutes grundsätzlich nicht notwendig für dessen Herstellung ist,[424] sind Vertriebskosten gemäß § 255 Abs. 2 S. 4 HGB von den Herstellungskosten ausgenommen, dürfen also nicht aktiviert werden. Regelmäßig bestehen Kundenbeziehungen in Form eines Kundenstamms eines Unternehmens aus den Adressdaten der Kunden, die unter anderem auch für die Lieferung notwendig sind. Diese Daten bilden dann einen Teil des Vertriebs. Eine eindeutige Abgrenzbarkeit der auf den Kundenstamm entfallenden Aufwendungen von den Vertriebskosten ist in diesem Fall nicht hinreichend möglich, sodass einem

---

[420] Schmidt/Usinger (2020), § 248 HGB, Rn. 19.

[421] Vgl. BT-DrS 16/10067, S. 50.

[422] Vgl. zum Projektbezug Arbeitskreis der Schmalenbach-Gesellschaft (2001), S. 992; zum Projektbezug als zusätzliches Kriterium zur Konkretisierung rein wirtschaftlicher Güter 3.4.1.4.1.

[423] Vgl. Koch (2011), S. 65.

[424] Vgl. Ballwieser (2020), § 255 HGB, Rn. 81.

Kundenstamm, der für Vertriebszwecke genutzt wird, die selbständige Bewertbarkeit regelmäßig abzusprechen ist. Für Versandunternehmen, die neben der Lieferanschrift auch Bestellhistorien und möglicherweise weitaus detailliertere Kundeninformationen in ihren Datenbanken führen, würde diese Schlussfolgerung bedeuten, dass die gesamten Aufwendungen für den Kundenstamm nicht aktivierungsfähig wären. Eine Ausnahme kann nur gelten, wenn tatsächlich eine Aufbereitung der Kundendaten stattfindet, die über eine bloße Speicherung der für den Vertrieb notwendigen Daten hinausgeht, und die anfallenden Kosten eindeutig (als Projekt) von den Vertriebskosten abgegrenzt werden können.

3.4.1.5.3 Originäre Kundenverträge

3.4.1.5.3.1 Grundsätzlich restriktiver Ansatz originärer Kundenverträge

Kundenverträge stellen als schwebende Verträge eine Form rechtlich abgesicherter Kundenbeziehungen dar, die ihrem Wesen nach einen hohen Objektivierungsgrad vermuten lassen. In der Rechtsprechung wird eine mögliche Aktivierung von Kundenverträgen nur wenig und bisher lediglich unter der Prämisse des Unternehmenserwerbs thematisiert.[425] Aufgrund der möglichen Bilanzierung selbst erstellter immaterieller Vermögensgegenstände des Anlagevermögens[426] entfaltet die Diskussion der Vermögensgegenstandseigenschaft von Kundenverträgen aber auch unabhängig von einem gesonderten Erwerb oder einem Unternehmenskauf Relevanz.

In der Literatur findet die Auseinandersetzung mit Kundenverträgen im Hinblick auf eine mögliche Aktivierung durchaus kritisch statt. So wird teilweise die Meinung vertreten, dass es sich bei einem Auftragsbestand um einen aktivierungsfähigen Vermögensgegenstand handle[427], eine andere Auffassung lehnt eine Aktivierung von Gewinnchancen aus schwebenden Verträgen aber auch mit dem Hinweis auf das Realisationsprinzip ab[428].[429]

Vor dem Hintergrund der BFH-Rechtsprechung zur Aktivierung eines erworbenen Auftragsbestands, nach der es für die Beurteilung der selbständigen

---

[425] Vgl. bspw. BFH (1970), I R 180/66, S. 804; BFH (1989), VIII R 361/83, S. 779.

[426] Siegel (1997) sieht den erworbenen Auftragsbestand als Teil der „unfertigen Erzeugnisse" innerhalb des Umlaufvermögens (S. 942 f.). Dieser Ansicht folgend würde eine Prüfung des § 248 Abs. 2 HGB aufgrund des nicht erfüllten Merkmals „Anlagevermögen" ausbleiben.

[427] Vgl. Köhler (1997), S. 298.

[428] Vgl. Flies (1996), S. 848; Hennrichs (2013), § 246 HGB, Rn. 65; Klostermann (2000), S. 107.

[429] Siegel (1997) vertritt die Ansicht, bei einem erworbenen Auftragsbestand handle es sich nicht etwa um Anlage-, sondern vielmehr um Umlaufvermögen; eine gesonderte Aktivierung erfolge aus diesem Grund unter der Bilanzposition „unfertige Erzeugnisse" (S. 942 f.).

Bewertungsfähigkeit „unerheblich [war], ob in dem Kaufvertrag ein besonderer Betrag ausgewiesen war"[430], könnte grundsätzlich auch zugunsten der Aktivierungsfähigkeit eines originären Auftragsbestands argumentiert werden. Während der Auftragsbestand regelmäßig die Vermögenswert- und Greifbarkeitskriterien erfüllt, stellt sich aber insbesondere die Beurteilung der selbständigen Bewertbarkeit kritisch dar. Zwar ist es grundsätzlich denkbar, dass die Kosten für das Zustandekommen des Auftragsbestands (bspw. die Vertragskosten) einer selbständigen Bewertbarkeit zugänglich sind und deshalb aktiviert werden können; ein höherer Ansatz in Form bestehender Gewinnerwartungen muss jedoch vorsichtsbedingt abgelehnt werden. In den meisten Fällen muss eine Aktivierung originärer Kundenverträge daher in Ermangelung einer selbständigen Bewertbarkeit ausscheiden; aufgrund des dem Auftragsbestand inhärenten Risikos und ohne die Bestätigung des Marktes ist gemäß dem Grundsatz der Nichtbilanzierung schwebender Geschäfte[431] die Einschränkung des Vermögensermittlungs- durch das Gewinnermittlungsprinzip zweckadäquat. Andernfalls würde der Ausweis unbestätigter Gewinnerwartungen dem Gläubigerschutz und Vorsichtsgedanken zuwiderlaufen.[432] Der Bilanzierende verfügt über lediglich mittelbar rechtlich abgesicherte Gewinnerwartungen, hat jedoch kein unmittelbares „Recht[.] aus schwebenden Verträgen"[433] inne.[434]

Nichts anderes kann für sog. Vorverträge gelten, bei denen es sich um auf den Abschluss eines Hauptvertrags gerichtete schuldrechtliche Vereinbarungen handelt, die zwar die Absicht des Abschlusses eines Hauptvertrags unterstellen, die Einzelheiten des Vertrages jedoch noch nicht konkretisieren. Zur Beurteilung einer möglichen Aktivierungsfähigkeit kommt es aus diesem Grund zum einen darauf an, wie detailliert der Vorvertrag ausgestaltet ist, und zum anderen, welchen Grad der Verpflichtung zum Abschluss des Hauptvertrags – mithin etwaige Vertragsstrafen bei Nichtabschluss – der Vorvertrag bereits festlegt. In der Regel ist aber anzunehmen, dass ein Vorvertrag nicht hinreichend konkret und demnach nicht aktivierungsfähig ist.

---

[430] BFH (1989), VIII R 361/83, S. 779; vgl. auch BFH (1970), I R 180/66, S. 804.

[431] Vgl. zur Nichtbilanzierung schwebender Geschäfte Wüstemann u. a. (2019), IV/1, Rn. 9 m. w. N.

[432] Vgl. im Ergebnis Flies (1996), S. 848.

[433] BFH (1989), VIII R 361/83, S. 779.

[434] Vgl. Hommel (1998), S. 161.

3.4.1.5.3.2 Möglichkeit der Aktivierung bestimmter originärer Kundenverträge

3.4.1.5.3.2.1 Exklusivbelieferungsvertrag

Auch Exklusivbelieferungsverträge stellen eine Form der Kundenverträge dar. Da in derartigen Verträgen beispielsweise eine genaue Abnahmemenge über einen festgelegten Zeitraum geregelt wird, sind sie als eine spezielle Form des Auftragsbestands einzuordnen. Exklusivbelieferungsverträge weisen einen für die Beurteilung der Aktivierungsfähigkeit maßgeblichen Bestimmtheitsgrad auf; für die Erlangung des Belieferungsrechts werden regelmäßig Aufwendungen getätigt, die hinreichend konkret und selbständig bewertbar angesetzt werden können. Die höchstrichterliche Rechtsprechung hat einem Bierlieferungsrecht die Vermögensgegenstandseigenschaft zugesprochen.[435] Obwohl es sich auch hierbei um das ursprüngliche und nicht im Rahmen eines Unternehmenskaufs erworbene Recht der Brauerei handelt, von den Kunden eine bestimmte Abnahmemenge Bier zu verlangen, bejaht der Senat sogar die im Streitzeitpunkt für die handels- und steuerbilanzielle Aktivierung geltende Notwendigkeit des entgeltlichen Erwerbs: Im Streitfall sei maßgeblich, dass sich die gezahlten Zuschüsse „nach dem Inhalt des Vertrags [...] oder jedenfalls nach den Vorstellungen beider Vertragsteile (subjektive Geschäftsgrundlage) als Gegenleistung für die erlangten Vorteile erweisen"[436].[437] Die Aktivierung von mit einem Exklusivbelieferungsrecht einhergehenden Gewinnerwartungen kann jedoch nur in Höhe des gezahlten Entgelts hinreichend sicher sein. Die selbständige Bewertbarkeit könnte zwar auch anhand einer griffweisen Schätzung auf Basis vergangener Gewinne möglich sein, eine Abgrenzbarkeit des Vorteils ist aber mit einer hohen Unsicherheit verbunden und kann nach Maßgabe einer vorsichtigen Bilanzierung nicht zweckadäquat sein.

3.4.1.5.3.2.2 Rahmenverträge

Rahmenverträge sind in der Regel zu Beginn einer Geschäftsbeziehung geschlossene, allgemeine Vereinbarungen, die durch konkrete Einzelverträge ergänzt werden.[438] Rahmenverträge selbst verpflichten die Vertragsparteien jedoch nicht

---

[435] Vgl. 3.3.3.1.3.2.

[436] BFH (1975), I R 72/73, S. 14.

[437] Der BFH hatte in der Vergangenheit auch über vergleichbare Exklusivbelieferungsrechte zu entscheiden. Vgl. bspw. zu Zuckerrübenlieferrechten BFH (2008), IV R 1/06, S. 29 f. und zu Milchlieferrechten BFH (2009), IX R 33/08, S. 959.

[438] Vgl. Schnürbrand/Weber (2019), § 510 BGB, Rn. 12.

zu bestimmten Leistungen, inkorporieren also regelmäßig keine konkreten Gewinnerwartungen. Mit ihnen verbundene Aufwendungen und aus ihnen resultierende
Gewinnerwartungen sind grundsätzlich nicht aktivierungsfähig.

Ist ein Rahmenvertrag jedoch auf eine Art und Weise ausgestaltet, dass darin
ein Minimum an Abnahmemengen vereinbart werden, die bei Nichtabnahme zu
einer Vertragsstrafe führen, wie es insbesondere in der Textilbranche praktiziert
wird, resultieren aus diesen Vereinbarungen bereits konkrete Gewinnerwartungen, die durch etwaige Strafzahlungen – zumindest in Höhe der Strafzahlungen – hinreichend objektiv konkretisierbar, mithin aktivierungsfähig sind. Die
mit derartigen Rahmenverträgen vereinbarten Einzelabrufe weisen eine solche
Bestimmtheit nicht auf, sodass daraus resultierende Gewinnerwartungen – dem
Grundsatz folgend – nicht aktivierbar sind.

3.4.1.5.4 Hinreichende Objektivierung im Fall einzeln übertragener Kundenbeziehungen

Sind Kundenbeziehungen der einzige Übertragungsgegenstand oder findet ein
Unternehmensverkauf statt, bei dem Kundenbeziehungen zur getrennten Verwertung zurückbehalten werden, sind diese eindeutig vom Geschäfts- oder
Firmenwert trennbar und eine Zugangsbewertung folglich unproblematisch.[439]
In Anlehnung an seine Auffassung, dass der Mandantenstamm eines Steuerberaters „Gegenstand eines selbständigen Übertragungsgeschäfts" sein kann,[440] deutet
der BFH auch in einem Urteil zur Übertragung von Kundendaten an, dass es sich
„[b]ei dem Kundenstamm [...] um ein oder mehrere immaterielle Wirtschaftsgüter des Einzelunternehmens gehandelt haben [könnte], die [.] z. B. als Kunden-
oder Lieferantenliste" selbständig übertragen und verpachtet werden könnten.[441]
Wird eine Kundenliste verpachtet, so ist die wertmäßige Abgrenzbarkeit vom
Geschäfts- oder Firmenwert gegeben und eine Aktivierung, ebenso wie bei dem
Mandantenstamm eines Steuerberaters,[442] möglich.

Werden Kundenbeziehungen einzeln veräußert, verpachtet oder anderweitig übertragen, wird die selbständige Bewertbarkeit zudem oftmals durch das
gezahlte Entgelt bekräftigt.[443] In der Literatur und Rechtsprechung ist die Aktivierungsfähigkeit erworbener Kundenverträge unstrittig; danach sind „die Rechte

---

[439] Vgl. zum externen Zugang Moxter (2003), S. 82.

[440] Vgl. BFH (1996), I R 128–129/95, S. 547 (auch Zitat).

[441] Vgl. BFH (2009), III R 40/07, S. 611 (auch Zitat).

[442] Vgl. BFH (2011), VIII B 116/10, S. 1255 f.

[443] Vgl. BFH (1989), I R 49/85, S. 443.

aus schwebenden Verträgen, die ein Kaufmann von einem anderen Unternehmer gegen Entgelt erworben hat, selbständig bewertungsfähig und nicht Teile des Geschäftswertes"[444].

Auch bei verschieden gearteten, aber einzeln erworbenen Kundenverträgen sollte die Aktivierungsfähigkeit bejaht werden können. Obwohl hier regelmäßig das Risiko besteht, dass diese Verträge – oftmals ohne einen triftigen Grund – gekündigt werden können, dürfte dies einer Aktivierung im Falle eines gesonderten Erwerbs nicht entgegenstehen;[445] die mit solchen Verträgen verbundene Gewinnchance ist dem Grunde nach regelmäßig hinreichend sicher und eine selbständige Bewertbarkeit durch das gezahlte Entgelt bzw. zu zahlende Entgelt gegeben.

3.4.1.5.5 Problematik der selbständigen Bewertbarkeit im Zuge eines Unternehmenskaufs erworbener Kundenbeziehungen

3.4.1.5.5.1 Maßgabe einer wirtschaftlichen Betrachtung bei der Aufteilung des Gesamtkaufpreises

Werden Kundenbeziehungen im Zuge eines Unternehmenskaufs erworben, stellt sich die Beurteilung der selbständigen Bewertbarkeit oft als problematisch dar.[446] Nur wenn der Wert der Kundenbeziehungen klar von den übrigen im Unternehmen enthaltenen Vermögensbestandteilen abgegrenzt werden kann, ist er auch der Höhe nach greifbar. In einem Urteil über den Erwerb einer Bankfiliale zum Zweck der Stilllegung entschied der BFH, dass die gesamten Aufwendungen dem erworbenen Kundenstamm zuzurechnen sind, obwohl neben diesem auch die „Aktiv- und Passivgeschäfte" übergingen.[447] Im vorliegenden Fall sei das Entgelt ausdrücklich für die überlassenen Kunden vereinbart worden; das von den Vertragsparteien Geäußerte und subjektiv Gewollte sei bei Zugrundelegung einer maßgeblichen wirtschaftlichen Betrachtung ausschlaggebend.

Sind die Kundenbeziehungen allerdings weder als Überschussbetrag ermittelbar,[448] noch einziger oder separierbarer Gegenstand eines Übertragungsgeschäfts,[449] sondern ein Bestandteil von vielen, ergibt sich eine besondere

---

[444] BFH (1958), I 207/57 U, S. 416; vgl. auch BFH (1989), I R 49/85, S. 443.

[445] Vgl. Moxter (2007), S. 18.

[446] Vgl. BFH (1981), I R 54/77, S. 190.

[447] Vgl. BFH (1989), I R 49/85, S. 443 (auch Zitat).

[448] Vgl. BFH (1970), I R 196/67, S. 176.

[449] Vgl. BFH (2011), VIII B 116/10, S. 1255 f.

Problematik. Wenn nämlich eine objektive Abgrenzbarkeit, z. B. durch die Vertragsgestaltung, nicht gegeben ist, geht der Wert der Kundenbeziehungen in dem Geschäfts- oder Firmenwert auf.[450]

In der jüngeren Vergangenheit hatte der BFH über die Vermögensgegenstandseigenschaft einer Vertragsarztzulassung zu entscheiden. Wiederholt bestätigte der BFH seine Rechtsauffassung über deren bilanzielle Behandlung. Demnach setze sich der Wert einer Arztpraxis aus einer Vielzahl wertbildender Einzelbestandteile zusammen; einer eigenständigen Bewertbarkeit sei die Vertragsarztzulassung aber grundsätzlich nicht zugänglich.[451] Die an den ausscheidenden Arzt geleistete Zahlung werde – neben dem Anteil, der bspw. auf das Mobiliar der Praxis entfällt – nicht grundsätzlich für den übergehenden Patientenstamm getätigt. Auch die Faktoren „Standort, Umsatz, Facharztgruppe, etc." seien durch die Zahlung abgegolten. Selbst ein dem ausscheidenden Arzt gezahlter Überpreis, also ein Zuschlag zum Verkehrswert der Praxis, lasse grundsätzlich keine andere Interpretation zu.[452] „[E]in sachlich begründbarer Aufteilungs- und Bewertungsmaßstab [sei] nicht ersichtlich";[453] weshalb der BFH die selbständige Bewertbarkeit aus Objektivierungsgründen ablehnt. Lediglich wenn die Vertragsarztzulassung ausnahmsweise alleiniger Gegenstand eines Übertragungsgeschäfts ist, weil bspw. der Vertragsarztsitz verlegt und kein Mobiliar oder Patientenkarteien mit übertragen wird, ist die selbständige Bewertbarkeit nach Ansicht des BFH hinreichend belegt.[454]

Dabei verkennt der BFH jedoch, dass der ausscheidende Arzt auch dann eine Vergütung bekommt, wenn der Vertragsarztsitz aufgrund einer Überversorgung nicht erneut ausgeschrieben wird. In diesem Fall wird der ausscheidende Arzt durch die zuständige Behörde entschädigt, sodass eine Schätzung des Werts – obwohl kein öffentlicher Markt existiert – faktisch möglich ist. *Moxter/Engel-Ciric* kritisieren zurecht, dass eine pauschale Verneinung der selbständigen Bewertbarkeit immer dann nicht GoB-konform sein kann, wenn die Beteiligten den Praxiswert anhand von „begründbare[n] Schätzungen" aufteilen und der Vertragsarztzulassung so einen Wert zuordnen können.[455]

---

[450] Vgl. BFH (1981), I R 54/77, S. 191.

[451] Vgl. BFH (2011), VIII R 13/08, S. 877; Krumm (2021), § 5 EStG, Rn. 121 und Rn. 740.

[452] Vgl. BFH (2011), VIII R 13/08, S. 877 (auch Zitat).

[453] Vgl. BFH (2011), VIII R 13/08, S. 877 (auch Zitat).

[454] Vgl. BFH (2017), VIII R 56/14, S. 695 f. Zutreffend entschied der BFH (2020), IV R 9/172, dass Wärmeenergie als ein zunächst unselbständiger wertbildender Faktor vom Wärmeträger abgespalten und dadurch zu einem greifbaren und selbständig bewertbaren Vermögensgegenstand werden kann (S. 226).

[455] Vgl. Moxter/Engel-Ciric (2019), S. 57 (auch Zitat).

In Übereinstimmung mit der in dieser Arbeit vertretenen Auffassung entschied der BFH auch im Fall der selbständigen Bewertbarkeit einer Spielerlaubnis im Profifußball. Die Möglichkeit der selbständigen Bewertbarkeit ergebe sich dort aus der Höhe der Transferentschädigung, die im Zuge des Wechsels eines Spielers zu einem anderen Verein der Fußballbundesliga gezahlt werde und sich nach den „vom DFB und den betroffenen Vereinen entwickelten Grundsätzen"[456] richte. Da diese Entschädigungszahlung die Anschaffungskosten des immateriellen Vermögensgegenstands ‚Spielerlaubnis' bildet[457] und somit ein Zugangswert bestimmt werden kann, liegt in diesem Fall sogar eine selbständige Bewertbarkeit im engeren Sinne vor.[458] Zwar wurde vor dem Hintergrund der im Zeitpunkt der Entscheidung geltenden Rechtslage lediglich der Zugang einer Spielerlaubnis durch Transfer von einem abgebenden Verein betrachtet, die nunmehr bestehende Rechtslage rechtfertigt aber darüber hinaus auch eine Diskussion über den möglichen Ansatz des originären Fußballspielerwerts, denn regelmäßig findet im Profifußball auch ein Transfer nach Vertragsablauf und damit ohne die Zahlung einer Transferentschädigung an den abgebenden Verein statt. In Anlehnung an die bereits dargestellte Agenda Entscheidung des IFRS Interpretations Committee für die Bilanzierung gemäß IAS 38[459] könnten bspw. Kosten im Zusammenhang mit dem Vertragsabschluss, bspw. für die hier üblichen Beraterleistungen, in Betracht gezogen werden.[460] Diese Kosten erfüllen das Kriterium der selbständigen Bewertbarkeit. Auch dem Grunde nach ist eine Abgrenzbarkeit gegeben, denn nur durch die Inanspruchnahme und die Vergütung der Beraterleistungen wird dem Verein überhaupt ermöglicht, einen Vertrag mit dem Spieler zu schließen. Zusammen bilden die geleisteten Zahlungen und die für den Spieler neu erteilte Spielerlaubnis den Spielerwert; dieser Spielerwert bildet die Grundlage zur Erzielung künftiger Erträge einerseits und für einen vor Ende der Vertragslaufzeit möglichen, entgeltlichen Transfer.

Für im Rahmen eines Unternehmenszusammenschlusses übergegangene Kundenbeziehungen, bspw. in Form einer Kundenliste, kann ein Ansatz in der Bilanz des Erwerbers nur angemessen sein, wenn vertraglich oder zumindest faktisch

---

[456] BFH (1992), I R 24/91, S. 979; vgl. Rade/Stobbe (2009), S. 1112.

[457] Vgl. Hüttemann (1994), S. 493; a. A. Jansen (1994), S. 1218.

[458] Vgl. Moxter (2007), S. 20. Die Kosten für die Aus- und Weiterbildung eigener Spieler, bspw. in Jugendmannschaften, muss objektivierungsbedingt ausbleiben. Vgl. dazu Velte (2008), S. 180 f; vgl. für eine grundsätzliche Diskussion des Ansatzes originärer Spielerwerte stellvertretend Marquard (2012), S. 82–89.

[459] Vgl. IFRS Interpretations Committee (2020); zur Diskussion dieser Agenda Entscheidung vgl. 3.3.3.2.1.1.

[460] Vgl. Schröder/Specht (2020), S. 959.

der Verkauf dieser Kundenbeziehungen explizit und plausibel vereinbart wurde. So kann eine Kundenliste, weil sie bspw. einziger Vertragsgegenstand war, hinreichend vom Geschäfts- oder Firmenwert abgegrenzt werden.

3.4.1.5.5.2 Keine pauschale Objektivierung von erworbenen Kundenverträgen

Ebenso wie im Fall anderer Kundenbeziehungen gestaltet sich die Zurechnung der auf die einzelnen Vermögensgegenstände anfallende Teil des Gesamtkaufpreises auch bei einem im Zuge eines Gesamtunternehmenserwerbs übergegangenen Kundenvertrags als grundsätzlich schwierig.

In der älteren Rechtsprechung hatte der BFH über die Aktivierungsfähigkeit von Kundenverträgen zu entscheiden. Er urteilte wiederholt, dass ein erworbener Auftragsbestand als getrennt vom Geschäfts- oder Firmenwert aktivierbar ist, insbesondere (aber nicht notwendigerweise), wenn die Vertragsparteien ihm eine „besondere wirtschaftliche Bedeutung beigemessen haben"[461]. Der BFH erklärt sich jedoch nicht zu der Beurteilung der selbständigen Bewertbarkeit. Obwohl durch die zugrunde liegenden Verträge eine vermeintlich stärkere Objektivierung möglich ist, muss – in Anlehnung an die ständige BFH-Rechtsprechung – auch hier gelten, dass nur bei einer unzweifelhaften Aufteilung des Kaufpreises, bspw. weil der Auftragsbestand den einzig wesentlichen Vermögensgegenstand darstellt, die selbständige Bewertbarkeit zu bejahen ist. Sofern ein plausibler, objektiver Maßstab zur Aufteilung des Kaufpreises ersichtlich ist, kann die Vermögensgegenstandeigenschaft ebenfalls bejaht werden. Nur bei einer strengeren Auslegung der selbständigen Bewertbarkeit im Sinne einer genauen wertmäßigen Abgrenzung der neben dem Geschäfts- oder Firmenwert existierenden Vermögensgegenstände – wie sie im Urteil zur Vertragsarztzulassung Anwendung fand – würde eine Aktivierung aufgrund der nur unzureichenden Abgrenzbarkeit von den übrigen erworbenen Vorteilen vorsichtsbedingt ausbleiben.

Nach den gleichen Maßstäben und in Übereinstimmung mit der Würdigung originärer Kundenverträge[462] müssen auch durch einen Unternehmenszusammenschluss übertragene Rahmenverträge beurteilt werden. Nur wenn sich aus ihnen verbindliche Aufträge ableiten lassen, die einer selbständigen Bewertbarkeit zumindest im Wege einer plausiblen Schätzung zugänglich sind, sind sie außerhalb des Geschäfts- oder Firmenwertes anzusetzen. Regelmäßig lassen sich aber gerade aus allgemeinen Rahmenverträgen keine verbindlichen Aufträge

---

[461] BFH (1989), VIII R 361/83, S. 779. So auch BFH (1970), I R 180/66, S. 805. In BFH (1985), IV R 7/83, wurde die Frage der Aktivierung offengelassen (S. 177).

[462] Vgl. 3.4.1.5.3.2.

ableiten, sodass eine Aktivierung vorsichtsbedingt ausbleiben muss.[463] Lediglich im Fall vertraglich vereinbarter Abnahmemengen einerseits sowie Strafzahlungen bei Nichtabnahme andererseits, ist eine hinreichende Konkretisierung der selbständigen Bewertbarkeit anzunehmen.

Exklusivbelieferungsverträge werden in der Rechtsprechung in der Regel bereits aufgrund eines gezahlten Entgeltes als selbständig bewertbar erachtet.[464] Im Rahmen eines Unternehmenserwerbs ist bei Exklusivbelieferungsrechten – wie bereits ausgeführt[465] – vielmehr strittig, ob sie aufgrund einer Bindung an das Ursprungsunternehmen oder sogar an den Unternehmer selbst[466] das Kriterium der Übertragbarkeit erfüllen.

3.4.2 IFRS: Weitergehende Objektivierung durch konkretisierende Ansatzkriterien

3.4.2.1 Wahrscheinlichkeit des Nutzenzuflusses und verlässliche Bewertbarkeit

Zusätzlich zu den Definitionskriterien fordert IAS 38.21(a) für den Ansatz immaterieller Vermögenswerte, dass der erwartete künftige Nutzenzufluss wahrscheinlich ist. Eine Konkretisierung der Wahrscheinlichkeit im Sinne einer Präzisierung der an sie gestellten Anforderungen oder einer Quantifizierung von Wahrscheinlichkeitsschwellen erfolgt indes nicht;[467] so ist es die Aufgabe des Managements basierend auf begründeten und vernünftigen Annahmen eine Einschätzung vorzunehmen (IAS 38.22).[468] Externe Informationen und Hinweise sollen überdies stärker gewichtet werden (IAS 38.23), um die Beurteilung intersubjektiv nachprüfbar zu machen und somit weitergehend zu objektivieren.[469]

---

[463] Vgl. FG Düsseldorf (2003), 15 K 7704/00 F, S. 1291 f.; FG Münster (2008), 9 K 2367/03, S. 1450.

[464] Vgl. FG Münster (2008), 9 K 2367/03, S. 1450 f. m. w. N.

[465] Vgl. zur Greifbarkeit von Exklusivbelieferungsrechten 3.4.1.5.3.2.

[466] Vgl. im Rahmen der Diskussion über den Auftragsbestand Flies (1996), S. 847; a. A. Köhler (1997), S. 297.

[467] Vgl. Behrendt-Geisler (2013), S. 94 f. Für eine ausführliche Darstellung verschiedener Wahrscheinlichkeitsbegriffe vgl. Zhang u. a. (2019), S. 6–9.

[468] Vgl. Wagenhofer (2009), S. 147 f.; Kavvadias (2014), S. 48.

[469] Vgl. Baetge u. a. (2020), IAS 38, Rn. 42.

Aufgrund der bereits ausgeführten schwachen Objektivierungswirkung des Kriteriums des zukünftigen Nutzenzuflusses sowie der ermessensbehafteten Einschätzung der Wahrscheinlichkeit[470], wird deutlich, dass es sich hierbei nicht um eine „objektivierte Quantifizierung", sondern vielmehr um eine Plausibilisierung der Existenz eines künftig wahrscheinlichen Nutzens handelt.[471]

IAS 38.21(b) fordert zudem die verlässliche Bewertbarkeit der Anschaffungs- und Herstellungskosten eines immateriellen Vermögenswerts. Eine weitergehende Konkretisierung des Kriteriums bleibt im Standard jedoch aus. Zweckadäquat und im Einklang mit den Anforderungen des Rahmenkonzepts kann nur eine „hinreichend genaue Schätzung[.]"[472] – ähnlich wie die grundsätzliche Anforderung an die selbständige Bewertbarkeit nach GoB[473] – sein. Ebenso wie die Forderung der selbstständigen Bewertbarkeit zur Konkretisierung eines Vermögensgegenstands, kann auch die verlässliche Bewertbarkeit grundsätzlich – und insbesondere bei der Beurteilung immaterieller Güter – einen wichtigen Beitrag zur Objektivierung leisten.

3.4.2.2 Unterschiedlicher Stellenwert und divergierende Ausgestaltung der Kriterien in Abhängigkeit der Zugangsart

3.4.2.2.1 Gesonderte (un-)entgeltliche Anschaffung

Die typisierte Vermutung des hinreichend wahrscheinlichen Nutzenzuflusses bei gesondert erworbenen Vermögenswerten (IAS 38.25) kann vor dem Hintergrund überzeugen, dass der gezahlte Kaufpreis regelmäßig die Erwartungen über einen zukünftigen wirtschaftlichen Nutzen widerspiegelt. Findet eine gesonderte Anschaffung eines immateriellen Vermögenswerts statt, sind die Anschaffungskosten zwar nicht typisiert, aber „für gewöhnlich" (IAS 38.26) verlässlich bestimmbar. Zahlungsmittel oder andere monetäre Vermögenswerte[474] liefern in der Regel einen Hinweis auf eine verlässliche Bewertbarkeit der Anschaffungskosten.

---

[470] Vgl. Hepers (2005), S. 181; Wagenhofer (2009), S. 147.

[471] Vgl. Wüstemann/Neumann (2011), S. 818 (auch Zitat); Küting/Dawo (2003), S. 402 f.

[472] Koch (2011), S. 90; vgl. auch Kavvadias (2014), S. 48 f.

[473] Vgl. 3.4.1.1.

[474] Werden einzelne Vermögenswerte im Rahmen von Tauschgeschäften erworben, sind sie grundsätzlich mit dem Fair Value zu bewerten (IAS 38.45–47). Durch Zuwendung der öffentlichen Hand erworbene Vermögenswerte, bspw. Flug- oder Importlizenzen, sind in der Regel entweder durch den Fair Value oder die gezahlte Gegenleistung verlässlich bewertbar.

Fraglich ist die Beurteilung der verlässlichen Bewertbarkeit im Fall eines –
nicht durch Selbsterstellung – unentgeltlich erworbenen Gutes. Geht ein immaterieller Wert bspw. im Zuge einer Schenkung oder einer Erbschaft auf ein anderes
Unternehmen über, wird dafür keine Gegenleistung erbracht. Ebenso gibt es
immaterielle Vermögenswerte, die durch eine Zuwendung der öffentlichen Hand
unentgeltlich oder für einen geringen Betrag erworben werden. Letztere werden in IAS 38.44 thematisiert und dort auf die einschlägigen Regelungen des
IAS 20 *Bilanzierung und Darstellung von Zuwendungen der öffentlichen Hand*
verwiesen.[475] Danach können derartige immaterielle Vermögenswerte, bspw.
Flughafenlanderechte, Importlizenzen oder auch Rundfunk- und Fernsehlizenzen,
entweder zum beizulegenden Zeitwert oder zu einem Merkposten oder symboli-
schen Wert angesetzt werden (IAS 20.23). Eine Diskussion der Ansatzkriterien
führt der Standardsetzer an dieser Stelle aber nicht.[476] Die verlässliche Bewertbarkeit scheint auch im Fall des unentgeltlichen Erwerbs nach den Regelungen
über eine gesonderte Anschaffung beurteilt zu werden, obwohl ja gerade keine
Zahlungsmittel oder andere monetäre Vermögenswerte einen Hinweis auf die verlässliche Bewertbarkeit liefern. Ob hingegen bei einer Schenkung oder Erbschaft
eine abweichende Beurteilung vorzunehmen ist und die Wahrscheinlichkeit des
Nutzenzuflusses und die verlässliche Bewertbarkeit wie im Fall der Selbsterstellung sogar noch durch die Erfüllung zusätzlicher Ansatzkriterien konkretisiert
werden müsste, wird vom Standard nicht explizit beantwortet.

3.4.2.2.2 Selbst geschaffene immaterielle Vermögenswerte

3.4.2.2.2.1 Mangelnde Erfüllung der Kriterien in der Forschungsphase
Ebenso wie nach handelsrechtlichen GoB unterscheidet auch IAS 38 bei der
Selbsterstellung eines immateriellen Vermögenswerts zwischen einer Forschungs-
und einer Entwicklungsphase (IAS 38.52). Unter Forschungstätigkeiten werden
danach technische oder wissenschaftliche Erkenntnisse durch eine planmäßige
und eigenständige Suche verstanden (IAS 38.8). Bei der Einordnung als For-
schungstätigkeit bzw. mangelnder Zuordnung zu einer Phase sieht IAS 38.53 f.
ein vorsichtsbedingtes[477] Aktivierungsverbot vor. Auch nach GoB besteht vor

---

[475] Vgl. Baetge u. a. (2020), IAS 38, Rn. 94.

[476] Vgl. Koch (2011), S. 91; ausführlich zur Bilanzierung von Zuschüssen Wolf (2010),
S. 154–202; zur Bilanzierung von Forschungszulagen Althoff/Ehsen-Rühl (2020), S. 890.

[477] Vgl. Mora/Walker (2015) zur „unconditional[.] conservative [...] asset recognition"
(S. 623).

dem Hintergrund einer vorsichtigen Bilanzierung ein solches Aktivierungsverbot.[478] Das am Neutralitätsgedanken orientierte Vorsichtsprinzip nach IFRS ist im Zweifel weniger streng auszulegen als das „für die GoB grundlegende[.] Vorsichtprinzip[.]"[479].[480]

3.4.2.2.2.2 Mögliche Aktivierung von Entwicklungskosten

In der Entwicklung befindliche Vermögenswerte zeichnen sich dadurch aus, dass die gewonnenen Erkenntnisse in der Produktionsplanung vor der kommerziellen Nutzung bzw. Produktion angewendet werden.[481] Für selbst erstellte immaterielle Vermögenswerte werden in IAS 38.57 zusätzliche Kriterien gefordert, die nicht nur die Wahrscheinlichkeit des zukünftigen Nutzenzuflusses und die verlässliche Bewertbarkeit, sondern insbesondere auch die Identifizierbarkeit weiter konkretisieren.[482] Sie dienen insgesamt dazu, die mit selbst erstellten immateriellen Vermögenswerten verbundenen Unsicherheiten zu evaluieren und vor dem Hintergrund der Bilanzierungsfähigkeit kritisch zu prüfen. Eine konzeptionelle Überschneidung der Definitions- und Ansatzkriterien ist vor dem Hintergrund ihrer Interdependenz gerade bei der Beurteilung selbst erstellter Vermögenswerte unvermeidbar und im Ergebnis unschädlich.[483]

Bei Entwicklungsaufwendungen kann bspw. die Forderung nach der Fertigstellungsabsicht (IAS 38.57(b)) und auch die Möglichkeit der Nutzung oder des Verkaufs des fertiggestellten Vermögenswerts (IAS 38.57(c)) in der Regel bejaht werden, während insbesondere die technische Realisierbarkeit (IAS 38.57(a)) und der Nachweis der Erzielung eines künftigen Nutzens (IAS 38.57(d)) regelmäßig entscheidende Kriterien darstellen.[484] Insbesondere aufgrund einer fehlenden Konkretisierung der technischen Realisierbarkeit ist die Auslegung dieses zusätzlichen Kriteriums aber stark ermessensbehaftet; so reicht die Bandbreite der

---

[478] Vgl. 3.4.1.3.1.2.

[479] Moxter (1984b), S. 1780.

[480] Vgl. Koch (2011), S. 93.

[481] Beispiele für Entwicklungsaktivitäten sind in IAS 38.59 aufgeführt. Zur Problematik der Trennung von Forschungs- und Entwicklungstätigkeiten bei der agilen Softwareentwicklung vgl. Schunk u. a. (2020), S. 1412 f.; Böckem/Jordan (2021), S. 338–341.

[482] Entgegen dem Wortlaut des IAS 38.51 stellen die Kriterien keine zusätzlichen Aktivierungsvoraussetzungen dar; sie konkretisieren vielmehr die bestehenden Ansatzkriterien für den Fall der Selbsterstellung. Vgl. Arbeitskreis der Schmalenbach-Gesellschaft (2001), S. 992.

[483] Vgl. zur Trennbarkeit vom Kriterium der Identifizierbarkeit und den Ansatzkriterien Napier/Power (1992), S. 86.

[484] Vgl. Burger u. a. (2006), S. 733.

technischen Realisierbarkeit von wenig restriktiven ersten Erfahrungen des Unternehmens bis hin zu objektiviert nachweisbaren, erfolgreich abgeschlossenen Testläufen unter Einsatz des potenziellen Vermögenswerts.[485] Ein wirtschaftlicher Nutzen kann durch einen aktiven Markt oder auch durch eine interne Nutzenstiftung belegt werden. So erläutert der vom Standard Interpretation Committee entwickelte SIC-32 *Immaterielle Vermögenswerte – Websitekosten*, dass Kosten zur Erstellung einer durch das Unternehmen selbst genutzten Internetseite, die unter anderem für die Abwicklung von Onlinebestellungen genutzt wird, einen hinreichend wahrscheinlichen künftigen wirtschaftlichen Nutzen verkörpern.[486]

Die Forderung nach einer verlässlichen Bewertbarkeit der Entwicklungskosten setzt ein funktionierendes internes Kostenrechnungssystem voraus. In der Literatur wird teilweise die Meinung vertreten, eine mangelnde Zuordnung der Kosten zur Forschungs- und Entwicklungsphase könne jedoch nicht zu einer aufwandswirksamen Erfassung der gesamten Kosten führen.[487] Ob dennoch eine verlässliche Bewertung, bspw. anhand von Schätzungen, gerechtfertigt werden kann, ist im Einzelfall vor dem Hintergrund der Entscheidungsnützlichkeit zu beurteilen.

Aufgrund der in den konkretisierenden Ansatzkriterien vorhandenen Ermessensspielräume wird in der Literatur teilweise die Meinung vertreten, die mögliche Aktivierung von Entwicklungskosten sei nach IFRS ebenso wie das Aktivierungswahlrecht nach GoB zu interpretieren, sodass etwaige Bilanzierungssachverhalte in beiden Rechnungslegungssystemen gleich beurteilt würden.[488] In Anlehnung an die widersprüchliche Regierungsbegründung zum BilMoG in Bezug auf die Wahrscheinlichkeit der Entstehung eines Vermögensgegenstands[489] wird teilweise sogar eine extensivere Aktivierung nach GoB im Vergleich zu den IFRS angenommen, weil die Beurteilung der Wahrscheinlichkeit weniger ermessensbehaftet sei.[490] Da für die Aktivierung von Entwicklungskosten bereits ein Vermögensgegenstand vorliegen muss[491] und zudem das Vorsichtsprinzip und das Objektivierungsgebot nach GoB einen höheren Stellenwert einnehmen als

---

[485] Vgl. Koch (2011), S. 93 m. w. N; Kavvadias (2014) mit dem Versuch einer Konkretisierung des Begriffs (S. 56–61).

[486] Vgl. SIC-32.8; ferner Velte (2008), S. 180 f. m. w. N.

[487] So bspw. Kavvadias (2014), 71 f. m. w. N.

[488] Vgl. Arbeitskreis der Schmalenbach-Gesellschaft (2008), S. 1815; Hüttche (2009), S. 1350; Laubach u. a. (2009), S. 21; Seidel u. a. (2009), S. 1287.

[489] Vgl. 3.4.1.3.1.1.

[490] Vgl. Dobler/Kurz (2008), S. 489; Dörner/Neubert (2008), S. 453; Henckel u. a. (2008), S. 198; Zwirner/Künkerle (2009), S. 642.

[491] Vgl. zur Voraussetzung des Vorliegens eines Vermögensgegenstands 3.4.1.3.1.1.

nach IFRS,[492] kann diesen Ansichten nicht gefolgt werden.[493] Und auch in der Bilanzierungspraxis zeigt sich, dass die in IAS 38.57 enthaltenen Kriterien im Vergleich zu einer möglichen Konkretisierung durch den Projektbezug nach GoB weniger restriktiv auszulegen sind; so wird bspw. in der Automobilbranche gemäß IAS 38 regelmäßig bereits vor Patenterstellung, bzw. zu Beginn der Serienfertigung, ein Teil der Entwicklungskosten aktiviert.[494]

3.4.2.2.2.3 Ansatzverbot bestimmter Güter

IAS 38.63 bestimmt ein Ansatzverbot für „[s]elbst geschaffene Markennamen, Drucktitel, Verlagsrechte, Kundenlisten sowie ihrem Wesen nach ähnliche Sachverhalte" und dient damit „offensichtlich"[495] als Orientierung für die in § 248 Abs. 2 S. 2 HGB übernommene Auflistung nicht aktivierungsfähiger Vermögensgegenstände[496]. Der Standard argumentiert zur Notwendigkeit dieser Verbote insbesondere mit einer nicht ausreichend verlässlichen Bewertbarkeit; eine hinreichende Abgrenzung der Aufwendungen zu denjenigen, die auf den originären Geschäfts- oder Firmenwert entfallen, ist demnach nicht möglich (IAS 38.64).[497]

Die genannten Begriffe sind – analog zur Beurteilung nach GoB[498] – weit zu interpretieren und auch das mit der Erstellung verbundene Know-how, also die „gesamte wirtschaftliche Einheit" unter das Aktivierungsverbot zu subsumieren.[499] Folglich sind auch verschieden geartete, originäre Kundenbeziehungen nicht zu aktivieren. Lediglich für den besonderen Fall, dass bspw. die Aufwendungen zur Erstellung einer Kundendatenbank verlässlich bewertet und vor allem von den übrigen im Unternehmen anfallenden Aufwendungen klar abgegrenzt werden können, bspw. aufgrund eines gesonderten Projekts, müsste einer Aktivierung ausnahmsweise zuzustimmen sein.[500]

---

[492] Vgl. zur Darstellung der Prinzipien nach GoB II 2. b) aa) aaa) und nach IFRS II 2. b) bb).

[493] Vgl. im Ergebnis auch Koch (2011), S. 95 f.

[494] Vgl. Haller u. a. (2010), S. 685; Behrendt-Geisler/Weißenberger (2012), S. 60 f.; grundlegend Küting u. a. (2008), S. 692.

[495] Koch (2011), S. 63; vgl. auch Kirsch (2008), S. 225.

[496] Vgl. 3.4.1.3.2.

[497] Vgl. Hommel u. a. (2004), S. 1269.

[498] Vgl. 3.4.1.3.2.

[499] Vgl. Koch (2011), S. 97 (auch Zitat); IFRS 3.IE21.

[500] Vgl. ebenso die Beurteilung nach GoB 3.4.1.5.3.1.

3.4.2.2.2.4 Kein pauschaler Ansatz originärer Kundenverträge

Verschieden geartete Kundenverträge, die künftige Gewinnerwartungen inkorporieren, stellen bereits aufgrund ihres rechtlichen Charakters regelmäßig einen identifizierbaren Vorteil dar.[501] Ob diese Vorteile auch einen wahrscheinlichen Nutzenzufluss beinhalten und verlässlich bewertbar sind, lässt sich – ebenso wie nach GoB – nur in Abhängigkeit der konkreten Ausgestaltung beurteilen; eine pauschale Aktivierung sämtlicher originärer Kundenverträge kann nicht zweckadäquat im Sinne der Vermittlung entscheidungsrelevanter Informationen sein.

Während nach GoB vorsichtsbedingt kein Ansatz der Gewinnerwartungen, sondern allenfalls möglicher Vertragsanbahnungskosten zweckadäquat sein kann, ist fraglich, ob die Zwecksetzung der IFRS eine abweichende Beurteilung zulässt. Dass Kundenverträge oftmals frist- und bedingungslos gekündigt werden können, behaftet die Gewinnerwartungen mit einer großen Unsicherheit, die wiederum die Wahrscheinlichkeit des künftigen Nutzenzuflusses beeinflusst. Regelmäßig müssen die Gewinnchancen aus derartigen Kundenverträgen aus diesem Grund als nicht aktivierbar beurteilt werden.

Ebenso stellen Rahmen- und Vorverträge zwar grundsätzlich rechtlich durchsetzbare Ansprüche dar, diese weisen aber verglichen mit abgeschlossenen Kundenverträgen eine noch höhere Unbestimmtheit auf. Bei diesen Vertragsarten ist neben der Kontrolle und der Wahrscheinlichkeiten eines künftigen Nutzenzuflusses insbesondere auch die verlässliche Bewertbarkeit fraglich. Eine Aktivierung kann – und in Einklang mit der Würdigung gemäß GoB – nur in seltenen Ausnahmefällen, bspw. bei vereinbarten Mindestabnahmemengen, die bei Nichtabnahme mit einer Vertragsstrafe verbunden sind, zweckadäquat sein.

Exklusivbelieferungsverträge, für deren Abschluss regelmäßig Zahlungen getätigt werden und die bspw. eine Abnahmemenge oder -dauer festschreiben, sind durch das gezahlte Entgelt nicht nur selbständig bewertbar, sondern sichern auch künftige Gewinne, sodass die Wahrscheinlichkeit der Nutzenstiftung unzweifelhaft gegeben ist. Eine Aktivierung von Gewinnerwartungen, die über die geleistete Zahlung hinausgehen, ist – bspw. anhand der in der Vergangenheit erzielten Gewinnquote – zwar verlässlich bewertbar, da diese Erwartungen aber eine hohe Unsicherheit aufweisen, ist der Nutzenzufluss nicht hinreichend wahrscheinlich.

---

[501] Vgl. 3.3.1.2.1.

Eine Aktivierung originärer Kundenverträge kann – ebenso wie nach GoB[502] – grundsätzlich nur in Ausnahmefällen angemessen sein. Sowohl die Zwecksetzung nach GoB als auch nach IFRS gebieten hier einen restriktiven Ansatz.

3.4.2.2.3 Typisierte Erfüllung der Kriterien bei einzeln oder im Rahmen von Unternehmenszusammenschlüssen erworbenen Vermögenswerten

3.4.2.2.3.1 Wahrscheinlichkeit

Grundsätzlich sind auch für immaterielle Vermögenswerte, die im Zuge eines Unternehmenszusammenschlusses übergehen und folglich gemäß IFRS 3 bilanziert werden, die Definitions- und Ansatzkriterien des IAS 38 heranzuziehen. Bei einzeln oder im Rahmen von Unternehmenszusammenschlüssen erworbenen immateriellen Vermögenswerten besteht jedoch die typisierende Vermutung der hinreichenden Wahrscheinlichkeit des Nutzenzuflusses (IAS 38.25; IAS 38.33). Es wird angenommen, dass für den Vermögenswert selbst, bzw. im Rahmen eines Unternehmenskaufs, nur dann Ausgaben getätigt werden, wenn mit einer hinreichenden Wahrscheinlichkeit direkte oder indirekte Zahlungsmittelrückflüsse erwartet werden. Die Bewertung zum beizulegenden Zeitwert (Fair Value) des immateriellen Vermögenswerts beinhaltet laut IAS 38.33 bereits den wahrscheinlichen Nutzenzufluss; durch den marktorientierten Charakter des Fair Value wird die Einschätzung aller Marktteilnehmer hinsichtlich der Wertermittlung des übergegangenen Vermögenswerts fingiert.[503] Grundsätzlich ist es zwar plausibel, dass einerseits bereits durch den Unternehmenskauf eine gewisse Bestätigung des wahrscheinlichen Nutenzuflusses einhergeht und die Wahrscheinlichkeit andererseits durch den ermittelten Fair Value zum Ausdruck kommt. Zurecht wird diese Fiktion in der Literatur kritisiert, da sie „in der Realität, in der Unsicherheit und unvollkommene Märkte bestehen,"[504] an Aussagekraft verliert. Aufgrund oftmals fehlender aktiver Märkte – insbesondere für rein wirtschaftliche Vorteile – findet die Fair-Value-Ermittlung regelmäßig nicht auf Basis objektiver Vergleichswerte statt, sondern vielmehr anhand subjektiv prognostizierter Zuflüsse/Zahlungsströme.[505]

---

[502] Vgl. 3.4.1.5.3.

[503] Vgl. Knüppel u. a. (2007), S. 143; Velte (2008), S. 158.

[504] Hommel u. a. (2004), S. 1270.

[505] Vgl. Hommel u. a. (2004), S. 1270; Penman (2009) beschreibt die Wertermittlung als „inherently speculative" (S. 2); Zhang/Zhang (2017), S. 242.

3.4.2.2.3.2 Verlässliche Bewertbarkeit

Ebenso wie das Kriterium der Wahrscheinlichkeit, gilt auch das Kriterium der verlässlichen Bewertbarkeit im Falle eines Unternehmenszusammenschlusses als typisiert erfüllt, da der Fair Value eines identifizierbaren Vermögenswerts regelmäßig verlässlich bewertet werden kann (IAS 38.33). Zudem sieht das IASB die Prüfung der verlässlichen Bewertbarkeit bereits durch das Rahmenkonzept als hinreichend vollzogen.[506] Die Tatsache, dass es sich bei dem Rahmenkonzept einerseits nicht um einen in EU-Recht übernommenen IFRS handelt und das Rahmenkonzept seit der Standardentwicklung zulasten der Verlässlichkeit reformiert wurde, lässt diese Begründung fragwürdig erscheinen.[507] Auch wenn sich die verlässliche Bewertbarkeit für einen identifizierbaren Vermögenswert lediglich anhand verschiedener Wertansätze mit unterschiedlichen Eintrittswahrscheinlichkeiten darstellt, steht dies der typisierten Erfüllung des Kriteriums nach Ansicht des IASB nicht entgegen. Der bestehenden Unsicherheit wird vielmehr im Rahmen der Bewertung Rechnung getragen (IAS 38.35).

In den vor der Veröffentlichung des IFRS 3 geltenden Regelungen war die Erfüllung der verlässlichen Bewertbarkeit noch als widerlegbare Vermutung für vertraglich oder gesetzlich basierte immaterielle Vermögenswerte ausgestaltet,[508] die entweder nicht separierbar sind oder zwar separierbar sind, aber keine Tauschtransaktionen für dieselben oder ähnliche Vermögenswerte nachgewiesen werden können.[509] Durch die nunmehr geltende unwiderlegbare Vermutung der verlässlichen Bewertbarkeit erreicht der Standardsetzer eine zunehmende Aktivierung erworbener immaterieller Vermögenswerte außerhalb des Geschäfts- oder Firmenwerts.[510] Das Bestreben des IASB, den derivativen Geschäfts- oder Firmenwert zugunsten einer stärkeren Aktivierung im Unternehmen befindlicher Vermögenswerte möglichst gering zu halten,[511] ist grundsätzlich nachvollziehbar. Gleiches gilt für die Argumentation der unterschiedlichen ökonomischen Situation im Fall eines Gesamtunternehmenserwerbs im Vergleich zur Selbsterstellung, denn durch den entgeltlichen Erwerb des Unternehmens ist eine Bewertbarkeit erfolgt, auch wenn eine Aufteilung auf die einzelnen Vermögenswerte – wie der

---

[506] Vgl. IFRS 3.BC125.

[507] Vgl. im Ergebnis auch Velte (2008), S. 158.

[508] Vgl. IAS 38 (2004).35.

[509] Vgl. IAS 38 (2004).38; IAS 38.BC19A; IFRS 3.BC173.

[510] Vgl. Appelmann (2017), S. 55.

[511] Vgl. IFRS 3.BC158; Situm u. a. (2020) zeigen, dass aber eine Differenzierung zwischen den unterschiedlichen erworbenen Vermögenswerten bei der Aufteilung des Kaufpreises oftmals nicht stattfindet (S. 631 f.).

Standardsetzer selbst beschreibt – in vielen Fällen nur mit einem „significant degree of judgement"[512] möglich ist; das gezahlte Entgelt stellt zumindest eine Wertobergrenze dar. Der Grad der mit einer derart willkürlichen, stark ermessensbehafteten Aufteilung des Gesamtkaufpreises erreichten entscheidungsnützlichen Information ist jedoch fraglich.[513] Wie bereits gezeigt wurde, sorgt das Kriterium der verlässlichen Bewertbarkeit gerade bei den schwer zu konkretisierenden rein wirtschaftlichen Gütern für eine angemessene Objektivierungsschwelle. Die Argumentation für eine Streichung der verlässlichen Bewertbarkeit ist umso mehr zu kritisieren, vergleicht man sie mit den Regelungen des „IFRS for SMEs". Danach ist für einen Ansatz von im Rahmen eines Unternehmenszusammenschlusses zugegangenen Vermögenswerten die verlässliche Bewertbarkeit zwingend nachzuweisen.[514]

Im Vergleich zu der Beurteilung gemäß GoB erfolgt durch die typisierte Erfüllung eine schwächere Objektivierung potenzieller Vermögenswerte.[515] So fordert der BFH für den separaten Ansatz im Rahmen eines Unternehmenszusammenschlusses zugegangener Vermögensgegenstände neben dem ausdrücklichen entgeltlichen Erwerb in der überkommenen Rechtsprechung[516] zumindest die Messbarkeit der einzelnen Faktoren anhand eines „sachlich begründbare[n] Aufteilungs- und Bewertungsmaßstab[s]"[517]. Der BFH geht bspw. im Fall der Vertragsarztzulassung noch weiter, indem er dort einen solchen Maßstab nicht anerkennt.[518] Die fehlende Prüfung der verlässlichen Bewertbarkeit nach IFRS 3 erweitert den Kreis der ansatzfähigen Vermögenswerte, sodass regelmäßig auch schwer bewertbare Kundenbeziehungen darunter zu fassen sind.

3.4.2.2.3.3 Auswirkungen auf den Ansatz von Kundenbeziehungen

Bei im Rahmen eines Unternehmenszusammenschlusses erworbenen Kundenbeziehungen kommt es für die Beurteilung einer möglichen Aktivierung aufgrund der typisierten Erfüllung der beiden zusätzlichen Ansatzkriterien – normativ gesehen – entscheidend auf die Prüfung des Kontrollkriteriums an. Für den Erwerb von Kundenverträgen muss – ebenso wie bei der Beurteilung des originären Ansatzes – auch hier gelten, dass eine Aktivierung zu unterbleiben

---

[512] IAS 38.BC19B; vgl. krit. Hommel u. a. (2004), S. 1271.

[513] Vgl. Koch (2011), S. 100.

[514] Vgl. IFRS for SMEs (2015), 18.8.

[515] Vgl. Hommel/Wüstemann (2006), S. 53 f.

[516] Vgl. 3.4.1.2.

[517] BFH (2017), VIII R 7/14, S. 692.

[518] Vgl. ausführlich 3.4.1.5.5.1.

hat, wenn der Nutzen aus den Kundenverträgen nicht hinreichend gesichert ist.[519] In der Literatur wird überwiegend die Ansicht vertreten, dass im Rahmen eines Unternehmenszusammenschlusses zugegangene Kundenverträge stets zu aktivieren sind; die konkrete Ausgestaltung – bspw. etwaige Kündigungsrechte – werden in die Beurteilung nicht mit einbezogen.[520] Die Argumentation wird dabei in der Regel auf die Aufzählung des Auftragsbestands (order or production backlog) sowie anderen Kundenverträgen (customer contracts) unter die Beispiele von „customer-related intangible assets" innerhalb der Illustrative Examples (IFRS 3.IE25) gestützt. Streng genommen stellt IFRS 3.IE25 aber lediglich klar, dass das Contractual-Legal-Kriterium bei einem im Rahmen eines Unternehmenszusammenschlusses erworbenen Auftragsbestands erfüllt ist, auch wenn „the purchase or sales orders can be cancelled".[521] Die Auflistung des Auftragsbestands und anderer Kundenverträge als Beispiele für kundenbezogene immaterielle Vermögenswerte lässt zwar die Vermögenswerteigenschaft vermuten, ein pauschaler Ansatz sämtlicher Kundenverträge kann aber auch vom Standardsetzer nicht gewollt sein.

Ebenso hat bei erworbenen Kundenbeziehungen in Form von Kundenlisten eine Prüfung im Einzelfall zu erfolgen. Im Vergleich zum Ansatz nach GoB wird eine Aktivierung aufgrund der unterschiedlichen Zwecksetzungen sowie der Bestrebungen einer weitreichenden Aktivierung von Vermögenswerten außerhalb des Geschäfts- oder Firmenwerts im Rahmen von IFRS 3 tendenziell eher erfolgen. Auch im aktuellen Diskussionspapier *Business Combinations – Disclosures, Goodwill and Impairment* wird diese Sichtweise bekräftigt.[522]

3.4.2.2.3.4 Von der Selbsterstellung divergierende Beurteilung laufender Forschungs- und Entwicklungsprojekte im Rahmen eines Unternehmenszusammenschlusses

Aufgrund des typisierten Vorliegens eines wahrscheinlichen Nutzenzuflusses und insbesondere der verlässlichen Bewertbarkeit findet eine Ungleichbehandlung von unternehmensinternen Forschungs- und Entwicklungsprojekten im Vergleich zu solchen statt, die im Rahmen eines Unternehmenszusammenschlusses übertragen werden. Die mit der typisierten Erfüllung verbundenen geringeren Nachweispflichten fordern eine separate Aktivierung von Forschungs- und Entwicklungsprojekten, die aufgrund der Zuordnung zur Forschungsphase oder auch

---

[519] Vgl. 3.4.2.2.2.4.

[520] Vgl. krit. Appelmann (2017), S. 83.

[521] Vgl. ebenfalls krit. Appelmann (2017), S. 83.

[522] Vgl. IASB (2020), DP 2020/1, 5.28.

aufgrund der mangelnden Erfüllung der zusätzlichen Ansatzkriterien im Unternehmen einem Ansatzverbot unterliegen.[523] Durch den Übergang im Zuge eines Unternehmenserwerbs sind diese Projekte nun grundsätzlich aktivierungsfähig (IAS 38.34).[524] Ein Ansatz hat nur dann zu unterbleiben, wenn die allgemeinen Definitionskriterien eines Vermögenswerts nicht erfüllt sind.

Das bedeutet aber auch, dass Forschungs- und Entwicklungsprojekte ungeachtet ihrer möglicherweise nicht hinreichenden oder nicht bestimmbaren Wahrscheinlichkeit im Zuge eines Unternehmenszusammenschlusses aktiviert werden.[525] Auch die Tatsache, dass der auf solche Projekte entfallende Kaufpreisanteil regelmäßig nicht objektiv bestimmt werden kann, steht einer Aktivierung nun nicht mehr entgegen. Eine „ansatzbegrenzende Wirkung"[526] kann das Kriterium aufgrund seiner typisierten Erfüllung demnach nicht entfalten. Da Forschungs- und Entwicklungsprojekte oftmals einen Anreiz für einen Unternehmenszusammenschluss liefern, würde ein Auswies dieser Projekte im Geschäfts- oder Firmenwert lediglich ungenügende Informationen liefern.[527] Eine solche scheinbare Ungleichbehandlung spiegelt möglicherweise gerade die tatsächliche ökonomische Situation des Unternehmens wider, das durch die getätigte Investition bereits die Wahrscheinlichkeit des Nutzenzuflusses bestätigt hat. Zudem beinhaltet auch die auf der Bewertungsebene stattfindende Fair-Value-Ermittlung die Einschätzung der Wahrscheinlichkeit,[528] sodass das Kriterium – wenn auch auf einer anderen Ebene – bei der Gesamtbeurteilung des Ansatzes berücksichtigt wird, zumindest implizit und theoretisch. Die auch hier bestehenden Unsicherheiten, insbesondere aufgrund der für erworbene Forschungs- und Entwicklungsprojekte regelmäßig nicht existierenden aktiven Märkte, und ein damit verbundener Rückgriff auf eine indirekte Wertermittlung führen dazu, dass infolge eines Unternehmenszusammenschlusses oftmals höhst unsichere Vermögenswerte angesetzt werden.[529] Die Aufweichung der Aktivierungskriterien und eine damit verbundene Herabstufung der Verlässlichkeit spiegelt aber auch die vom IASB angestrebte Stärkung einer relevanten Informationsvermittlung wider. Durchaus fraglich ist aber der Aspekt der getreuen Darstellung von durch einen Unternehmenszusammenschluss übergegangenen immateriellen Vermögenswerten in dem

---

[523] Vgl. Lüdenbach u. a. (2020), § 31, Rn. 92.

[524] Vgl. IAS 38.BC81 und IFRS 3.BC152 f.

[525] Vgl. IAS 38.BC81 und IFRS 3.BC152 f.

[526] Wehrum (2011), S. 179.

[527] Vgl. Senger/Brune (2020), § 34, Rn. 123.

[528] Vgl. Kühne/Schwedler (2005), S. 333; Wehrum (2011), S. 179.

[529] Vgl. Wehrum (2011), S. 181.

Fall, in dem sie sich nicht im Kaufpreis widerspiegeln, bspw. weil der Veräußerer ihnen keinen besonderen Wert beigemessen hat. Denkbar ist in entsprechenden Fallkonstellationen ein hieraus resultierender negativer Geschäftswert.[530]

Obwohl das IASB die genannten Unsicherheiten einräumt,[531] sieht es die Tatsache, dass im Zuge eines Unternehmenszusammenschlusses möglicherweise solche Forschungs- und Entwicklungsprojekte getrennt vom Geschäfts- oder Firmenwert aktiviert werden, die gemäß den Regelungen des IAS 38 (noch) keinen Vermögenswert darstellen, sogar als Anlass, die für selbst erstellte Forschungs- und Entwicklungsprojekte geltenden Kriterien in Frage zu stellen.[532]

Bereits durch den unbedingten Ansatz von Forschungs- und Entwicklungstätigkeiten infolge eines Unternehmenszusammenschlusses weicht die Bilanzierung – gerade bei einer im Zuge eines Unternehmenserwerbs nicht eindeutigen selbstständigen Bewertbarkeit – erheblich vom restriktiven Ansatz nach GoB[533] ab.[534] Sofern das IASB seine Kritik an den für selbst erstellte Forschungs- und Entwicklungsprojekte zusätzlich bestehenden Kriterien aufrecht erhält und diesen Standpunkt in zukünftigen Projekten durchsetzt, würde dies eine weitere Entfernung zwischen den Regelungen der IFRS und den GoB bedeuten.

3.4.2.3 Eliminierung der Ansatzkriterien im Rahmenkonzept 2018

Im Rahmenkonzept wird – anders als nach IAS 38 sowie früheren Versionen des Rahmenkonzepts – nicht auf das Wahrscheinlichkeitskriterium als Bestandteil der Vermögenswertdefinition abgestellt.[535] In der Vergangenheit ist die Forderung, dass ein Vermögenswert vorliege, wenn „future economic benefits are *expected* to flow to the entity"[536] nach Ansicht des IASB häufig im Sinne einer für den Ansatz notwendigen Wahrscheinlichkeit fehlinterpretiert worden.[537] Aus diesem

---

[530] Vgl. Wehrum (2011), S. 182.

[531] Vgl. IFRS 3.BC152 zur Wahrscheinlichkeit und IFRS 3.BC153 zur Bestimmung des Fair Value.

[532] Vgl. IAS 38.BC82.

[533] Vgl. 3.4.1.5.5.

[534] Vgl. Wehrum (2011), S. 181.

[535] Vgl. CF (2018), BC5.19.

[536] CF (1989), 49 (a); CF (2010), 4.4 (a) (Hervorhebung in beiden Rahmenkonzepten nicht im Original).

[537] Vgl. CF (2018), BC4.9.

Grund wird nunmehr gefordert, dass der Vermögenswert das Potenzial zur Gene-
rierung wirtschaftlichen Nutzens aufweist.[538] Für die meisten Vermögenswerte
bestehen regelmäßig keine Unsicherheit bezüglich ihrer Existenz.[539] Auch eine
Unsicherheit über den Nutzenzufluss (sog. Ergebnisunsicherheit) wirkt sich nicht
auf die Existenz selbst aus, sondern führt im Zweifel dazu, den Vermögenswert
mit einem geringeren Wert anzusetzen.[540] Sowohl die Abschaffung des Nutzen-
[541] aber insbesondere des Wahrscheinlichkeitskriteriums führt letztlich dazu, dass
sich einstige Ansatzfragen nunmehr in der Bewertung widerspiegeln.[542]

Cade u. a. haben anhand verschiedener Experimente gezeigt, dass die Entscheidung über die Existenz eines Vermögenswerts das Resultat einer inhärenten,
natürlichen Wahrscheinlichkeitsabwägung ist, die eine höhere Wahrscheinlichkeit für die Existenz eines Vermögenswerts als für eine Schuld voraussetzt.[543]
Die vormaligen Vermögenswertdefinitionen im Rahmenkonzept 1989 und 2010
hatten auf diesen „inherent conservatism"[544] keinen wesentlichen Einfluss. Die
Eliminierung der Wahrscheinlichkeit, so wie sie im Rahmenkonzept 2018 vorgenommen wurde, führt nunmehr dazu, dass die Existenz eines Vermögenswerts
auch bei Vorliegen einer geringen Wahrscheinlichkeit von den Teilnehmenden
bejaht wurde.[545] Dieses Ergebnis steht im Einklang mit den Bestrebungen des
IASB, im Rahmenkonzept 2018 eine getreue Darstellung durch eine risiko-
neutrale Ausrichtung des Vorsichtsprinzips zu erreichen und nicht etwa eine
asymmetrische Bewertung von Vermögenswerten und Schulden sowie Erträgen
und Aufwendungen in die Beurteilung einzubeziehen.[546] Die Veränderungen
auf Definitionsebene fügen sich mithin konsequent in die Ausrichtung des
Rahmenkonzepts 2018 ein und sind vor diesem Hintergrund positiv zu würdigen.

Zumindest für den Ansatz einzeln oder im Rahmen eines Unternehmenszusammenschlusses erworbener Vermögenswerte bedeutet die Eliminierung des

---

[538] Vgl. CF (2018), 4.14.

[539] Im Diskussionspapier geht das IASB sogar noch weiter und argumentiert, dass die
Existenz eines Vermögenswerts in Theorie und Praxis nur selten unsicher sei (vgl.
DP/2013/1.2.35 (b)), im Exposure Draft wird diese Aussage dann relativiert (vgl.
ED/2015/3/BC5.31).

[540] Vgl. ED/2015/3.5.18.

[541] Vgl. 3.2.2.2.

[542] Vgl. zur mangelnden Aussage über den Nutzen innerhalb der Fair-Value-Bewertung
Schildbach (2009), S. 589.

[543] Vgl. Cade u. a. (2019), S. 567 f.

[544] Tokar (2019), S. 585.

[545] Cade u. a. (2019), S. 569 f.

[546] Vgl. ausführlich 2.2.2.2.2.3.

Wahrscheinlichkeitskriteriums nunmehr einen Gleichklang mit den entsprechenden Regelungen des Einzelstandards.[547] Bei Forschungs- und Entwicklungsprojekten führt eine Orientierung an der Definition des Rahmenkonzepts hingegen
zu einer möglichen Ausweitung der Aktivierung. So stellen solche Forschungstätigkeiten, die gemäß IAS 38.55 aufgrund des mangelnden Nachweises eines
künftigen wirtschaftlichen Nutzens einem Aktivierungsverbot unterliegen, einen
Vermögenswert im Sinne des Rahmenkonzepts dar. Forschungsleistungen stellen regelmäßig „mit Lernerfolgen verbundene Verfügungsrechte"[548] (Ressourcen)
dar, die zur Erzielung von wirtschaftlichem Nutzen gebraucht werden können. Bestehende Unsicherheiten über den tatsächlichen künftigen Nutzenzufluss
würden dann im Zuge einer niedrigen Bewertung der Forschungstätigkeiten
berücksichtigt.[549]

Das IASB schränkt die Aktivierung jedoch insofern ein, als nur solche Vermögenswerte anzusetzen sind, die dem Bilanzadressaten relevante Informationen
liefern. Relevante Informationen werden nach Ansicht des IASB nicht vermittelt,
wenn unklar ist, ob überhaupt ein Vermögenswert vorliegt oder die Wahrscheinlichkeit des Nutzenzuflusses sehr gering ist.[550] Die Wahrscheinlichkeit ist hierbei
nicht als Kriterium zu interpretieren, das die Aktivierung anhand eines festgelegten Schwellenwerts reglementiert, sondern vielmehr als Indikator dafür
fungiert, dass eine Aktivierung aufgrund einer geringen Wahrscheinlichkeit keine
relevanten Informationen vermitteln würde.[551]

Aufgrund der Neuausrichtung des IASB hinsichtlich der Eliminierung des Ver-
lässlichkeitskriteriums als primäre Qualität der Rechnungslegung ist der Verzicht
auf das Wahrscheinlichkeitskriterium in der Vermögenswertdefinition durchaus
konsequent[552] und vor dem Hintergrund einer konsistenten Rechnungslegung zu
begrüßen. Gleichzeitig geht mit der Anforderung der Konsistenz in Bezug auf die
in der Bilanz ausgewiesenen Aktiva aber auch die Notwendigkeit einher, ältere
Standards, insbesondere IAS 38, konzeptionell anzupassen.[553]

---

[547] Das IASB hatte bereits im Zuge der Überarbeitung des IFRS 3 im Jahr 2004 auf
den bestehenden Widerspruch und den notwendigen Anpassungsbedarf hingewiesen. Vgl.
Baetge u. a. (2020), IAS 38, Rn. 47.

[548] Dehmel (2015), S. 1773.

[549] Vgl. Dehmel (2015), S. 1773.

[550] Vgl. CF (2018), BC5.12.

[551] Vgl. CF (2018), BC5.19.

[552] Vgl. Wagenhofer (2014), S. 542.

[553] Vgl. Dehmel (2015), S. 1773; zur Notwendigkeit konsistenter Standards vgl. Wüs-
temann/Wüstemann (2010b), S. 12 f., 21. Nachdem eine Überarbeitung von IAS 38 durch
das IASB zunächst zurückgestellt wurde, hat das Accounting Standards Advisory Forum

Auch die Forderung nach einer verlässlichen Bewertbarkeit wird im Rahmenkonzept 2018 nicht als eines der Ansatzkriterien aufgeführt,[554] aber im Zuge der Diskussion von Auswirkungen der Bewertungsunsicherheiten auf die glaubwürdige Darstellung implizit diskutiert.[555] Auch bei Vorliegen großer Bewertungsunsicherheiten ist der Ansatz des Vermögenswerts regelmäßig zweckadäquat im Sinne der Vermittlung entscheidungsnützlicher Informationen.[556] Nur in seltenen Ausnahmefällen ist aufgrund hoher Bewertungsunsicherheiten von einem Ansatz abzusehen; in jedem Fall ist einer glaubwürdigen Darstellung durch die Bereitstellung zusätzlicher, erklärender Informationen Rechnung zu tragen.[557]

Eine isolierte Betrachtung der Wirkung einer Eliminierung der Ansatzkriterien auf Rahmenkonzeptebene steht einer nicht unbedeutenden[558] Entobjektivierung im Sinne weniger konkreter Kriterien gleich. Dies hat einerseits zur Folge, dass den Definitionskriterien, insbesondere dem Kriterium der Kontrolle, bei der Definition eines Vermögenswerts ein höherer Stellenwert beigemessen werden muss. Andererseits findet auf Ebene der Einzelstandards eine weitergehende Konkretisierung durch die dort – zumindest mittelfristig – weiterhin bestehenden Ansatzkriterien statt. Möglicherweise ebnet der Verzicht auf die Ansatzkriterien aber auch den Weg für eine weitreichendere Aktivierung und damit eine Vermittlung relevanter Informationen innerhalb der Bilanz und der Gewinn- und Verlustrechnung.

3.4.2.4 Perspektivische Auflösung bestehender Inkonsistenzen zwischen Rahmenkonzept und Einzelstandards

Grundsätzlich bedeuten Änderungen auf Ebene des Rahmenkonzepts nicht zwangsläufig auch eine konsistente Umsetzung innerhalb der Einzelstandards,[559]

---

die Überarbeitung von IAS 38 als mögliches Thema für die 2020 Agenda Consultation vorgeschlagen; vgl. dazu IASB (2019), S. 3–6.

[554] Vgl. CF (2018), BC5.21.

[555] Vgl. CF (2018), 5.19–5.23.

[556] Vgl. CF (2018), 5.19.

[557] Vgl. CF (2018), 5.23. Zu einer kritischen Diskussion der Bewertungsunsicherheiten vgl. Pelger (2020), S. 39–41.

[558] Vgl. Hommel u. a. (2004), S. 1270 f.

[559] Vgl. Wagenhofer (2014), der aber zurecht herausstellt, dass [d]er eigentliche Zweck des Rahmenkonzepts [...] die Verwendung durch das IASB selbst [ist], weil es eine Grundlage für die Entwicklung bzw. Überarbeitung seiner Standards bietet" (S. 539). Zum Verhältnis von Rahmenkonzept und Einzelstandards vgl. Ballwieser (2014a), S. 470 f.

sodass aus der Eliminierung der Ansatzkriterien, insbesondere der Wahrscheinlichkeit, im Rahmenkonzept 2018 nicht unmittelbar auf eine Anpassung des
IAS 38 geschlossen werden kann.

Das IASB brachte aber bereits im Rahmen des IFRS-3-Projekts deutlich
zum Ausdruck, dass Inkonsistenzen zwischen der Aktivierung selbst erstellter
und im Rahmen eines Unternehmenszusammenschlusses erworbener Forschungs-
und Entwicklungsprojekte möglicherweise zugunsten des weniger restriktiven
Ansatzes nach IFRS 3 aufzulösen seien. Der Standardsetzer regt dabei an, die
Regelung, wonach ein aktivierungsfähiger selbst erstellter immaterieller Vermögenswert nicht in der Forschungsphase und nur bei Erfüllung bestimmter
Kriterien in der Entwicklungsphase anzusetzen ist, möglicherweise zu überdenken.[560] Da eine solche Überarbeitung des Standards nach Ansicht des IASB nicht
im Rahmen des IFRS-3-Projekts zu realisieren sei,[561] hat bisher keine Anpassung
der Regelungen des IAS 38 stattgefunden. Während die typisierte Erfüllung der
Ansatzkriterien im Rahmen von Unternehmenszusammenschlüssen – und damit
eine von IAS 38 abweichende Konkretisierung – bis dato mit den Besonderheiten der in diesem Fall vorherrschenden ökonomischen Situation begründet werden
konnte, ist diese Argumentation unter Berücksichtigung des nunmehr veröffentlichten Rahmenkonzepts 2018 nicht mehr angemessen. Vielmehr bringt das IASB
durch die Streichung des Kriteriums sein Vorhaben einer extensiveren Aktivierung
außerhalb des Geschäfts- oder Firmenwerts zum Ausdruck.

Vor dem Hintergrund der Konsistenz der Rechnungslegung müsste in der
Konsequenz auch eine Eliminierung der Ansatzkriterien auf Ebene des IAS 38
vorgenommen werden. Da die für die Aktivierung von Entwicklungstätigkeiten
zu erfüllenden Kriterien entscheidend die Wahrscheinlichkeit konkretisieren, ist
die Argumentation des Standardsetzers nachvollziehbar. Gleichwohl kann eine
Überarbeitung mit dem Ziel der Konsistenz innerhalb der IFRS und zwischen
den IFRS und dem Rahmenkonzept nur im Sinne einer alternativen, zweckkonformen Konkretisierung erfolgen.[562] Andernfalls ist fraglich, inwieweit die durch
Aktivierungen vermittelten Informationen tatsächlich das Charakteristikum der
Entscheidungsnützlichkeit aufweisen können.

Eine zweckadäquate Ausrichtung des Kriteriums würde vielmehr bedeuten,
auch die Unsicherheiten in Bezug auf laufende Forschungs- und Entwicklungsprojekte abzubilden; danach gehen Aufwendungen so lange im Geschäfts- oder
Firmenwert auf, bis sämtliche einen Vermögenswert konkretisierenden Kriterien

---

[560] Vgl. IAS 38.BC82.

[561] Vgl. IAS 38.BC82.

[562] Vgl. zur Forderung nach Konsistenz Wüstemann/Wüstemann (2010b), S. 12 f. und S. 21.

erfüllt sind. Eine grundsätzlich abweichende Beurteilung zwischen der Selbsterstellung und dem Unternehmenserwerb wird aufgrund der in beiden Situationen den Forschungs- und Entwicklungsprojekten inhärenten Unsicherheiten mithin sowohl nach GoB als auch nach IFRS als nicht angemessen erachtet.[563]

Sollte es künftig tatsächlich zu einer Streichung der Ansatzkriterien in IAS 38 kommen, könnten die bestehenden Unsicherheiten nurmehr durch eine angemessen niedrige Bewertung der Aktiva – im Zweifel ohne Wert (also 0)[564] – erfolgen.

Nicht abzuwenden ist zudem die Frage nach der Beurteilung materieller Vermögenswerte. Für den Fall einer Überarbeitung des IAS 38 sind zwangsläufig auch die Regelungen des IAS 16 anzugleichen. Andernfalls würde eine Ungleichbehandlung materieller und immaterieller Vermögenswerte im Sinne einer höheren Nachweisschwelle materieller Werte und damit eine „Zwei-Klassen-Objektivierung"[565] bestehen. Eine weitreichende Angleichung, die eine Überarbeitung der Definition einer Schuld nach IAS 37 bedeuten würde, würde darüber hinaus die Abgrenzung zwischen immateriellen Vermögenswerten und Eventualvermögenswerten nach IAS 37.31 erschweren. Das für Eventualvermögenswerte bestehende Ansatzverbot wäre dann nicht wie bisher in Ermangelung einer hinreichenden Wahrscheinlichkeit, sondern lediglich aufgrund einer fehlenden Kontrolle zu rechtfertigen.[566]

Eine alternativ denkbare Abschaffung der Ansatzkriterien innerhalb der Einzelstandards würde einen stärkeren Fokus auf die Definitionskriterien legen. Insbesondere das Kontrollkriterium müsste für die Konkretisierung des immateriellen Vermögenswertbegriffs aufgrund der inhärenten Objektivierungsfunktion in diesem Fall als zentrales Kriterium fungieren.

---

[563] So auch Koch (2011), S. 101.

[564] Vgl. Wagenhofer (2014), S. 541.

[565] Hommel u. a. (2004), S. 1269.

[566] Vgl. Wehrum (2011), S. 182.

4

Alternative Konkretisierung des Vermögensbegriffs auf Grundlage der Property-Rights-Theorie

4.1 Notwendigkeit einer alternativen konzeptionellen Basis

Die bisherige Darstellung und Analyse der gegenwärtigen Regelungen zur Aktivierung immaterieller Güter haben verdeutlicht, dass sich bisher sowohl nach GoB als auch nach IFRS keine eindeutigen und gefestigten Kriterien herausgebildet haben, die der Anforderung einer objektivierten und gleichzeitig die tatsächlichen wirtschaftlichen Gegebenheiten abbildenden Bilanzierung gerecht werden. Aus diesem Grund soll eine alternative Konzeption auf Basis der Bilanzierung von Property Rights auf ihre Tauglichkeit und einen möglichen Mehrwert hin geprüft werden. Das Abstellen auf Property Rights, die sich an der „Schnittstelle zwischen der juristischen und der ökonomischen Welt"[1] bewegen, kann möglicherweise – und stets unter Einbezug der in den Rechnungslegungssystemen geltenden Maßstäbe – zu einer Konkretisierung der Kriterien beitragen.

Die Idee der Bilanzierung auf Grundlage von Property Rights knüpft an die Forschungsrichtung der im Wesentlichen durch *Coase*[2] begründeten Neuen Institutionenökonomik an, der sog. Property-Rights-Theorie[3].[4] Das in der Neoklassik

---

[1] Pferdehirt (2007), S. 28.

[2] Vgl. zu den Ursprüngen der Theorie und das sog. Coase-Theorem vgl. Coase (1960) und Alchian/Demsetz (1972).

[3] Auch „Theorie der Verfügungsrechte" oder „Theorie der Handlungsrechte" genannt. Eine wörtliche Übersetzung der Property Rights als „Eigentumsrechte", „Besitzrechte" oder „Vermögensrechte" würde den Inhalt zu eng fassen und daher nicht dem Sinn entsprechen. Vgl. dazu Fezer (1986), S. 820. Zur Übersetzung vgl. auch Riekhof (1984), S. 4; Schreyögg (1988), S. 151. In der vorliegenden Arbeit werden Property Rights, Verfügungs- und Handlungsrechte synonym verwendet.

[4] Vgl. Oldenburger (2000), S. 15.

© Der/die Autor(en) 2023
J. K. Müller, *Grundsätze ordnungsmäßiger Bilanzierung von Kundenbeziehungen nach GoB im Vergleich zu IFRS*,
https://doi.org/10.1007/978-3-658-40544-1_4

grundlegende Gewinnmaximierungsprinzip wird im Neoinstitutionalismus durch das Prinzip der individuellen Nutzenmaximierung ersetzt;[5] der Nutzen einzelner Wirtschaftssubjekte setzt sich dabei aus unterschiedlichen Komponenten zusammen, die der „Resourceful Evaluative Maximizing Man"[6] entsprechend seiner persönlichen Nutzenfunktion maximiert, um schließlich eine in einer bestimmten Weise definierten effizienten, d. h. den gesellschaftlichen Wohlstand erhöhende, Lösung zu erlangen.[7] Zwar steht nicht das Verhalten von Kollektiven, sondern das Verhalten von Individuen im Fokus der Betrachtung, trotzdem können Individuen durch ausgehandelte Einzelverträge auch eine soziale Institution bilden.[8]

Diese Annahmen sind auch auf das Handeln im bilanzierenden Unternehmen übertragbar, das sich als eine Verflechtung verschiedener Einzelverträge darstellt. Eine effiziente Bilanzierung hängt dort nicht nur von den individuellen Zielen des Managements ab, bspw. die Nutzung bilanzieller Kennzahlen für Vergütungszwecke (interne Nutzenkomponente), sondern wird auch über den Bilanzzweck, bspw. die Vermittlung von Informationen oder die Bemessung von Gewinnansprüchen (externe Nutzenkomponente), definiert.

4.2 Objektivierung durch Anknüpfung an Property Rights: Definition eines Gutes als Möglichkeit der Nutzenziehung aus einem bestehenden Property Right

4.2.1 Vorliegen eines Rechts im Sinne der Property-Rights-Theorie

Die Property-Rights-Theorie analysiert – unter der Annahme, dass wirtschaftliches Handeln durch den Umgang mit gesellschaftlich akzeptierten Verfügungsrechten stattfindet – die Verteilung von Handlungsrechten bzw. die Auswirkungen

---

[5] Vgl. Furubotn/Pejovich (1972), S. 1137. Der aus der Neoklassik bekannte methodologische Individualismus sowie die Allokationseffizienz werden als Optimalitätskriterium übernommen.

[6] Meckling (1976), S. 548.

[7] Vgl. Eidenmüller (1998), S. 4, 41.

[8] Vgl. Schreyögg (1988), S. 153.

von Handlungsbeschränkungen;[9] die Verteilung von Verfügungsrechten beeinflusst Tauschprozesse in dem Maße, dass mit dem Gut einhergehende Handlungsspielräume bzw. Nutzungsmöglichkeiten und damit auch der Tauschwert bestimmt werden.[10] Das setzt voraus, dass Rechte – unabhängig davon, wem sie ursprünglich zugewiesen wurden – gehandelt und somit neu verteilt werden können.[11] Unter dem Begriff Property-Rights werden daher „sozial anerkannte, auf Konvention, Tradition, gesetztem Recht oder auf Verträgen beruhende Handlungsbeschränkungen"[12] subsumiert.

Ein wirtschaftliches Gut im Sinne der Property-Rights-Theorie wird im Wesentlichen durch zwei Charakteristika beschrieben. Der Transaktionsgegenstand zeichnet sich einerseits durch seine Immaterialität aus und wird andererseits erst durch das Verhalten von Individuen konkretisiert.[13] Ein zu bilanzierendes Gut[14] ist also stets immaterieller Natur; so wird nicht die Maschine selbst bilanziert, sondern die mit ihr verbundenen Rechte, wie bspw. das Recht sie für die Produktion zu nutzen, zu verkaufen oder in ihrer Gestalt zu verändern. Folglich kommt es nicht auf das Eigentum oder den Besitz an einem Gut, sondern auf das Innehaben der mit ihm verbundenen Rechte an; so können sich – unabhängig von der physischen Gestalt eines Gutes – die Verfügungsrechtsstrukturen ändern und damit die Handlungsmöglichkeiten der Individuen.[15]

Property Rights können unterschiedlicher Natur sein; Art und Umfang variieren auch in Abhängigkeit des vorliegenden Rechtssystems. Grundsätzlich können relative und absolute Verfügungsrechte unterschieden werden. Relative Property Rights sind nur gegenüber bestimmten Parteien gültig und können sowohl aus vertraglichen oder gesetzlichen Schuldverhältnissen, bspw. einem Miet- oder Arbeitsverhältnis, im weiteren Sinne aber auch aus persönlichen Beziehungen, bspw. Kunden- oder Lieferantenbeziehungen, bestehen.[16] Unter absoluten Property Rights werden Rechte an Sachgütern, bspw. Eigentumsrechte, immaterielle

---

[9] Vgl. Oldenburger (2000), S. 15.

[10] Vgl. Riekhof (1984), S. 56 f.

[11] Vgl. Coase (1960), S. 8.

[12] Höll (2009), S. 150 mit Verweis auf Alchian (1977), S. 129. So auch Furubotn/Pejovich (1972), S. 1139. Bereits Fisher (1906) definierte sie als „the right to the chance of obtaining some or all of the future services of one or more articles of wealth" (S. 22).

[13] Vgl. Terberger (1994), S. 55.

[14] Die Verwendung des Begriffs Vermögensgegenstand ist in diesem Abschnitt zunächst GAAP-neutral zu verstehen; erst in der Anwendung der Property-Rights-Theorie unter IV 4. wird der Begriff im Sinne der GoB bzw. IFRS spezifiziert verwendet.

[15] Vgl. Budäus u. a. (1988), S. 10 f.

[16] Vgl. Richter (1994), S. 12 f.

Rechte, bspw. Patent-, Marken- oder Urheberrechte, und individuelle Freiheitsrechte, bspw. das Recht auf freie Persönlichkeitsentfaltung, subsumiert.[17] Sie besitzen gegenüber allen Parteien Gültigkeit. In der Literatur wird teilweise argumentiert, dass für die Frage der Aktivierungsfähigkeit immaterieller Güter lediglich absolute Property Rights relevant seien;[18] je nachdem wie weit der Begriff des immateriellen Gutes gezogen wird, sind aber möglicherweise gerade auch relative Verfügungsrechte von Bedeutung. Für die Begriffsbestimmung auf Grundlage der Property-Rights-Theorie werden im Folgenden zunächst sowohl absolute als auch relative Verfügungsrechte betrachtet.

Die Betrachtung unterschiedlicher Rechtzuweisungen, also das Abstellen auf bestehende Rechte,[19] lässt – und zumindest vom Wortlaut her – eine streng formalrechtliche Ausrichtung der Property-Rights-Theorie vermuten. Eine solche, den Begriff des Property Rights bspw. auf den eines Eigentumsrechts i.S. des deutschen BGB reduzierende Sichtweise ist jedoch nicht im Sinne der Property-Rights-Theorie; der Begriff der Property Rights ist danach wesentlich weiter zu verstehen.[20] So wird nicht die Quelle des Verfügungsrechts, wie bspw. der zugrunde liegende Vertrag, sondern die Rechtsposition am Erlangten, also das Verfügungsrecht selbst bilanziert; die „Nachprüfbarkeit ihrer Entstehung" ist für die Aktivierung irrelevant.[21] Ein im Unternehmen erstelltes bietet also ebenso wie ein erworbenes Verfügungsrecht die Möglichkeit der Aktivierung. Das Vorliegen eines gegenseitigen Vertrags ist also keine notwendige Bedingung für das Innehaben eines Property Rights; aus einem entgeltlichen Erwerb, der oftmals mit dem Abschluss eines Kaufvertrags einhergeht, kann gleichwohl regelmäßig auf ein Verfügungsrecht geschlossen werden. Ausgenommen hiervon sind die Fälle, in denen die rechtliche Ausgestaltung nicht den tatsächlichen wirtschaftlichen Gegebenheiten entspricht; entgegen einer formalrechtlichen Betrachtungsweise wird das Verfügungsrecht bei demjenigen bilanziert, der tatsächlich darüber verfügen kann.[22]

---

[17] Vgl. Furubotn/Richter (2005), die darunter „customer relationships, friendships and so on" fassen (S. 86).

[18] So bspw. Koch (2011), S. 204 und Hommel (2014), S. 357 f., die den schuldrechtlichen Begriff des Eigentumsrechts diskutieren, der wie oben klargestellt enger gefasst wird als das Property-Right.

[19] Vgl. Fisher (1906), S. 67 f.; Furubotn/Pejovich (1972), S. 1140.

[20] Vgl. Löcke (1998), S. 125 f.

[21] Vgl. Oldenburger (2000), S. 19 (auch Zitat).

[22] Vgl. Löcke (1998), der in diesem Zusammenhang auf die Möglichkeit der Aufdeckung von rechtlichen Sachverhaltsgestaltungen aufmerksam macht (S. 132).

Durch die für das Innehaben eines Verfügungsrechts notwendige Verbindung zwischen dem zu bilanzierenden Gut und dem Rechtsinhaber fallen die Klärung der Vermögenseigenschaft und der Zurechnung zwangsläufig zusammen.[23]

4.2.2 Vorhandenes Potenzial zur Nutzenziehung

Die Nutzenstiftung bzw. -ziehung erfolgt durch die Verbindung der Ressource mit einer Handlung, also den Gebrauch einer Sache durch ein Individuum. Entscheidend für die Definition eines Gutes ist also die „Verhaltensdimension"[24], da sich erst aus den Handlungsmöglichkeiten, also den Rechten selbst, ergibt, was ein Gut ausmacht.[25]

Property Rights werden regelmäßig in vier verschiedene Komponenten zerlegt, deren Innehaben sich auf das Nutzenpotenzial auswirkt. So besteht das Recht, ein Gut zu nutzen (ius usus), die Früchte des Gutes bzw. das daraus fließende Einkommen zu erhalten/die Erträge des Gutes zu vereinnahmen (ius usus fructus), eine formale oder substanzielle Änderung des Gutes vorzunehmen (ius abusus) sowie das Gut zu veräußern (ius successionis).[26] Werden alle mit einem Gut verbundenen Rechte von einer Person (einem Unternehmen) gehalten, spricht man von einer idealen Verfügungsrechtestruktur. Bspw. aufgrund von Nutzungsbeschränkungen kann eine solche Verteilung aber oftmals nicht erreicht werden. Es ist auch möglich, nur einzelne Rechte an dem Gut zu halten. In Abhängigkeit des Anteils einer Person (einem Unternehmen) zugeordneter Verfügungsrechte wird zwischen einer konzentrierten – der Anteil ist hoch – und einer verdünnten Struktur, bei der die Rechte weniger vollständig zugeordnet sind, unterschieden. Eine verdünnte Verfügungsrechtzuordnung geht mit einer geschwächten Effizienzwirkung einher.[27] Darüber hinaus ist auch eine Spezifikation möglich, durch die Verfügungsrechte eingeschränkt werden können.[28] Grundsätzlich ist bei der Zuordnung von Property Rights auf das gesamte Rechtebündel zu achten, denn einzelnen Akteuren zugeordnete Property Rights schränken möglicherweise die

---

[23] Vgl. Löcke (1998), S. 127.

[24] Terberger (1994), S. 54.

[25] Vgl. Alchian/Demsetz (1973), S. 17.

[26] Vgl. Furubotn/Pejovich (1972), S. 1140; Tietzel (1981), S. 210.

[27] Vgl. Höll (2009), S. 151 f.

[28] Vgl. Labrenz (2015) mit dem Beispiel der Leasingbilanzierung (S. 362).

im Hinblick auf das bestimmte Gut bestehenden Handlungs- und Nutzungsmöglichkeiten ein.[29] Das kaufmännische Vermögen ergibt sich insofern nach
der Gesamtheit der ihm zugeordneten Verfügungsrechte.[30] Der Theorie folgend
bedingt die Art der Zuordnung von Property Rights ganz wesentlich die Aktivierungsfähigkeit des Vermögens; je verdünnter die Struktur, d. h. je mehr die
mit einer Ressource verbundenen Property Rights unter verschiedenen Akteuren
aufgeteilt sind, desto unklarer wird ihre Aktivierungsfähigkeit.

Das Kriterium der Nutzenzuflüsse wird auch zur Konkretisierung des Vermögensbegriffs sowohl nach GoB als auch nach IFRS genutzt, weist dort aber – wie
bereits dargestellt[31] – wenig Detailschärfe auf. Auch gemäß der Property-
Rights-Theorie ist das Kriterium der Nutzenziehung weit auszulegen, d. h. das
vorliegende Recht muss das Potenzial zur Nutzenziehung aufweisen. Es geht hier
aber nicht um künftige Nutzenzuflüsse im Sinne künftiger Zahlungsströme o. Ä.,
sondern vielmehr um das unmittelbar mit dem Recht verbundene Potenzial zur
Nutzenziehung.

Sowohl nach GoB als auch nach IFRS ist ein prospektiver Nutzenzufluss zu
beurteilen, der aufgrund der mit künftigen Prognosen verbundenen Unsicher-
heiten gleichwohl eine erste Wahrscheinlichkeitsbeurteilung notwendig macht.
Diese Zukunftsorientierung der Beurteilung der Wahrscheinlichkeit spielt für die
Konkretisierung des Property Rights keine Rolle. Sie spiegelt sich erst in der
Bewertung desselben wider. Durch die Orientierung an bestehenden Verfügungs-
rechten und nicht etwa an erwarteten künftigen Einnahmen kann also eine stärkere
Objektivierung erreicht werden.[32]

4.2.3   Kontrolle über das vorhandene Property Right

Die tatsächliche Möglichkeit, das mit dem Recht verbundene Nutzenpotenzial
ausschöpfen zu können, ist mit der nach GoB und IFRS bereits bekannten
Forderung nach Kontrolle inhaltlich vergleichbar. Zwar ist im Unterschied zur
bekannten Konkretisierung hier nicht zu beurteilen, ob der Zufluss des Nutzens kontrollierbar ist, sondern vielmehr, ob über das Recht zur Nutzenziehung

---

[29] Vgl. Furubotn/Pejovich (1972), S. 1139.

[30] Vgl. Oldenburger (2000), S. 17 f.

[31] Vgl. für das Kriterium des Nutzenzuflusses nach GoB 3.2.1.1. und nach IFRS 3.2.2.1.

[32] Vgl. Samuelson (1996), S. 148 f.

verfügt werden kann. Eine starke Kontrollierbarkeit weisen insbesondere Eigentumsrechte – also bspw. Patente – auf, weil ihre Erteilung an solche Regeln geknüpft ist, die rechtlich objektivierend wirken.

In einer Vielzahl der Fälle führen die bisherige Konkretisierung der Kontrolle nach GoB, IFRS und der Ansatz gemäß der Property-Rights-Theorie zum selben Ergebnis. Eine abweichende Beurteilung ist aber bspw. denkbar, wenn eine verdünnte Verfügungsrechtstruktur vorliegt, d. h. der Bilanzierende nur über einen Teil der Rechte verfügt. Dies kann – je nach Art und Ausgestaltung der Verteilung – zur Folge haben, dass das Kriterium der Kontrolle teilweise weiter ausgelegt wird als nach GoB und IFRS. So ist es denkbar, ein stark verdünntes Verfügungsrecht in der Bilanz des Inhabers zu aktivieren und die nur über einen kleinen Teil vorhandene Kontrolle durch eine entsprechend niedrige Bewertung auszudrücken.[33]

4.2.4 Übertragung des einzelnen Property Rights keine notwendige, aber hinreichende Bedingung

In der Rechnungslegungsliteratur wird regelmäßig auf die separate Übertragbarkeit als die Eigenschaft eines aktivierungsfähigen Gutes abgestellt.[34] Für das Vorliegen von Property Rights ist diese Eigenschaft hingegen keineswegs notwendig. Einige Property Rights, bspw. das Recht ein Gut im Rahmen eines Leasinggeschäfts zu nutzen, können vom Leasingnehmer zwar genutzt, aber nicht weitergegeben werden. Da bei Vorhandensein der separaten Übertragbarkeit stets ein Property Right vorliegt, stellt *Samuelson* zutreffend heraus, dass die Möglichkeit der Übertragung des einzelnen Verfügungsrechts zwar keine notwendige, aber eine hinreichende Bedingung darstellt.[35]

---

[33] Vgl. Labrenz (2015) mit dem Beispiel der Leasingbilanzierung (S. 362).

[34] Bspw. Schuetze verweist aus Objektivierungsgründen auf exchangeability als Aktivierungskriterium (S. 3).

[35] Vgl. Samuelson (1996), S. 154.

4.2.5 Einfluss von Transaktionskosten und institutionellen Rahmenbedingungen

Transaktionskosten, mithin „alle Opfer und Nachteile, die von Tauschpartnern zur Verwirklichung des Leistungsaustausches zu tragen sind"[36], bestimmen das Handeln der Akteure.[37] Dazu zählen bspw. Verhandlungs- und Rechtsberatungskosten aber auch Zeit und Mühe. Transaktionskosten können somit als Maßstab zur Beurteilung der Vorteilhaftigkeit alternativ gestalteter Verteilungen bzw. Bündelungen von Verfügungsrechten betrachtet werden.[38] Der Tausch von Verfügungsrechten eines Gutes wird nur dann als lohnenswert betrachtet, wenn der erwartete Nutzen bzw. Ertrag die Transaktionskosten übersteigt.[39] Insbesondere im Zusammenhang mit immateriellen Vermögensgegenständen können aufgrund der ihnen inhärenten Unsicherheiten hohe Transaktionskosten entstehen, die auch dazu führen können, dass ein Ansatz immaterieller Güter ausbleibt. Sind bspw. die Kosten, die mit der Patentierung einer bestimmten Technologie einhergehen so hoch, dass sie den mit dieser Patentierung verbundenen Nutzen übersteigen, würde ein Ansatz ausbleiben.

Im Rahmen der neoinstitutionalen Modellwelt wirken sich nicht nur Transaktionskosten auf das Handeln der Akteure aus. Entscheidungen werden unter Einbezug institutioneller, d. h. gesellschaftlicher, politischer oder rechtlicher Rahmenbedingungen getroffen;[40] sie können sich danach auf die Zuteilung von Property Rights auswirken, diese bspw. ganz oder teilweise einschränken und somit den Wert eines Gutes schmälern.[41] So wird die Entscheidung, ob ein aktivierungsfähiges Verfügungsrecht vorliegt bspw. dadurch beeinflusst, ob seine Übertragbarkeit uneingeschränkt möglich ist. Ist es bspw. notwendig, dass eine Behörde der Übertragung eines Property Rights zustimmen muss, wie dies im Fall der Übertragung von Konzessionen oftmals der Fall ist, würde diese institutionelle Rahmenbedingung die Beurteilung maßgeblich beeinflussen.

---

[36] Höll (2009), S. 152 mit Verweis auf Picot (1991), S. 344.

[37] Vgl. Picot (1982), S. 270 f.; Arnold/Picot (1985), S. 224; Michaelis (1985), S. 78–93; Michaelis/Picot (1987), S. 87–89.

[38] Vgl. Michaelis (1985), S. 78 f.

[39] Vgl. Michaelis (1988), S. 123.

[40] Vgl. Coase (1984), S. 230.

[41] Vgl. Furubotn/Pejovich (1972), S. 1140.

4.3 Anwendbarkeit der Property-Rights-Theorie für die Bilanzierung nach GoB und IFRS

4.3.1 Vereinbarkeit der Property-Rights-Ansätze mit dem GoB-Bilanzverständnis der Ausschüttungsstatik

Die einer Rechnungslegungsordnung zugrunde liegende Bilanztheorie lehrt nach *Moxter*, „welchen Sinn und Zweck Vermögens- und Gewinnermittlungen haben können und welche Bilanznormen eine sinn- und zweckadäquate Bilanzierung gewährleisten."[42] Für die Ableitung möglicher Bilanzierungsnormen aus der Property-Rights-Theorie ist die Vereinbarkeit mit dem zugrunde liegenden Bilanzverständnis zwingend notwendig.

Das heute geltende statische Verständnis der handelsrechtlichen Bilanz wurde Anfang des 19. Jahrhunderts maßgeblich von *Herman Veit Simon* begründet.[43] Im Sinne der Statik ist die Bilanz als Vermögensbilanz zu verstehen, von die Gewinnermittlung als „ein zwangsläufig anfallendes Nebenprodukt [, als] statischer Vermögenszuwachs"[44] verstanden wird. Dabei gilt – anders als etwa in der dynamischen Bilanzlehre[45] –, dass eine im Sinne der Statik „richtige Vermögensermittlung" auch zu einer „richtige[n] Gewinnermittlung" führt.[46] Diesem „Kernsatz"[47] der statischen Bilanztheorie folgend fungiert der über die Vermögensaufstellung ermittelte „richtige" Gewinn als „Ausschüttungsindikator"[48]. Folglich ist es die Ausschüttungsstatik, die unter der Annahme der Unternehmensfortführung die heute geltende Grundlage der handelsrechtlichen Bilanzierung bildet. „Jedwede Art der statischen Bilanzierungsweise hat als hervorragende und notwendige Ausprägung die Bilanzobjektivierung"[49]. In der handelsrechtlichen, ausschüttungsstatischen „Bilanz im Rechtssinne"[50] wird ein gewisser Objektivierungsgrad bereits durch die Auslegung unter Zuhilfenahme des juristischen Methodenkanons erreicht; darüber hinaus greift das Bilanzrecht

---

[42] Moxter (1984a), S. 1.

[43] Vgl. Simon (1899) mit einer Darstellung des fortführungsstatischen Vermögensgegenstandsbegriffs im Allgemeinen (S. 149–173) sowie des immateriellen Vermögens (S. 167).

[44] Moxter (1984a), S. 5 (Hervorhebung im Original).

[45] Zu den Grundsätzen der Dynamik vgl. 2.2.1.1.1.

[46] Vgl. Moxter (1984a), S. 5 (auch Zitate).

[47] Moxter (1984a), S. 5.

[48] Moxter (1982), S. 143.

[49] Sessar (2007), S. 29.

[50] Döllerer (1979/80), S. 195; vgl. auch Beisse (1984), S. 3; Moxter (1984a), S. 149.

regelmäßig auf eine Anknüpfung an vertragliche Rechte und Pflichten zurück, wobei jedoch stets eine wirtschaftliche Betrachtungsweise zugrunde zu legen ist.[51]

Gerade die Anknüpfung an Property Rights bedeutet die Zugrundelegung von Rechten an Gütern und damit zwar eine rechtliche Betrachtungsweise; da die Property-Rights-Theorie aber gerade nicht (streng) an das Vorhandensein gegenseitiger Austauschverhältnisse anknüpft, sondern vielmehr auf die tatsächlichen wirtschaftlichen Gegebenheiten abstellt, ist sie mit dem grundlegenden Objektivierungsverständnis der Ausschüttungsstatik durchaus vereinbar.[52] Auch mit dem der handelsrechtlichen Bilanzierung übergeordneten Realisationsprinzip[53] sind die Annahmen der Property-Rights-Theorie grundsätzlich vereinbar, denn es wird keine Ausgabenperiodisierung i.S. einer dynamischen Glättung der Gewinne, sondern der Ansatz bestehender Verfügungsrechte zum Zweck einer objektiven (statischen) Darstellung des Vermögens angestrebt.

Die Bilanzierung erfolgt dann effizient im Sinne der Property-Rights-Theorie, wenn die Primärfunktion der handels- und steuerrechtlichen Bilanz – die Ermittlung von Gewinnansprüchen – erfüllt wird. Die Zugrundelegung von Verfügungsrechten für die Aktivierung könnte den bisherigen handelsrechtlichen Regelungen vorzuziehen sein, wenn sie als vorteilhafter angesehen wird, d. h. dem Bilanzziel besser entsprochen werden kann als bisher.[54]

---

[51] Vgl. Döllerer (1959), S. 1220; Döllerer (1979/80), S. 201–203; BFH (1967), I 208/63, S. 609; BFH (1969), Gr. S. 2/68, S. 292.

[52] Vgl. im Ergebnis auch Labrenz (2018), S. 38.

[53] Vgl. ausführlich 2.1.1.1.

[54] In dieser Arbeit wird ausschließlich die Aktivierung auf Grundlage der Property-Rights-Theorie analysiert. Eine Übertragung auf andere Bilanzposten bedarf einer detaillierten Betrachtung, die über diese Arbeit hinausgeht.

4.3.2 Vereinbarkeit des Property-Rights-Ansatzes mit der Zeitwertstatik als den IFRS zugrunde liegendem Bilanzverständnis

Wenngleich den IFRS – anders als den GoB – keine einheitlich anerkannte Bilanztheorie zugrunde liegt,[55] ist in der jüngeren Vergangenheit eine „Neuausrichtung der IFRS-Rechnungslegung"[56] an einer zeitwertstatischen Bilanzierung zu beobachten.[57]

Während ältere Standards im Sinne des Revenue-Expense-Ansatzes insbesondere auf das „matching" von Aufwendungen und Erträgen zur Gewinnermittlung abstellten, forciert das IASB nunmehr vermehrt eine statische Bilanzierung[58] mit dem Fokus auf den Reinvermögenszuwachs und somit auf den Ansatz und die Bewertung von Vermögenswerten und Schulden; die Ermittlung der (richtigen) Ertragslage erfolgt als „Nebenprodukt der jährlichen Vermögensermittlung"[59]. Dem mit der statischen Bilanzierung einhergehenden Objektivierungserfordernis entgegnet das IASB im gegenwärtigen Rahmenkonzept 2018 unter anderem durch einen Rückgriff auf den Property-Rights-Ansatz zur Konkretisierung der Vermögenswertdefinition. Danach ist ein Vermögenswert als ein Recht definiert, das künftige Nutzenzuflüsse inkorporiert.[60] Folglich ist die Anknüpfung an Property Rights bereits in der konzeptionellen Basis der IFRS immanent.

Neben den Übereinstimmungen mit den der Statik zugrunde liegenden Annahmen[61] ist die Property-Rights-Theorie auch in Einklang mit der Bilanzierung des beizulegenden Zeitwerts,[62] denn in der reinsten Form bedeutet dieser im Zugangszeitpunkt regelmäßig einen Ansatz zu Anschaffungs- und Herstellungskosten und in den Folgeperioden grundsätzlich eine Neubewertung und erfolgswirksame Erfassung von Wertänderungen.[63] Die Abbildung von Property Rights spiegelt diese Sichtweise wider, denn danach wird ein Nutzungsrecht abgebildet,

---

[55] Für eine Darstellung der im Zeitablauf geänderten bilanztheoretischen Grundlage der internationalen Rechnungslegung vgl. Wich (2009), S. 26–29.

[56] Wüstemann/Kierzek (2005), S. 430.

[57] Vgl. Hitz (2007), S. 324; Power (2010), S. 208; Ramanna (2013), S. 99; Whittington (2015), S. 222–231; Georgiou (2018), S. 1298.

[58] Der Asset-Liability-Ansatz wurde maßgeblich durch Sprouse und Moonitz geprägt. Vgl. Sprouse/Moonitz (1962), S. 46–49.

[59] Moxter (1984a), S. 5.

[60] Vgl. CF (2018), 4.4.

[61] Vgl. Labrenz (2018), S. 38.

[62] Vgl. Labrenz (2018), S. 42 f.

[63] Vgl. Schildbach (2012), S. 525.

unabhängig etwaiger Wahrscheinlichkeiten und weitergehenden Restriktionen. Die Einschränkung der bilanziellen Abbildung erfolgt erst im Rahmen der Bewertung.

Da deutlich wird, dass die Property-Rights-Theorie sowohl mit dem Bilanzverständnis nach GoB als auch nach IFRS vereinbar ist, ist die Aktivierungsfähigkeit unterschiedlicher Kosten nach Maßgabe der Property Rights und unter Einbezug der unterschiedlichen Zwecksetzungen zu prüfen.

4.4 Analyse der Aktivierungsfähigkeit einzelner Kosten nach Maßgabe der Property-Rights-Theorie

4.4.1 Forschung und Entwicklung

In der Regel dienen die in Forschungs- und Entwicklungstätigkeiten investierten Kosten der Erzielung künftiger Rechte, bspw. eines Patents, und erfüllen somit die Definitionskriterien eines Property Rights. Dies gilt jedoch nicht für alle Kosten, die in der Phase vor der Produktion anfallen; Kosten die bspw. für die Entwicklung eines Produktdesigns getätigt werden, führen nicht unmittelbar zu einem Verfügungsrecht bzw. unterstützen kein bisher bestehendes Verfügungsrecht, sodass Forschungskosten bei einer differenzierteren Betrachtung (noch) kein Property Right verkörpern. Erst in der Entwicklungsphase, wenn das Geschaffene deutlich auf ein neues oder die Unterstützung eines bereits existierenden Property Rights hindeutet, ist eine Aktivierung hinreichend objektiviert. *Samuelson* stellt heraus, dass entscheidend ist „whether an enterprise *owns* the technological knowledge created by such activities"[64], wer also bspw. das Recht zur Nutzenziehung oder auch zur Veränderung des Gutes innehat. Da im Falle der Selbsterstellung eine ideale Struktur vorliegt, weil das erstellende Unternehmen über alle Einzelrechte verfügt, ist der Zeitpunkt zu bestimmen, ab dem diese Einzelrechte hinreichend konkret bestimmbar sind. Aus der theoretischen Konzeption der Property Rights wird deutlich, dass auf keine potenziell in Zukunft entstehenden Rechte rekurriert werden kann, sondern vielmehr auf die am Bilanzstichtag tatsächlich vorliegenden Nutzungsrechte.

Eine durch diese Sichtweise mögliche, frühere Aktivierung von Property Rights ist im Vergleich zum Status quo sowohl nach GoB als auch IFRS vor dem Hintergrund der Ausschüttungsbemessung bzw. der Informationsvermittlung angemessen. So wird durch eine frühzeitige Aktivierung des Nutzungsrechts die

---

[64] Samuelson (1996), S. 155.

Information über laufende Entwicklungstätigkeiten in der Bilanz abgebildet und gleichzeitig – im Zuge der im Zweifel niedrigen Bewertung – ein vorsichtiger Ausschüttungsbetrag ermittelt. Zweifellos müssen – insbesondere nach GoB – strenge Anforderungen an die Bewertung gestellt werden; nur solche Kosten, aus denen entweder durch interne Verwertung oder durch einen Verkauf tatsächlich ein Nutzen gezogen werden kann, sind in die Berechnung einzubeziehen. Aber auch nach IFRS ist eine im Zweifel restriktive Bewertung zu bevorzugen; nur wenn tatsächlich Marktwerte vorliegen, können diese genutzt werden. Ein weites Verständnis, bspw. im Sinne des Rückgriffs auf vergleichbare Transaktionen, ist in diesem Zusammenhang abzulehnen.

4.4.2 Fort- und Weiterbildung

Ein Unternehmen investiert in die Fort- und Weiterbildung seiner Angestellten regelmäßig mit dem Ziel einer qualitativen oder quantitativen Outputsteigerung.[65] Im Sinne der Property-Rights-Theorie würden Fort- und Weiterbildungskosten zwar kein eigenständiges Property Right darstellen, weil es an den jeweiligen Mitarbeitenden gebunden ist, aber zu einer Verbesserung seiner Arbeitsleistung führen. Da der Mitarbeitende jedoch nicht dem Unternehmen „gehört" und somit nicht bilanziert wird, findet durch die Fort- und Weiterbildung auch keine Verbesserung eines bestehenden Property Rights und somit kein Ansatz der Kosten statt.[66] Sofern das erlangte Wissen hingegen dergestalt ist, dass es auf andere übertragbar ist, ist auch die Eigenschaft als Property Right bestätigt.[67]

Die Ansatzfähigkeit von Fort- und Weiterbildungskosten unterscheidet sich unter Beachtung der Property-Rights-Theorie folglich nicht von der bisherigen Konkretisierung nach GoB[68] und IFRS[69].

4.4.3 Marketingmaßnahmen und Kundenbeziehungen

Zur Gewinnung und Bindung von Kunden und einer damit verbundenen Umsatzsteigerung werden in zahlreichen Unternehmen Marketingmaßnahmen

---

[65] Vgl. Grund/Martin (2012), S. 3538 m. w. N.

[66] Vgl. Samuelson (1996), S. 154.

[67] Vgl. Samuelson (1996), S. 155.

[68] Vgl. 3.4.1.3.2.

[69] Vgl. 3.3.2.2.1 und 3.3.3.2.1.2.

unterschiedlicher Art getätigt. Wenngleich diese Maßnahmen regelmäßig auch zu einer künftigen Umsatzerzielung bzw. -steigerung beitragen, besteht indes kein Anspruch auf eine künftige Bindung der Kunden. Ein damit verbundenes Verfügungsrecht existiert demnach grundsätzlich nicht.

Eine Beurteilung, inwieweit Kundenbeziehungen unter Maßgabe der Property-Rights-Theorie im Rahmen der GoB und der IFRS aktivierungsfähig sein können, hat aufgrund der unterschiedlichen Ausgestaltungen von Kundenbeziehungen differenziert zu erfolgen. Anders als die bisherige Konkretisierung nach IFRS und in Teilen auch nach GoB ist die Aktivierungsfähigkeit von Kundenbeziehungen unter Beachtung der Property-Rights-Theorie nicht von der Art des Zugangs abhängig; es kommt in erster Linie darauf an, ob ein Verfügungsrecht besteht. Demnach spiegeln einfache Kundenlisten kein mit einem Nutzen verbundenes Recht wider und sind folglich nicht zu aktivieren. Kundenlisten in Form von Datenbanken erhalten oftmals detailliert aufbereitete Informationen, die mitunter auch verkauft werden können. Gerade im Rahmen einer internen Verwertung derartiger Kundendatenbanken ist eine Nutzenziehung möglich, sodass die Kosten für ihre Erstellung und Pflege als Nutzungsrecht ansatzfähig sind. Hierbei darf nicht verkannt werden, dass nicht das Recht am Kunden bilanziert wird,[70] sondern das Recht der Nutzung der vorhandenen aufbereiteten Daten.

Im Vergleich zu den Regelungen nach geltenden IFRS ergibt sich für den Fall erworbener Kundenbeziehungen auch unter Beachtung der Property-Rights-Theorie keine abweichende Beurteilung, denn bei einem gesonderten Erwerb oder einem Erwerb im Rahmen eines Unternehmenszusammenschlusses kommt es maßgeblich auf den kontrollierbaren Nutzenzufluss eines identifizierbaren Vermögenswerts an. Eine abweichende Beurteilung ist hingegen im Fall der Selbsterstellung von Kundenbeziehungen, bspw. in Form ausführlicher Kundendatenbanken, vorzunehmen, denn IAS 38 stellt auf die Wahrscheinlichkeit des Nutzenzuflusses und die verlässliche Bewertbarkeit ab und verlangt darüber hinaus die Erfüllung der zusätzlichen Ansatzkriterien des IAS 38.57. Da die im Rahmen der Selbsterstellung bestehenden Unsicherheiten bei Umsetzung der Property-Rights-Theorie nicht im Ansatz, sondern in der Bewertung berücksichtigt werden, hat die Art des Zugangs hierbei keine Auswirkungen auf die Beurteilung der Ansatzfähigkeit.

Auch im Vergleich zum Status quo der handelsrechtlichen Bilanzierung ergibt sich unter Einbezug der Property-Rights-Theorie eine teilweise abweichende Beurteilung. Eine gegenwärtig den Ansatz hindernde fehlende selbständige Bewertbarkeit hat nach Property Rights keinen unmittelbaren Einfluss auf die

---

[70] So aber scheinbar Löcke (1998), S. 128.

Frage der Ansatzfähigkeit, sondern wird vielmehr im Rahmen der Bewertung dargestellt.

Sowohl verglichen mit der HGB- als auch der IFRS-Bilanzierung führt die Beachtung der Property-Rights-Theorie also potenziell zu einem erhöhten Aktivierungsumfang.

Thesenförmige Zusammenfassung 5

1. Die Aktivierungsfähigkeit immaterieller Werte ist nach gegenwärtiger GoB- und IFRS-Bilanzierung nicht nur von ihrer inhaltlichen Ausgestaltung, sondern auch von ihrer Entstehung abhängig. Immaterielle Werte können dem bilanzierenden Unternehmen durch einen separaten Kauf, einen Kauf im Zuge eines Unternehmenserwerbs oder durch Selbsterstellung zugehen. Dies gilt auch für Kundenbeziehungen. Aufgrund der ihnen jeweils zugrunde liegenden unterschiedlichen ökonomischen Situationen und den damit einhergehenden unterschiedlichen Unsicherheiten sind diese drei Zugangsarten getrennt voneinander zu evaluieren. Bilanzierungslösungen für strittige bzw. bislang ungeklärte Sachverhalte sind grundsätzlich aus der entsprechenden Rechnungslegungsordnung abzuleiten, sie bildet die jeweilige Deduktionsbasis. Auf dieser Basis ist auch das für eine Aktivierung notwendige Objektivierungsniveau zu bestimmen und die konkretisierenden Kriterien unter ihrer Heranziehung auszulegen.

2. Die Rechnungslegung nach GoB basiert auf einem System gesetzlich kodifizierter und nicht kodifizierter Regelungen mit Rechtsnormcharakter. Ihre Ermittlung erfolgt in wirtschaftlicher Betrachtungsweise und an den Schutzzwecken der jeweiligen Norm orientiert. Normativ betrachtet, ermöglicht das auf diese Weise konzipierte lückenlose und gleichzeitig offene System eine bilanzzweckadäquate Lösung sämtlicher Bilanzierungssachverhalte. Legitimiert durch die Maßgeblichkeit handelsrechtlicher GoB für die steuerliche Gewinnermittlung hat die höchstrichterliche finanzgerichtliche Rechtsprechung in der Vergangenheit einen wichtigen Beitrag zur Konkretisierung des Vermögensgegenstandsbegriffs geleistet. Die Bilanzierung strittiger Sachverhalte, bspw. die Aktivierung selbsterstellter immaterieller Vermögensgegenstände des Anlagevermögens, die wegen abweichender handels- und steuerbilanzieller Regelungen nicht finanzgerichtlich entschieden werden,

© Der/die Autor(en) 2023   175
J. K. Müller, *Grundsätze ordnungsmäßiger Bilanzierung von Kundenbeziehungen nach GoB im Vergleich zu IFRS*,
https://doi.org/10.1007/978-3-658-40544-1_5

können zwar grundsätzlich durch den Bilanzierenden aus dem System, den oberen GoB, abgeleitet werden, das für die Auslegung von Rechtsnormen notwendige, objektive Korrektiv – die Rechtsprechung – fehlt dabei.

3. Die Legitimation eines privaten Rechnungslegungsgremiums, bspw. des DRSC, zur GoB-Auslegung kann dem Bilanzierenden zwar keine Rechtssicherheit, aber eine notwendige Orientierung geben. Dies erfordert die Schaffung institutioneller Rahmenbedingungen, um eine hinreichend starke Legitimationsbasis zu gewährleisten. Dafür sind verschiedene Interessengruppen in den Standardsetzungsprozess einzubeziehen, der einerseits transparent und wegen des Rechtsnormcharakters der GoB andererseits am Sinn und Zweck orientiert sein muss. Unerlässlich ist, dass die entwickelten Standards des DRSC einer Kontrolle unterliegen, sodass bspw. die Vereinbarkeit mit den geltenden Rechtsnormen sichergestellt wird. Auch wenn diese Aufgabe letztinstanzlich nur durch die Gerichte wahrgenommen werden kann, ist eine erste Kontrolle durch das BMJV denkbar.

4. Durch die Übernahme der IFRS in Gemeinschaftsrecht weisen sie – ebenso wie die GoB – einen Rechtsnormcharakter auf, obwohl sie von einem privaten Standardsetzer, dem IASB, entwickelt werden. Auch wenn die Qualifikation als Rechtsnormen ein Enforcement und letztinstanzlich eine Auslegung durch die Gerichte erfordert, spielt die Ausübung von Ermessen des Bilanzierenden bei der Auslegung der Standards und der Ermittlung von Bilanzierungslösungen für strittige Sachverhalte eine besondere Rolle. Das Rahmenkonzept soll nach Ansicht des IASB als Deduktionsbasis für die Ermittlung neuer sowie die Auslegung unklarer Rechnungslegungsvorschriften dienen. Zwar beinhaltet auch das Rahmenkonzept eine Definition des Vermögenswertbegriffs, für die Bilanzierung immaterieller Vermögenswerte sind aber die Regelungen der Einzelstandards IAS 38 und IFRS 3 einschlägig. Obwohl die Ermittlung von Bilanzierungslösungen im IFRS-Gefüge – im Vergleich zu den GoB – folglich keinen vergleichbaren Systemcharakter aufweist, ist die Ermittlung einer sachgerechten Bilanzierungslösung nichtsdestotrotz möglich. Da der Stellenwert des Rahmenkonzepts für die Ermittlung aber nicht klar abgesteckt ist und durch eine nicht aufeinander abgestimmte Weiterentwicklung von Rahmenkonzept und Einzelstandards – nicht zuletzt durch einen induktiven Einfluss auf die Ermittlung – Inkonsistenzen bestehen, können die Vorteile des Rahmenkonzepts als eine konzeptionelle Basis nicht in vollem Umfang genutzt werden.

5. Die Ableitung einer angemessenen Bilanzierungslösung erfordert eine Orientierung an dem zugrunde liegenden Zweckverständnis des Rechnungslegungssystems. Dass ein Sachverhalt nach GoB und nach IFRS zu unterschiedlichen Bilanzierungslösungen führen kann, ist nicht nur auf eine unterschiedliche Normermittlung, sondern insbesondere auf die bestehende Zweckdivergenz zurückzuführen. Das am Gläubigerschutz orientierte handelsrechtliche Bilanzverständnis fordert die Ermittlung eines ausschüttungsfähigen, entziehbaren Gewinns als Primärzweck. Vermögens- und Gewinnermittlungsprinzipien wirken in sich ergänzender und beschränkender Weise auf die Einhaltung der Zwecke. Im Zweifel dominiert eine gläubigerschutzorientierte, vorsichtige Bilanzierung, die sich beschränkend auf den Ansatz immaterieller Werte auswirkt. Über immaterielle Werte, die nicht aktivierungsfähig sind, können im Sinne der sekundären Zweckfunktion der Informationsvermittlung ergänzende Angaben bereitgestellt werden und somit wird etwaigen Informationsverzerrungen gegenwärtig in der Bilanz Rechnung getragen. In der IFRS-Bilanzierung nimmt die Vermittlung entscheidungsnützlicher Informationen hingegen die Position eines Fundamentalzwecks ein; die Rechenschaftslegung wird im geltenden Rahmenkonzept von 2018 als Teil dieses Zwecks konkretisiert, sodass ihr eine nur untergeordnete Aufgabe zukommt. Durch die Anforderungen der Relevanz und der glaubwürdigen Darstellung an die Qualität der Rechnungslegung wird der Stellenwert der Objektivierung für die IFRS-Rechnungslegung grundlegend bestimmt. Bereits die von der handelsrechtlichen Bilanzierung abweichende Zwecksetzung und insbesondere der für eine relevante Informationsvermittlung notwendige Einfluss von Ermessensentscheidungen des Managements ebenso wie der nur untergeordnete und im Sinne der Neutralität abweichend ausgestaltete Vorsichtsgedanke bedingen einen im Zweifel weniger restriktiven Ansatz immaterieller Werte als nach GoB.

6. Sowohl nach GoB als auch nach IFRS findet eine erste, vergleichsweise schwache Objektivierung des immateriellen Vermögensbegriffs durch das Vorliegen eines vermögenswerten Vorteils statt. Diejenigen Vorteile, die ein Nutzenpotenzial aufweisen, sind weitergehend hinsichtlich ihrer Greifbarkeit zu konkretisieren. Während die Forderung der Kontrolle in Form eines typisierten Verständnisses der Greifbarkeit von Sachen und Rechten im Vergleich zu rein wirtschaftlichen Vorteilen im Rahmen der GoB als überkommen gilt, fungiert sie für die Definition eines Vermögenswerts nach IFRS als zentrale Komponente. In der Ausprägung als Contractual-Legal-Kriterium konkretisiert sie den Vermögenswertbegriff, sodass ein Vermögenswert identifizierbar ist, wenn er durch ein vertragliches oder sonstiges Recht abgesichert

ist. Das Kriterium nimmt folglich einen wesentlichen Stellenwert bei der Konkretisierung ein.

7. Durch die pauschale Betrachtung im Rahmen des Contractual-Legal-Kriteriums werden bestimmte Konzessionen als identifizierbar erachtet, obwohl sie tatsächlich vom Unternehmer untrennbar sind. Die Vermögenswertdefinition des IAS 38 geht daher teilweise über die eines greifbaren Vermögensgegenstands nach GoB hinaus. Mittelbar rechtlich abgesicherte Kundenbeziehungen, bspw. der Auftragsbestand oder Rahmenverträge, erfüllen das Contractual-Legal-Kriterium standardgemäß, wenn sie im Rahmen eines Unternehmenserwerbs übergegangen sind. Eine pauschale Erfüllung der Identifizierbarkeit, sowohl bei erworbenen als auch bei selbst erstellten Auftragsbeständen, ist aufgrund der bestehenden Unsicherheiten jedoch nicht zweckmäßig und eine den Einzelfall betrachtende, wirtschaftliche Beurteilung vorzuziehen.

8. Innerhalb der IFRS-Bilanzierung ist das Kontrollkriterium zudem als Verfügungsmacht über die Nutzenzuflüsse ausgestaltet, indem es die Kontrollmöglichkeit über den potenziellen Vermögenswert, unabhängig von der rechtlichen Ausgestaltung, fordert. Nicht nur juristisch durchsetzbare, sondern auch faktische Ansprüche können als kontrollierbar gelten. Das Innehaben der Verfügungsmacht hat grundsätzlich das Potenzial, einen wesentlichen Beitrag zur Objektivierung des Vermögenswertbegriffs zu leisten, denn gerade bei selbst erstellten Vorteilen, bspw. aufbereiteten Kundendaten, die regelmäßig nicht rechtlich abgesichert sind, kann hierüber eine Beurteilung über die tatsächliche Nutzbarkeit der Vorteile stattfinden. Der Standardsetzer interpretiert das Kriterium in einem weiten, entobjektivierten Sinn, wonach auch Markttransaktionen ähnlicher Kundenbeziehungen einen hinreichenden Hinweis auf die Kontrolle über den potenziellen Vermögenswert leisten können. Im Rahmen eines Unternehmenszusammenschlusses zugegangene Kundenverträge werden pauschal und somit ohne Berücksichtigung etwaig bestehender Unsicherheiten, bspw. in Form von bedingungs- und fristlosen Kündigungsrechten, als kontrollierbar beurteilt. Ungeachtet der abweichenden ökonomischen Situation, die ein Unternehmenszusammenschluss darstellt, kann die weite Auslegung des Kriteriums durch den Standardsetzer jedoch vor dem Hintergrund einer erforderlichen Konkretisierung des Begriffs nicht überzeugen. Damit das Kontrollkriterium tatsächlich einen Beitrag zu einer entscheidungsrelevanten Informationsvermittlung leisten kann, ist eine sachgerechte Beurteilung der im Einzelfall vorhandenen Kontrolle über den Vorteil notwendig.

9. Für eine Konkretisierung der Greifbarkeit ist gemäß höchstrichterlicher Rechtsprechung einzig die Forderung der Übertragbarkeit mit dem gesamten Unternehmen zweckadäquat. Dabei kommt es auf eine wirtschaftliche Übertragbarkeit an. Vorteile, die an der Person des Kaufmanns hängen oder im Allgemeingebrauch stehen, sind nicht übertragbar. Für die Beurteilung der Übertragbarkeit von Kundenbeziehungen ist einerseits die konkrete inhaltliche Ausgestaltung von Bedeutung, wonach im hohen Maße aufbereitete Kundendaten eher als vom Geschäfts- oder Firmenwert trennbar gewürdigt werden können, als solche, die nicht unmittelbar genutzt werden können. Andererseits spielt auch die Form einer möglichen Übertragbarkeit eine wesentliche Rolle, denn Kundenbeziehungen gehen oftmals (nur) zusammen mit anderen wirtschaftlichen Vorteilen über.

10. Sind Kundenbeziehungen einziger Bestandteil eines Übertragungsgeschäfts können sie dem Grunde nach vom Geschäfts- oder Firmenwert abgegrenzt werden, ihre Greifbarkeit ist mithin gegeben. Gehen Kundenbeziehungen zusammen mit anderen Vorteilen, bspw. einem Wettbewerbs- oder Konkurrenzverbot, auf einen Erwerber über, sind sie zwar regelmäßig nicht als Einzelheit abgrenzbar, können aber in Abhängigkeit der Umstände des Einzelfalls gemeinsam, außerhalb des Geschäfts- oder Firmenwerts aktiviert werden. Auch bei einem Übergang von Kundenbeziehungen zusammen mit einer Konzession oder einer öffentlich-rechtlichen Genehmigung kommt es maßgeblich auf die inhaltliche Ausgestaltung des Vergabeverfahrens an. Ist die Vergabe durch ein vereinfachtes Übertragungsverfahren, auf das die Beteiligten entweder unmittelbaren Einfluss nehmen können oder das sogar einen automatischen Übergang der Konzession oder Genehmigung vorsieht, geprägt, ist die Übertragbarkeit zu bejahen. Ist eine solche Einflussnahme nicht möglich, sind die mit einer Konzession oder Genehmigung verbundenen Kundenbeziehungen nicht vom Geschäfts- oder Firmenwert abgrenzbar. Aufgrund seiner notwendigen breiten Ausgestaltung trägt das Kriterium der Übertragbarkeit mit dem gesamten Unternehmen zu keiner weitreichenden Objektivierung bei, leistet aber dennoch einen wertvollen Beitrag zur Beurteilung der Bilanzierungsfähigkeit von Kundenbeziehungen.

11. Die Diskussion um das in weiten Teilen der Literatur vertretene Verständnis der Übertragbarkeit im Sinne der Einzelverwertbarkeit wurde nicht nur durch einen Rückgriff im Rahmen der Gesetzesbegründung zum BilMoG, sondern auch durch den vom DRSC entwickelten DRS 24 zur Bilanzierung immaterieller Vermögensgegenstände im Konzernabschluss neu belebt. Die Forderung nach einer Einzelverwertbarkeit des potenziellen Vermögensgegenstands kann jedoch nicht ausschlaggebend sein. Zwar führt dieses

Verständnis – gerade im Sinne einer weiten Interpretation, wie sie in DRS 24 vorgenommen wird – in einer Vielzahl der strittigen Sachverhalte zum gleichen Ergebnis wie die Übertragbarkeit mit dem gesamten Unternehmen. Vorteile, die nur zusammen mit einem Gesamtunternehmenserwerb übergehen, bspw. bestimmte Konzessionen, sind indes nicht einzelverwertbar; ihre Vermögensgegenstandseigenschaft ist aber zweifelsfrei gegeben und die das Kriterium der Einzelverwertbarkeit aus diesem Grund auch höchstrichterlich explizit abgelehnt. Durch die Forderung nach Einzelverwertbarkeit würde der Kreis potenzieller Vermögensgegenstände im Allgemeinen, insbesondere aber auch aktivierungsfähiger Kundenbeziehungen, unsachgemäß eingeschränkt. Bei der Konkretisierung des Vermögensgegenstandsbegriffs im Rahmen des DRS 24 handelt es sich um grundlegende Aktivierungsfragen und nicht etwa um konzernspezifische Konkretisierungen, sodass nicht nur inhaltlich, sondern bereits formell keine GoB-Konformität besteht.

12. Die Einzelverwertbarkeitskonzeption ist inhaltlich mit dem Separierbarkeitskriterium nach IFRS vergleichbar, durch das die Identifizierbarkeit eines immateriellen Vermögenswerts alternativ zum Contractual-Legal-Kriterium belegt werden kann. Danach ist ein Vorteil separierbar, wenn er einzeln oder zusammen mit anderen Vermögenswerten, nicht aber lediglich im Rahmen eines Gesamtunternehmenserwerbs übertragen werden kann. Dem Separierbarkeitskriterium folgend wird die Greifbarkeit dem Grunde nach gemäß IFRS partiell enger ausgelegt als nach GoB. Da eine Beurteilung anhand des Contractual-Legal- und Separierbarkeitskriteriums teilweise zu abweichenden Ergebnissen führen kann, ist zwingend eine hierarchische Prüfung vorzunehmen, wonach das Separierbarkeitskriterium nur für nicht rechtlich abgesicherte Vorteile Anwendung findet. Die Zugangsart nimmt nach IFRS einen wesentlichen Einfluss auf die Objektivierung immaterieller Vermögenswerte. Gehen Kundenbeziehungen im Rahmen eines Unternehmenszusammenschlusses über, ist die Identifizierbarkeit weit auszulegen. Nicht nur vertragliche Kundenbeziehungen, die bereits anhand des erfüllten Contractual-Legal-Kriteriums identifizierbar sind, sondern auch bei nicht-vertraglichen Kundenbeziehungen sieht der Standardsetzer aufgrund einer grundsätzlichen Verwertungsmöglichkeit die Identifizierbarkeit bestätigt. Wegen ihrer individuellen Ausgestaltung kann ein pauschaler Ansatz von Kundenbeziehungen indes nicht zur Vermittlung entscheidungsrelevanter Informationen führen.

13. Die selbständige Bewertbarkeit leistet einen wesentlichen Beitrag zur weitergehenden Konkretisierung eines Vermögensgegenstands nach GoB, indem eine Abgrenzbarkeit des vermögenswerten Vorteils vom Geschäfts- oder

Firmenwert der Höhe nach gefordert wird. Um eine zweckadäquate Konkretisierung zu gewährleisten, wird das Kriterium gemäß geltender höchstrichterlicher Rechtsprechung weit ausgelegt, indem die Höhe lediglich im Rahmen
einer Schätzung bestimmbar sein muss. Die steuerbilanzielle Forderung eines
entgeltlichen Erwerbs hat – gerade für rein wirtschaftliche Güter – eine hohe
Objektivierungsfunktion inne, sie schränkt den Ansatz immaterieller Vermögensgegenstände aber unsachgemäß ein. Konsequenterweise kommt es für
einen handelsbilanziellen Ansatz auf einen entgeltlichen Erwerb bereits seit
dem BilMoG nicht mehr an. Für die Aktivierung selbst erstellter immaterieller Vermögensgegenstände des Anlagevermögens ist es zwingend notwendig,
dass die Vermögensgegenstandseigenschaft erfüllt ist. Um die selbständige
Bewertbarkeit selbst erstellter Vorteile zu belegen, müssen die Kosten nicht
nur schätzbar sein, sie bedürfen auch einer Zuordnung zur Entwicklungsphase. Das handelsrechtliche Vorsichtsprinzip bedarf bei der Beurteilung des
Aktivierungszeitpunktes selbst erstellter Vermögensgegenstände aufgrund der
regelmäßig bestehenden Unsicherheiten eine besondere Beachtung. Nur so
kann eine zweckadäquate Bilanzierung sichergestellt werden, die im Zweifel
einen Ansatz des Entwicklungsprojekts erst ab Fertigstellung und somit eine
weitgehend aufwandswirksame Erfassung bedeutet. Die Forderung der Beibehaltung eines entgeltlichen Erwerbs für die Handelsbilanz und damit ein
pauschaler Ansatz erworbener Forschungs- und Entwicklungsprojekte führt
nicht grundsätzlich zu einer zweckadäquaten Bilanzierungslösung.

14. Die selbständige Bewertbarkeit einzeln übertragener Kundenbeziehungen
ist regelmäßig bereits durch das gezahlte Entgelt hinreichend objektiviert.
Selbst erstellte Kundenlisten und Kundendaten, die lediglich zu Vertriebs-
zwecken genutzt werden, und regelmäßig auch originäre Kundenverträge,
die zwar eine Form rechtlich abgesicherter Kundenbeziehungen darstellen,
aber mit einer hohen Unsicherheit behaftet sind, dürfen wegen des ihnen
inhärenten Risikos vorsichtsbedingt nicht aktiviert werden. Exklusivbelieferungsverträge oder bestimmt ausgestaltete Rahmenverträge, die bspw. eine
Minimumabnahmemenge festlegen, erfüllen unter Umständen das Kriterium
der selbständigen Bewertbarkeit und sind somit ansatzfähig. Ausschlaggebend ist auch hier die konkrete Ausgestaltung des jeweiligen Einzelfalls.
Auch für im Rahmen eines Unternehmenskaufs übergegangene Kundenbeziehungen, selbst wenn es sich um erworbene Kundenverträge handelt, ist nur
eine die Besonderheiten des Einzelfalls erfassende wirtschaftliche Betrachtungsweise zielführend. Ausschlaggebend ist die Möglichkeit der Aufteilung
des Gesamtkaufpreises auf die erworbenen Vorteile.

15. Die Ansatzkriterien des wahrscheinlichen Nutzenzuflusses sowie die – mit dem Kriterium der selbständigen Bewertbarkeit vergleichbare – verlässliche Bewertbarkeit ermöglichen eine weitergehende Konkretisierung des immateriellen Vermögenswertbegriffs nach IFRS. Ebenso wie nach GoB ist eine Abgrenzbarkeit des wirtschaftlichen Vorteils bei einem gesonderten entgeltlichen Erwerb regelmäßig unstrittig. Durch den in IAS 38 enthaltenen Kriterienkatalog werden die zu erfüllenden Kriterien für den Fall der Selbsterstellung weiter konkretisiert, sodass die mit dem selbst erstellten Vermögenswert verbundenen Unsicherheiten besser eingeschätzt werden können. Obwohl die Konkretisierung nach GoB und IFRS zahlreiche Parallelen aufweist, sind die zusätzlichen Kriterien nach IFRS aufgrund des geringeren Stellenwerts der Vorsicht und Objektivierung im Zweifel aber weniger restriktiv auszulegen als nach GoB. Bei Vermögenswerten ebenso wie bei Forschungs- und Entwicklungsprojekten, die gesondert erworben oder durch einen Unternehmenszusammenschluss zugehen, werden die Ansatzkriterien als typisiert erfüllt erachtet. Es kommt hier maßgeblich auf die Erfüllung der Definitionskriterien, insbesondere der Kontrolle, an. Für erworbene Vorteile, mithin auch erworbene Kundenbeziehungen, bedeutet dies eine vom IASB intendierte, weitreichende Aktivierung außerhalb des Geschäfts- oder Firmenwerts, die regelmäßig über diejenige im Rahmen der GoB-Bilanzierung hinausgeht.

16. Die im Rahmenkonzept von 2018 vorhandene und im Vergleich zu vorherigen Versionen weitreichend überarbeitete Vermögenswertdefinition weicht nunmehr in weiten Teilen von der Definition des IAS 38 ab. Ein Vermögenswert stellt demnach eine gegenwärtige wirtschaftliche Ressource dar, von der nicht zwingend ein künftiger wirtschaftlicher Nutzen, bspw. in Form direkter oder indirekter Zahlungszuflüsse, erwartet wird; es kommt vielmehr auf das Potenzial zur Erzielung künftiger Vorteile an. Trotz der Beschreibung der wirtschaftlichen Ressource als ein Recht, das eine juristisch durchsetzbare Kontrolle vermuten lässt, wird der Begriff denkbar weit ausgelegt. Nicht nur juristisch durchsetzbare, sondern auch faktische Ansprüche sind darunter zu fassen. Dadurch findet zunächst eine Erweiterung des Kreises potenzieller Vermögenswerte im Vergleich zu IAS 38 statt. Inhaltlich und konzeptionell überzeugend fungiert das Innehaben der Kontrolle über den wirtschaftlichen Vorteil als zentrales Kriterium und nimmt aufgrund einer nur untergeordneten Rolle der Identifizierbarkeit einen besonderen Stellenwert ein.

17. Für die Vermögenswertdefinition des Rahmenkonzepts 2018 ist die Wahrscheinlichkeitsbeurteilung nicht maßgeblich. Damit besteht für einzeln oder

durch einen Unternehmenserwerb zugegangene Vermögenswerte ein Gleichklang zwischen den Regelungen des Rahmenkonzepts und der Einzelstandards. Der Ansatz von Forschungs- und Entwicklungstätigkeiten wird anhand
der Rahmenkonzeptdefinition lediglich durch die Forderung nach der Vermittlung relevanter Informationen beschränkt und der Kreis der Aktivierung
bei einer Orientierung an dieser Definition potenziell erweitert. Eine per-
spektivische Auflösung der nunmehr bestehenden Abweichungen zwischen
Rahmenkonzept und Einzelstandard müsste eine Eliminierung der Ansatzkriterien auch auf Ebene des IAS 38 bedeuten und damit einen stärkeren
Fokus auf die Beurteilung des Kontrollkriteriums legen. Eine zweckadäquate
Konkretisierung bedeutet, die mit immateriellen Vermögenswerten einhergehenden Unsicherheiten – unabhängig der jeweiligen Zugangsart – im Rahmen
der Aktivierungsfähigkeit zu berücksichtigen.

18. Die in Teilen unzureichende Konkretisierung durch die bestehenden Krite-
    rien nach GoB und IFRS legitimiert die Konzeption einer alternativen, den
    tatsächlichen wirtschaftlichen Gegebenheiten gerecht werdenden und gleich-
    zeitig objektivierten Konkretisierung. Eine Orientierung an der Property-
    Rights-Theorie, wonach nicht der Gegenstand selbst, sondern die mit ihm
    verbundenen Nutzungsrechte bilanziert werden, ist mit dem ausschüttungs-
    statischen Bilanzverständnis nach GoB ebenso vereinbar wie mit dem den
    IFRS zugrunde liegenden Bilanzverständnis der Zeitwertstatik. Obwohl der
    Anforderung der Objektivierung von Bilanzinhalten im Sinne der Property-
    Rights-Theorie aufgrund der Anknüpfung an ein Recht grundsätzlich ent-
    sprochen werden kann, relativiert sich der tatsächliche Objektivierungsgrad
    durch die zutreffende Auslegung des Rechtsbegriffs in wirtschaftlicher
    Betrachtungsweise.

19. Nach Maßgabe der Property-Rights-Theorie und unter Einhaltung der jewei-
    ligen Rechnungslegungszwecke stellt sich die konkrete bilanzielle Ausgestal-
    tung teilweise abweichend zum Status quo der Bilanzierung nach GoB und
    IFRS dar. Demnach können die mit Forschungs- und Entwicklungstätigkeiten
    verbundenen Nutzungsrechte unter Beachtung der Property-Rights-Theorie
    bei gleichzeitig strenger Bewertung früher aktiviert werden. Anders als nach
    IFRS und teilweise auch nach GoB ist die Aktivierung von Nutzungsrechten
    an Kundenbeziehungen nicht von der Zugangsart abhängig. Ausschlaggebend
    ist einzig die inhaltliche Ausgestaltung, sodass gelten muss, dass in hohem
    Maße aufbereitete, selbsterstellte Kundenbeziehungen, bei denen der Nut-
    zenzufluss hinreichend kontrollierbar ist, im Zweifel früher angesetzt werden
    können als gegenwärtig nach GoB und IFRS. Etwaige Unsicherheiten werden

im Rahmen der Bewertung berücksichtigt. Für den Fall erworbener Kunden-beziehungen ergibt sich im Vergleich zu den Regelungen nach IFRS 3 keine abweichende Beurteilung. Auch eine fehlende selbständige Bewertbarkeit, die gegenwärtig eine Aktivierung nach GoB hindert, spiegelt sich unter Einbezug der Property-Rights-Theorie nicht im Ansatz, sondern im Rahmen der Bewertung wider.

20. Durch die Anknüpfung an die Property-Rights-Theorie können einerseits relevante und verlässliche Informationen bereitgestellt werden, andererseits kann auch eine vorsichtige Ermittlung des ausschüttungsfähigen Gewinns stattfinden. Dieser Ansatz bietet mithin sowohl nach GoB als auch nach IFRS einen geeigneten Referenzrahmen, um darauf aufbauend weitere Kriterien zu entwickeln. Die Orientierung an Property Rights ist auch bei anderen Bilanzierungsfragen durchaus zu vertreten, sodass das Rahmenkonzept bei der Entwicklung künftiger IFRS seiner Funktion als konzeptionelle Basis besser gerecht werden könnte. Gleichzeitig wird deutlich, dass das Potenzial eines ökonomischen Ansatzes für eine (Weiter-)Entwicklung der Rechnungslegungsregelungen nicht überschätzt werden darf.

Verzeichnis zitierter Schriften

Adler/Düring/Schmaltz (1998), Rechnungslegung und Prüfung der Unternehmen, 6. Aufl., Stuttgart.

Aisbitt, Sally/Nobes, Christopher (2001), The true and fair view requirement in recent national implementations, in: Accounting and Business Research, 31. Jg., Nr. 2, S. 83–90.

Alber, Siegbert (2003), Tendenzen der neueren Rechtsprechung des EuGH, in: Zeitschrift für Europarechtliche Studien, 6. Jg., Nr. 1, S. 1–50.

Alchian, Armen A. (1977), Economic forces at work, Indianapolis.

Alchian, Armen A./Demsetz, Harold (1972), Production, Information Costs, and Economic Organization, in: The American Economic Review, 62. Jg., Nr. 5, S. 777–795.

Alchian, Armen A./Demsetz, Harold (1973), The Property Right Paradigm, in: The Journal of Economic History, 33. Jg., Nr. 1, S. 16–27.

Alexander, David (1999), A benchmark for the adequacy of published financial statements, in: Accounting and Business Research, 29. Jg., Nr. 3, S. 239–253.

Alexander, David/Eberhartinger, Eva (2010), The European Union Endorsement Process for International Financial Reporting Standards: A Telos-Based Analysis, in: Accounting in Europe, 7. Jg., Nr. 1, S. 37 62.

Alexander, David/Jermakowicz, Eva (2006), A true and fair view of the principles/rules debate, in: Abacus, 42. Jg., Nr. 2, S. 132–164.

Allgeier Holding AG (2006), Veröffentlichung gemäß § 37q Abs. 2 WpHG, in: Bundesanzeiger.

Althoff, Frank/Ehsen-Rühl, Judith (2020), Bilanzierung von Forschungszulagen nach IFRS, in: WPg, 73. Jg., Nr. 15, S. 888–893.

Anderson, Nick (2017), Financial reporting remains core to the investement process, ICAEW's Information for Better Markets event, London.

Anweiler, Jochen (1997), Die Auslegungsmethoden des Gerichtshofs der Europäischen Gemeinschaften, Frankfurt am Main, u. a.

Appelmann, Johannes (2017), Bilanzierung von Kundenbeziehungen. Eine kritische Untersuchung des Ansatzes und der Bewertung kundenorientierter immaterieller Vermögenswerte im Rahmen der Kaufpreisallokation bei Unternehmenszusammenschlüssen nach IFRS, Hamburg.

Arbeitskreis Fortentwicklung der Rechnungslegung für KMU (2012), Stellungnahme zum Vorschlag der Europäischen Kommission vom 25.10.2011 zur Änderung der Bilanzrichtlinien (KOM(2011) 684 final), in: DB, 65. Jg., Nr. 18, S. 991–993.

© Der/die Herausgeber bzw. der/die Autor(en) 2023
J. K. Müller, *Grundsätze ordnungsmäßiger Bilanzierung von Kundenbeziehungen nach GoB im Vergleich zu IFRS*,
https://doi.org/10.1007/978-3-658-40544-1

Arbeitskreis "Immaterielle Werte im Rechnungswesen" der Schmalenbach-Gesellschaft für Betriebswirtschaft e.V. (2009), Immaterielle Werte im Rahmen der Purchase Price Allocation bei Unternehmenszusammenschlüssen nach IFRS – Ein Beitrag zur Best Practice, in: ZfbF-Sonderheft 60/09, hrsg. v. A. Haller/R. Reinke.

Arbeitskreis Bilanzrecht der Hochschullehrer Rechtswissenschaften (2008), Stellungnahme zu dem Entwurf eines BilMoG: Einzelfragen zum materiellen Bilanzrecht, in: BB, 63. Jg., Nr. 5, S. 209–216.

Arbeitskreis der Schmalenbach-Gesellschaft (2001), Kategorisierung und bilanzielle Erfassung immaterieller Werte, in: DB, 54. Jg., Nr. 19, S. 989–995.

Arbeitskreis der Schmalenbach-Gesellschaft (2008), Leitlinien zur Bilanzierung selbstgeschaffener immaterieller Vermögensgegenstände des Anlagevermögens nach dem Regierungsentwurf des BilMoG, in: DB, 61. Jg., Nr. 34, S. 1813–1821.

Arnett, Harold E. (1961), What does "objectivity" mean to accountants?, in: The Journal of Acountancy, 111. Jg., Nr. 5, S. 63–68.

Arnold/Picot (1985), Transaktionskosten, in: Die Betriebswirtschaft, 45. Jg., Nr. 2, S. 224 f.

Bachmayr, Karl E. (1976), Bundesfinanzhof gegen Überbewertung in der Handelsbilanz, in: BB, 31. Jg., Nr. 13, S. 561–569.

Backes, Matthias (2019), Grundsätze ordnungsmäßiger Sicherungsbilanzierung nach IFRS und HGB. Finanzwirtschaftliche Sicherungsstrategien und ihre bilanzielle Abbildung, Wiesbaden.

Baetge, Jörg (1970), Möglichkeiten der Objektivierung des Jahreserfolges, Düsseldorf.

Baetge, Jörg/Ballwieser, Wolfgang (1978), Probleme einer rationalen Bilanzpolitik, in: BFuP, 30. Jg., Nr. 6, S. 511–530.

Baetge, Jörg/Keitz, Isabel v./Wieding, Fabian von (2020): IAS 38, in: Rechnungslegung nach IFRS – Kommentar auf der Grundlage des deutschen Bilanzrechts, hrsg. v. J. Baetge u. a., Stuttgart.

Baetge, Jörg/Kirsch, Hans-Jürgen/Thiele, Stefan (2019), Bilanzen, 15. Aufl., Düsseldorf.

Ballwieser, Wolfgang (1985), Sind mit der neuen Generalklausel zur Rechnungslegung auch neue Prüfungspflichten verbunden?, in: BB, 40. Jg., Nr. 16, S. 1034–1043.

Ballwieser, Wolfgang (1990), Ist das Maßgeblichkeitsprinzip überholt?, in: BFuP, 42. Jg., Nr. 6, S. 477–498.

Ballwieser, Wolfgang (1997), Grenzen des Vergleichs von Rechnungslegungssystemen – dargestellt anhand von HGB, US-GAAP und IAS, in: Aktien- und Bilanzrecht – Festschrift für Bruno Kropff, hrsg. v. K.-H. Forster, Düsseldorf, S. 371–391.

Ballwieser, Wolfgang (1999), HGB-Konzernabschlußbefreiung und privates Rechnungslegungsgremium, in: Internationale Rechnungslegung – Festschrift für Professor Dr. Claus-Peter Weber zum 60. Geburtstag, hrsg. v. K. Küting/G. Langenbucher, Stuttgart, S. 433–449.

Ballwieser, Wolfgang (2003), Rahmenkonzepte der Rechnungslegung: Funktionen, Vergleich, Bedeutung, in: DK, 1. Jg., Nr. 5, S. 337–348.

Ballwieser, Wolfgang (2011), Möglichkeiten und Grenzen der Erstellung einer Einheitsbilanz – Zur Rolle und Entwicklung des Maßgeblichkeitsprinzips, in: Festschrift für Wolfgang Spindler – Steuerrecht im Rechtsstaat, hrsg. v. R. Mellinghoff u. a., Berlin, u. a., S. 577–594.

Ballwieser, Wolfgang (2014a), Ansätze und Ergebnisse einer ökonomischen Analyse des Rahmenkonzepts zur Rechnungslegung, in: ZfbF, 66. Jg., Nr. 5/6, S. 451–476.

Ballwieser, Wolfgang (2014b), Die ökonomischen Wirkungen des Enforcement der Rechnungslegung, in: Festschrift zu Ehren von Christian Kirchner – Recht im ökonomischen Kontext, hrsg. v. W. A. Kaal u. a., Tübingen, S. 625–644.

Ballwieser, Wolfgang (2019): B131, in: Beck'sches Handbuch der Rechnungslegung, hrsg. v. H.-J. Böcking u. a., München.

Ballwieser, Wolfgang (2020): § 248 HGB, in: Münchener Kommentar zum Handelsgesetzbuch, hrsg. v. K. Schmidt/W. F. Ebke, 4. Aufl., München.

Ballwieser, Wolfgang (2020): § 255 HGB, in: Münchener Kommentar zum Handelsgesetzbuch, hrsg. v. K. Schmidt/W. F. Ebke, 4. Aufl., München.

Banker, Rajvid D./Huang, Roang/Natarajan, Ramachadran (2009), Incentive Contracting and Value Relevance of Earnings and Cash Flows, in: Journal of Accounting Research, 47. Jg., Nr. 3, S. 647–678.

Barker, Richard (2015), Conservatism, prudence and the IASB's conceptual framework, in: Accounting and Business Research, 45. Jg., Nr. 4, S. 514–538.

Barker, Richard/Lennard, Andrew/Penman, Stephen/Teixeira, Alan (2020), Accounting for Intangible Assets: Suggested Solutions, in: SSRN Electronic Journal.

Barker, Richard/McGeachin, Anne (2015), An Analysis of Concepts and Evidence on the Question of Whether IFRS Should be Conservative, in: Abacus, 51. Jg., Nr. 2, S. 169–207.

Barker, Richard/Penman, Stephen (2020), Moving the Conceptual Framework Forward: Accounting for Uncertainty, in: Contemporary Accounting Research, 37. Jg., Nr. 1, S. 322–357.

Barker, Richard/Teixeira, Alan (2018), Gaps in the IFRS Conceptual Framework, in: Accounting in Europe, 15. Jg., Nr. 2, S. 153–166.

Bastini, Karola (2015), Gestaltung der Erfolgsrechnung nach IFRS. Experimentelle Analyse der Entscheidungsprozesse nichtprofessioneller Investoren, Wiesbaden.

Basu, Sudipta/Waymire, Gregory (2008), Has the importance of intangibles really grown? And if so, why?, in: Accounting and Business Research, 38. Jg., Nr. 3, S. 171–190.

Bauer, Andrew M./O'Brien, Patricia C./Saed, Umar (2014), Reliability Makes Accounting Relevant. A Comment on the IASB Conceptual Framework Project, in: SSRN Electronic Journal.

Becker, Enno (1940), Die Grundlagen der Einkommensteuer, München.

Beechy, Thomas H. (2005), Accounting Standards: Rules, Principles, or Wild Guesses?, in: Canadian Accounting Perspectives, 4. Jg., Nr. 2, S. 195–212.

Behrendt-Geisler, Anneke (2013), Management Approach in der F&E-Finanzberichterstattung. Normatives Konzept und empirische Erkenntnisse, Hamburg.

Behrendt-Geisler, Anneke/Weißenberger, Barbara E. (2012), Branchentypische Aktivierung von Entwicklungskosten nach IAS 38. Eine empirische Analyse von Aktivierungsmodellen, in: KoR, 12. Jg., Nr. 2, S. 56–66.

Beisheim, Marianne/Dingwerth, Klaus (2008), Procedural Legitimacy and Private Transnational Governance. Are the Good Ones Doing Better?, Working Paper, Research Center (SFB) 700, Berlin.

Beisse, Heinrich (1978/79), Zur Bilanzauffassung des Bundesfinanzhofs, in: JbFfStR, S. 186–196.

Beisse, Heinrich (1980), Handelsbilanzrecht in der Rechtsprechung des Bundesfinanzhofs, in: BB, 35. Jg., Nr. 13, S. 637–646.

Beisse, Heinrich (1981), Die wirtschaftliche Betrachtungsweise bei der Auslegung der Steuergesetze in der neueren deutschen Rechtsprechung, in: StuW, 58. Jg., Nr. 1, S. 1–14.

Beisse, Heinrich (1984), Zum Verhältnis von Bilanzrecht und Betriebswirtschaftslehre, in: StuW, 61. Jg., S. 1–14.

Beisse, Heinrich (1988), Die Generalnorm des neuen Bilanzrechts, in: Handelsrecht und Steuerrecht – Festschrift für Dr. Dr. h. c. Georg Döllerer, hrsg. v. B. Knobbe-Keuk, Düsseldorf, S. 25–44.

Beisse, Heinrich (1990a), Grundsatzfragen der Auslegung des neuen Bilanzrechts, in: BB, 45. Jg., Nr. 29, S. 2007–2012.

Beisse, Heinrich (1990b), Rechtsfragen der Gewinnung von GoB, in: BFuP, 42. Jg., Nr. 6, S. 499–514.

Beisse, Heinrich (1993), Gläubigerschutz – Grundprinzip des deutschen Bilanzrechts, in: Festschrift für Karl Beusch zum 68. Geburtstag am 31. Oktober 1993, hrsg. v. H. Beisse, Berlin, S. 77–97.

Beisse, Heinrich (1994), Zum neuen Bild des Bilanzrechtssystems, in: Bilanzrecht und Kapitalmarkt – Festschrift zum 65. Geburtstag von Professor Dr. Dr. h.c. Dr. h.c. Adolf Moxter, hrsg. v. W. Ballwieser, Düsseldorf, S. 3–31.

Beisse, Heinrich (1997), Wandlungen der Grundsätze ordnungsmäßiger Bilanzierung. Hundert Jahre "GoB", in: Gedächtnisschrift für Brigitte Knobbe-Keuk, hrsg. v. W. Schön/W. Flume, Köln, S. 385–409.

Beisse, Heinrich (1998), "True and fair view" in der Steuerbilanz?: Keine Anrufung des EuGH in steuerbilanzrechtlichen Fragen, in: DStZ, 86. Jg., Nr. 9, S. 310.

Beisse, Heinrich (1999), Normqualität und Normstruktur von Bilanzvorschriften und Standards. Adolf Moxter zum 70. Geburtstag, in: BB, 54. Jg., Nr. 42, S. 2180–2186.

Beisse, Heinrich (2001), Die paradigmatischen GoB, in: Gesellschaftsrecht, Rechnungslegung, Steuerrecht – Festschrift für Welf Müller zum 65. Geburtstag, hrsg. v. P. Hommelhoff, München, S. 731–753.

Bennett, Bruce/Bradbury, Michael/Prangnell, Helen (2006), Rules, principles and judgments in accounting standards, in: Abacus, 42. Jg., Nr. 2, S. 189–204.

Benston, George J./Bromwich, Michael/Wagenhofer, Alfred (2006), Principles- versus rules-based accounting standards: The FASB's standard setting strategy, in: Abacus, 42. Jg., Nr. 2, S. 165–188.

Berger, Jens/Fischer, Felix (2018), Bilanzierung von Cloud-Softwareverträgen nach IFRS, in: BB, 73. Jg., Nr. 39, S. 2288–2290.

Berndt, Thomas (2005), Wahrheits- und Fairnesskonzeptionen in der Rechnungslegung, Stuttgart.

Biener, Herbert (1996), Fachnormen statt Rechtsnormen. Ein Beitrag zur Deregulierung der Rechnungslegung, in: Rechnungslegung – warum und wie? – Festschrift für Hermann Clemm zum 70. Geburtstag, hrsg. v. W. Ballwieser u. a., München, S. 59–79.

Binger, Marc (2009), Der Ansatz von Rückstellungen nach HGB und IFRS im Vergleich. Regelungsschärfe, Zweckadäquanz sowie Eignung für die Steuerbilanz, Wiesbaden.

Birnberg, Jacob G. (1980), The role of accounting in financial disclosure, in: Accounting, Organizations and Society, 5. Jg., Nr. 1, S. 71–80.

Blecher, Christian/Horx, Janina (2020), Zur Bilanzierung von Kryptowährungen nach GoB und IFRS, in: WPg, 73. Jg., Nr. 5, S. 267–271.

BMJ (2007): Referentenentwurf eines Gesetzes zur Modernisierung des Bilanzrechts (Bilanzrechtsmodernisierungsgesetz – BilMoG), abrufbar unter: https://pdf.fachmedien. de/der-betrieb/081107_BilMoG_RefE.pdf (zuletzt abgerufen am 22.4.2021) (zitiert als BilMoG-RefE).

Böckem, Hanne/Geuer, Caroline (2019), Möglichkeiten und Grenzen der Aktivierung von Kosten im Zusammenhang mit Cloud-Computing (SaaS)-Arrangements nach IFRS, in: KoR, 19. Jg., Nr. 11, S. 469–475.

Böckem, Hanne/Jordan, Stefanie (2021), Agile Softwareprogrammierung nach IAS 38. Grundlagen und Anwendungsbeispiel zu den Möglichkeiten und Grenzen der Aktivierung von selbs erstellten immateriellen Vermögenswerten, in: KoR, 21. Jg., Nr. 7–8, S. 336–344.

Böcking, Hans-Joachim (1989), Der Grundsatz umsatzbezogener Gewinnrealisierung beim Finanzierungsleasing. Zugleich eine kritische Würdigung der BFH-Entscheidung IV R 18/86 vom 8.10.1987, in: ZfbF, 41. Jg., Nr. 6, S. 491–515.

Böcking, Hans-Joachim (1994), Verbindlichkeitsbilanzierung. Wirtschaftliche versus formalrechtliche Betrachtungsweise, Wiesbaden, u. a.

Böcking, Hans-Joachim (2001), Rechnungslegungsstandards, in: Handwörterbuch des Bank- und Finanzwesens, hrsg. v. W. Gerke, 3. Aufl., Stuttgart, Sp. 1775–1786.

Böcking, Hans-Joachim/Gros, Marius (2007), IFRS und die Zukunft der steuerlichen Gewinnermittlung, in: DStR, 45. Jg., Nr. 51/52, S. 2339–2344.

Böcking, Hans-Joachim/Gros, Marius/Tonne, Knut (2020): § 309 HGB, in: Handelsgesetzbuch, hrsg. v. K. Boujong u. a., 4. Aufl., München.

Böcking, Hans-Joachim/Gros, Marius/Wirth, Willy (2019a), Fehlerfeststellung im Enforcement-Verfahren – Zeitwende der Bilanzrechtsprechung: Bedeutung und Implikationen des Beschlusses des OLG Frankfurt/M. vom 04.02.2019 – WpÜG 3/16, WpÜG 4/16, in: DK, 17. Jg., Nr. 9, S. 341–355.

Böcking, Hans-Joachim/Gros, Marius/Wirth, Willy (2019b), Privater Standardsetzer als oberste Instanz in Deutschland und Europa? Zugleich Erwiderung zu Lüdenbach/Freiberg, DB 2019 S. 2305, in: DB, 72. Jg., Nr. 48, S. 2644–2647.

Bohr, Oliver (2009), Bilanzierung von Kundenbeziehungen nach IFRS. Eine Analyse am Beispiel von Kundenakquisitionskosten in der internationalen Mobilfunkindustrie, Wiesbaden.

Botzem, Sebastian/Hofmann, Jeanette (2009), Dynamiken transnationaler Governance – Grenzübergreifende Normsetzung zwischen privater Selbstregulierung und öffentlicher Hierarchie, in: Governance als Prozess – Koordinationsformen im Wandel, hrsg. v. S. Botzem u. a., Baden-Baden, S. 225–249.

Botzem, Sebastian/Quack, Sigrid/Zori, Solomon (2017), International Accounting Standards in Africa: Selective Recursivity for the 'Happy Few'?, in: Global Policy, 8. Jg., Nr. 4, S. 553–562.

Bradbury, Michael E./Schröder, Laura B. (2012), The content of accounting standards: Principles versus rules, in: The British Accounting Review, 44. Jg., Nr. 1, S. 1–10.

Bratton, William W. (2003), Enron, Sarbanes-Oxley and Accounting: Rules versus Principles versus Rents, in: Villanova University School of Law's Law Review Symposium Issue, 48. Jg., Nr. 4, S. 1022–1055.

Breidert, Ulrike/Moxter, Adolf (2007), Zur Bedeutung wirtschaftlicher Betrachtungsweise in jüngeren höchstrichterlichen Bilanzrechtsentscheidungen, in: WPg, 60. Jg., Nr. 21, S. 912–919.

Brouwer, Arjan/Hoogendoorn, Martin/Naarding, Ewout (2015), Will the changes proposed to the conceptual framework's definitions and recognition criteria provide a better basis for IASB standard setting?, in: Accounting and Business Research, 45. Jg., Nr. 5, S. 547–571.

Budäus, Dietrich/Gerum, Elmar/Zimmermann, Gebhard (1988), Einführung, in: Betriebswirtschaftslehre und Theorie der Verfügungsrechte, hrsg. v. D. Budäus u. a., Wiesbaden, S. 9–17.

Budde, Wolfgang D./Steuber, Elgin (1998), Normsetzungsbefugnis eines deutschen Standard Setting Body, in: DStR, 36. Jg., Nr. 31, S. 1181–1187.

Bullen, Halsey G./Crook, Kimberley (2005), Revisiting the Concepts: A New Conceptual Framework Project, Norwalk, CT.

Bumke, Christian (2012), Einführung in das Forschungsgespräch über die richterliche Rechtsarbeit, in: Richterrecht zwischen Gesetzesrecht und Rechtsgestaltung, hrsg. v. C. Bumke, Tübingen, S. 1–32.

Burger, Anton/Ulbrich, Philipp/Knoblauch, Jens (2006), Zur Reform der Bilanzierung von Forschungs- und Entwicklungsaufwendungen nach IAS 38, in: KoR, 6. Jg., Nr. 12, S. 729–737.

Burger, Anton/Ulbrich, Philipp/Sing, Verena (2005), Notwendige Reform der Finanzierung des DRSC, in: KoR, 5. Jg., Nr. 3, S. 123–130.

Bushman, Robert/Engel, Ellen/Smith, Abbie (2006), An Analysis of the Relation between the Stewardship and Valuation Roles of Earnings, in: Journal of Accounting Research, 44. Jg., Nr. 1, S. 53–83.

Busse von Colbe, Walther/Ordelheide, Dieter (2010), Konzernabschlüsse. Rechnungslegung für Konzerne nach betriebswirtschaftlichen Grundsätzen sowie nach Vorschriften des HGB und der IAS/IFRS, 9. Aufl., Wiesbaden.

Cade, Nicole L./Koonce, Lisa/Mendoza, Kim I./Rees, Lynn/Tokar, Mary B. (2019), Assets and Liabilities: When Do They Exist?, in: Contemporary Accounting Research, 36. Jg., Nr. 2, S. 553–578.

Canaris, Claus-Wilhelm (1983), Systemdenken und Systembegriff in der Jurisprudenz. Entwickelt am Beispiel des deutschen Privatrechts, 2. Aufl., Berlin.

Canibano, Leandro/García-Ayuso, Manuel/Sánchez, Paloma (2000), Accounting for Intangibles: A Literature Review, in: Journal of Accounting Literature, 19. Jg., S. 102–130.

Carvalho, Carla/Rodrigues, Ana M./Ferreira, Carlos (2016), The Recognition of Goodwill and Other Intangible Assets in Business Combinations – The Portuguese Case, in: Australian Accounting Review, 26. Jg., Nr. 1, S. 4–20.

Castedello, Marc (2014), Fair Value-Bewertung ausgewählter immaterieller Vermögenswerte, in: Unternehmenskauf nach IFRS und HGB – Purchase price allocation, goodwill und impairment-test, hrsg. v. H. Zelger u. a., 3. Aufl., Stuttgart, S. 251–280.

Chastney, J. G. (1975), True and fair view. A study of the history and meaning of true and fair and a consideration of the impact of the fourth directive. A report, London.

Coase, Ronald H. (1960), The Problem of Social Cost, in: The Journal of Law and Economics, 3. Jg., S. 1–44.

Coase, Ronald H. (1984), The New Institutional Economics, in: Zeitschrift für die gesamte Staatswissenschaft, 140. Jg., Nr. 1, S. 229–231.

Cooper, Steve (2015), A tale of 'prudence', in: Investor Perspectives IFRS, 1. Jg., Nr. 6, S. 1–6.

Cortese, Corinne (2011), Standardizing oil and gas accounting in the US in the 1970s: Insights from the perspective of regulatory capture, in: Accounting History, 16. Jg., Nr. 4, S. 403–421.

Crezelius, Georg (1986/87), Die Unternehmensbilanz auf dem Prüfstand des neuen Bilanzrechts – Handels- und Steuerrecht, in: Jahrbuch der Fachanwälte für Steuerrecht 1986/87, hrsg. im Auftrag der Arbeitsgemeinschaft der Fachanwälte für Steuerrecht e.V., S. 387–464.

Crezelius, Georg (1987), Das Handelsbilanzrecht in der Rechtsprechung des Bundesfinanzhofs, in: Zeitschrift für Unternehmens- und Gesellschaftsrecht, 16. Jg., Nr. 1, S. 1–45.

Curtius-Hartung, Rudolf (1970), Immaterielle Werte – ohne Firmenwerte – in der Ertragsteuerbilanz, in: Steuerberater-Jahrbuch 1969/70 – zugleich Bericht über den 21. Fachkongreß der Steuerberater der Bundesrepublik Deutschland, Köln, 10. bis 12. November 1969, hrsg. v. Fachkongress der Steuerberater der Bundesrepublik Deutschland, S. 325–347.

Daske, Holger/Hail, Luzi/Leuz, Christian/Verdi, Rodrigo (2008), Mandatory IFRS Reporting around the World: Early Evidence on the Economic Consequences, in: Journal of Accounting Research, 46. Jg., Nr. 5, S. 1085–1142.

Dauses, Manfred A. (1995), Das Vorabentscheidungsverfahren nach Artikel 177 EG-Vertrag, 2. Aufl., München.

Dehmel, Inga (2015), Aktuelle Entwicklung bei den Definitions- und Ansatzkriterien für Vermögenswerte im Conceptual-Framework-Projekt des IASB, in: BB, 70. Jg., Nr. 30, S. 1770–1775.

Dehmel, Inga (2021), Aktuelle Herausforderungen für die Rechnungslegung immaterieller Vermögensgegenstände in Anbetracht ihrer steigenden Bedeutung durch die Digitalisierung, in: KoR, 21. Jg., Nr. 6, S. 245–253.

Dennis, Ian (2018), What is a Conceptual Framework for Financial Reporting?, in: Accounting in Europe, 15. Jg., Nr. 3, S. 374–401.

Dennis, Ian (2019), The Conceptual Framework – A 'Long and Winding Road' ..., in: Accounting in Europe, 55. Jg., Nr. 1, S. 1–34.

Deubert, Michael/Lewe, Stefan (2019), Bilanzierung von Software beim Anwender nach HGB – Besonderheiten bei Cloud-Lösungen, in: BB, 74. Jg., Nr. 14, S. 811–815.

Dichev, Ilia D. (2017), On the conceptual foundations of financial reporting, in: Accounting and Business Research, 47. Jg., Nr. 6, S. 617–632.

Dingwerth, Klaus (2007), The New Transnationalism. Transnational Governance and Democratic Legitimacy, Houndmills u. a.

Dobler, Michael/Kurz, Gerhard (2008), Aktivierungspflicht für immaterielle Vermögensgegenstände in der Entstehung nach dem RegE eines BilMoG: Kritische Würdigung der F&E-Bilanzierung im HGB-Abschluss de lege ferenda, in: KoR, 8. Jg., Nr. 8, S. 485–493.

Döllerer, Georg (1959), Grundsätze ordnungsmäßiger Bilanzierung, deren Entstehung und Ermittlung, in: BB, 14. Jg., Nr. 34, S. 1217–1221.

Döllerer, Georg (1969), Die Maßgeblichkeit der Handelsbilanz für die Steuerbilanz, in: BB, 24. Jg., Nr. 12, S. 501–507.

Döllerer, Georg (1971a), Leasing – wirtschaftliches Eigentum oder Nutzungsrecht?, in: BB, 26. Jg., Nr. 13, S. 535–540.

Döllerer, Georg (1971b), Maßgeblichkeit der Handelsbilanz in Gefahr, in: BB, 26. Jg., Nr. 31, S. 1333–1335.

Döllerer, Georg (1979/80), Gedanken zur "Bilanz im Rechtssinne", in: Jahrbuch der Fachanwälte für Steuerrecht 1979/1980, hrsg. im Auftrag der Arbeitsgemeinschaft der Fachanwälte für Steuerrecht e.V., Herne, S. 195–205.

Döllerer, Georg (1980), Droht eine neue Aktivierungswelle?, in: BB, 35. Jg., Nr. 26, S. 1333–1337.

Döllerer, Georg (1987), Handelsbilanz und Steuerbilanz. nach den Vorschriften des Bilanzrichtlinien-Gesetzes, in: BB, Beilage 12 zu Heft 16, S. 1–16.

Dörner, Achim/Neubert, Bob (2008), Praktische Bilanzierung von Entwicklungskosten nach dem Regierungsentwurf zum BilMoG: Eine Fallstudie zu Unterschieden zwischen Steuerrecht, BilMoG und IAS 38, in: IRZ, 3. Jg., Nr. 10, S. 449–457.

DRSC: DRS 12 – Immaterielle Vermögensgegenstände des Anlagevermögens – i. d. F. vom 8.7.2002, in: Bundesanzeiger, 54. Jg. (2002), aufgehoben am 18.2.2010 (zitiert als DRS 12).

DRSC: DRS 20 – Konzernlagebericht – i. d. F. vom 2.11.2011, in: Bundesanzeiger, 64. Jg. (2012), zuletzt geändert am 22.9.2017 (zitiert als DRS 20).

DRSC: DRS 24 – Immaterielle Vermögensgegenstände im Konzernabschluss – i. d. F. vom 30.10.2015, in: Bundesanzeiger, 68. Jg. (2016), zuletzt geändert am 22.9.2017 (zitiert als DRS 24).

DRSC (2018), Satzung des Vereins, abrufbar unter: https://www.drsc.de/app/uploads/2018/08/180702_Satzung_rev.pdf (zuletzt abgerufen am 6. 9. 2020).

DRSC (2021), Profil, abrufbar unter: https://www.drsc.de/profil/ (zuletzt abgerufen am 22. 4. 2021).

Drüen, Klaus-Dieter (1997), Typus und Typisierung im Steuerrecht. Anmerkung zu Martin Strahl, Die typisierende Betrachtungsweise im Steuerrecht, in: StuW, 74. Jg., Nr. 3, S. 261–274.

Drymiotes, George/Hemmer, Thomas (2013), On the Stewardship and Valuation Implications of Accrual Accounting Systems, in: Journal of Accounting Research, 51. Jg., Nr. 2, S. 281–334.

DSR (2002), Entwurf: Grundsätze ordnungsmäßiger Rechnungslegung (Rahmenkonzept).

Duhr, Andreas (2006), Grundsätze ordnungsmäßiger Geschäftswertbilanzierung. Objektivierungskonzeptionen des Geschäftswertes nach HGB, IFRS und US-GAAP, Düsseldorf.

Dworkin, Ronald M. (1967), The Model of Rules, in: University of Chicago Law Review, 35. Jg., Nr. 1, S. 14–46.

Ebke, Werner F. (1999), Der Deutsche Standardisierungsrat und das Deutsche Rechnungslegungs Standards Committee: Aussichten für eine professionelle Entwicklung von Rechnungslegungsgrundsätzen, in: ZIP, 20. Jg., Nr. 29, S. 1193–1203.

EFRAG (2013), Getting a Better Framework. PRUDENCE. Bulletin.

EFRAG (2020), Discussion Paper "Accounting for Crypto-Assets (Liabilities): Holder and issuer perspective", abrufbar unter: https://www.efrag.org/Assets/Download?assetUrl=%2fsites%2fwebpublishing%2fSiteAssets%2fEFRAG%2520Discussion%2520Paper-Accounting%2520for%2520Crypto-Assets%2520(Liabilities)-%2520July%25202020.pdf&AspxAutoDetectCookieSupport=1 (zuletzt abgerufen am 23. 10. 2020).

Eibelshäuser, Manfred (1983), Immaterielle Anlagewerte in der höchstrichterlichen Finanzrechtsprechung, Wiesbaden.

Eibelshäuser, Manfred (2002), Wirtschaftliche Betrachtungsweise im Steuerrecht – Herkunft und Bedeutung, in: DStR, 40. Jg., Nr. 34, S. 1426–1432.

Eidenmüller, Horst (1998), Effizienz als Rechtsprinzip. Möglichkeiten und Grenzen der ökonomischen Analyse des Rechts, Tübingen.

Eierle, Brigitte/Wencki, Simone (2014), Wird das handelsrechtliche Wahlrecht zur Aktivierung von Entwicklungskosten vom deutschen Mittelstand angenommen?, in: DB, 67. Jg., Nr. 19, S. 1029–1036.

Eitzen, Bernd von/Moog, Tim/Pyschny, Hermann (2010), Forschungs- und Entwicklungskosten nach dem Bilanzrechtsmodernisierungsgesetz (BilMoG) unter Berücksichtigung des IAS 38, in: KoR, 10. Jg., Nr. 7/8, S. 357–361.

Entwurf eines Handelsgesetzbuchs und Entwurf eines Einführungsgesetzes. Nebst Denkschrift zu dem Entwurf eines Handelsgesetzbuchs und eines Einführungsgesetzes in der Fassung der dem Reichstag gemachten Vorlage (1988), hrsg. v. W. Schubert u. a., in: Quellen zum Handelsgesetzbuch von 1897, Frankfurt am Main.

Erb, Carsten/Pelger, Christoph (2015a), "Twisting words"? A study of the construction and reconstruction of reliability in financial reporting standard-setting, in: Accounting, Organizations and Society, 40. Jg., S. 13–40.

Erb, Carsten/Pelger, Christoph (2015b), Welche Vorstellungen hat der IASB vom neuen Rahmenkonzept?, in: WPg, 68. Jg., Nr. 20, S. 1058–1064.

Erb, Carsten/Pelger, Christoph (2018a), Das neue Rahmenkonzept des IASB, in: WPg, 71. Jg., Nr. 14, S. 872–878.

Erb, Carsten/Pelger, Christoph (2018b), Potenzielle Praxisimplikationen des neuen Rahmenkonzepts des IASB, in: IRZ, 13. Jg., Nr. 7/8, S. 327–331.

Erbs, Georg/Kohlhaas, Max/Ambs, Friedrich/Lutz, Hans-Joachim (2021): GastG, § 2, in: Strafrechtliche Nebengesetze, hrsg. v. P. Häberle u. a., München.

Ernst, Christoph/Seidler, Holger (2008), Der Regierungsentwurf eines Gesetzes zur Modernisierung des Bilanzrechts, in: ZGR, 27. Jg., Nr. 5, S. 631–675.

Ernst & Young (2021), International GAAP, Chichester.

ESMA (2014), ESMA Guidelines on enforcement of financial information, Paris.

Esser, Maik/Hackenberger, Jens (2004), Bilanzierung immaterieller Vermögenswerte des Anlagevermögens nach IFRS und US-GAAP, in: KoR, 4. Jg., Nr. 10, S. 402–414.

Euler, Roland (1989), Grundsätze ordnungsmäßiger Gewinnrealisierung, Düsseldorf.

Euler, Roland (1996), Das System der Grundsätze ordnungsmäßiger Bilanzierung.

Euler, Roland (1997), Bilanzrechtstheorie und internationale Rechnungslegung, in: Handelsbilanzen und Steuerbilanzen – Festschrift zum 70. Geburtstag von Heinrich Beisse, hrsg. v. W. D. Budde, Düsseldorf, S. 171–188.

Euler, Roland (2007), Urteilsbesprechung zu dem BFH-Urteil vom 19.10.2006 – III R 6/05 zu Aufwendungen für die Übertragung eines Domain-Namens als Anschaffungskosten für ein nicht abnutzbares immaterielles Wirtschaftsgut, in: BB, 62. Jg., Nr. 14, S. 769–772.

Europäische Kommission (2011), Impact Assessment – Accompanying document to the Proposal for a Council Directive on a Common Consolidated Corporate Tax Base (CCCTB), Brüssel.

Europäische Kommission (2016), Vorschlag für eine Richtlinie des Rates über eine Gemeinsame Körperschaftsteuer-Bemessungsgrundlage, Straßburg.

Evers, Maria T./Finke, Katharina/Köstler, Melanie/Meier, Ina/Scheffler, Wolfram/Spengel, Christoph (2014), Gemeinsame Körperschaftsteuer-Bemessungsgrundlage in der EU: Konkretisierung der Gewinnermittlungsprinzipien und Weiterentwicklungen, Discussion Paper No. 14–112, Zentrum für Europäische Wirtschaftsforschung GmbH.

Ewert, Ralf/Wagenhofer, Alfred (2012), Earnings management, conservatism and earnings quality, Boston, u. a.

Fabri, Stephan (1986), Grundsätze ordnungsmäßiger Bilanzierung entgeltlicher Nutzungsverhältnisse, Bergisch Gladbach, u. a.

Farwick, Lars-Oliver (2016), Bilanzierung von Zuschüssen der öffentlichen Hand für Investitionen, in: BC, 40. Jg., Nr. 12, S. 562–567.

Fezer, Karl-Heinz (1986), Aspekte einer Rechtskritik an der economic analysis of law und am property rights approach, in: Juristen Zeitung, 41. Jg., Nr. 18, S. 817–824.

Fischer, Klemens H. (2007), Die Legitimation von supranationalen Organisationen, in: Zeitschrift für öffentliches Recht, 62. Jg., Nr. 3, S. 323–370.

Fisher, Irving (1906), The nature of capital and income, New York.

Flies, Rolf (1996), Auftragsbestand und Firmenwert, in: DB, 49. Jg., Nr. 17, S. 846–848.

Florstedt, Tim/Wüstemann, Jens/Wüstemann, Sonja (2015), Wirtschaftliche Betrachtungsweise und europäische Bilanzsteuerrechtsordnung. Anwendungsfelder und -grenzen von substanzbezogenen Methoden für eine harmonisierte Gewinnermittlung in der EU, in: StuW, 92. Jg., Nr. 4, S. 374–385.

Freericks, Wolfgang (1976), Bilanzierungsfähigkeit und Bilanzierungspflicht in Handels- und Steuerbilanz, Köln.

Fresl, Karlo D. (2000), Die Europäisierung des deutschen Bilanzrechts, Wiesbaden.

Fürst, Dietrich (1987), Die Neubelebung der Staatsdiskussion: Veränderte Anforderungen an Regierung und Verwaltung in westlichen Industriegesellschaften, in: Jahrbuch zur Staats- und Verwaltungswissenschaft, hrsg. v. T. Ellwein u. a., S. 261–284.

Furubotn, Eirik G./Pejovich, Svetozar (1972), Property Rights and Economic Theory: A Survey of Recent Literature, in: Journal of Economic Literature, 10. Jg., Nr. 4, S. 1137–1162.

Furubotn, Eirik G./Richter, Rudolf (2008), The New Institutional Economics – A Different Approach To Economic Analysis, in: Economic Affairs, 28. Jg., Nr. 3, S. 15–23.

Furubotn, Eirik G./Richter, Rudolf (2005), Institutions & Economic Theory. The Contribution of the New Institutional Economics, 2. Aufl., Michigan.

Gail, Winfried (1977), Der Begriff des Wirtschaftsguts und seine aktuelle Bedeutung im Steuerrecht, in: BB, 32. Jg., Nr. 3, S. 135–139.

Gassen, Joachim (2008), Are stewardship and valuation usefulness compatible or alternative objectives of financial accounting?, SFB 649 Discussion Paper 2008–028, Humboldt-Universität zu Berlin.

Gebhardt, Günther/Mora, Araceli/Wagenhofer, Alfred (2014), Revisiting the Fundamental Concepts of IFRS, in: Abacus, 50. Jg., Nr. 1, S. 107–116.

Geiger, Barbara (2016): § 103 SGB V, in: Sozialgesetzbuch – SGB, hrsg. v. K. Hauck u. a., Berlin (Loseblatt).

Gelhausen, Hans F. (2009), Rechnungslegung und Prüfung nach dem Bilanzrechtsmodernisierungsgesetz, Kommentar, Düsseldorf.

Gelhausen, Hans F./Althoff, Frank (2009), Die Bilanzierung ausschüttungs- und abfindungs-gesperrter Beträge im handelsrechtlichen Jahresabschluss nach BilMoG (Teil 1), in: WPg, 62. Jg., Nr. 11, S. 584–592.

Georgiou, Omiros (2018), The Worth of Fair Value Accounting: Dissonance between Users and Standard Setters, in: Contemporary Accounting Research, 35. Jg., Nr. 3, S. 1297–1331.

Gisewski, Martin (2008), Methodik der Auslegung im kontinentaleuropäischen und angel-sächsischen Recht. Vergleich und Synthese juristischer Denkweisen vor dem Hintergrund der europäischen Privatrechtsangleichung, Hamburg.

Gjesdal, Froystein (1981), Accounting for Stewardship, in: Journal of Accounting Research, 19. Jg., Nr. 1, S. 208.

Glade, Hans-Joachim (1991), Immaterielle Anlagewerte in Handelsbilanz, Steuerbilanz und Vermögensaufstellung, Bergisch Gladbach, u. a.

Göllert, Kurt (2008), Auswirkungen des Bilanzrechtsmodernisierungsgesetzes (BilMoG) auf die Bilanzpolitik, in: DB, 61. Jg., Nr. 22, S. 1165–1171.

Gore, Richard/Samuelson, Richard A. (2008), Redefending Assets: A Proposal for the Con-ceptual Framework, in: Journal of Theoretical Accounting Research, 4. Jg., Nr. 1, S. 106–134.

Gräber, Hermann (1981), Die handelsrechtliche Geschäftswertbilanzierung im Blickfeld des Abschlußprüfers, Dissertation, Julius-Maximilians-Universität Würzburg.

Groh, Manfred (1979/80), Zur Bilanztheorie des BFH, in: Steuerberater-Jahrbuch 1979/80 – Zugleich Bericht über den 31. Fachkongreß der Steuerberater des Bundesgebietes, Köln, 29. bis 31. Oktober 1979, hrsg. v. F. Hörstmann u. a., Köln, S. 121–139.

Gruber, Thomas (1991), Der Bilanzansatz in der neueren BFH-Rechtsprechung, Stuttgart.

Grund, Christian/Martin, Johannes (2012), Determinants of further training – evidence for Germany, in: The International Journal of Human Resource Management, 23. Jg., Nr. 17, S. 3536–3558.

Günkel, Manfred (2010), Die Maßgeblichkeit nach der Bilanzrechtsreform (BilMoG), in: Unternehmensbesteuerung – Festschrift für Norbert Herzig zum 65. Geburtstag, hrsg. v. W. Kessler u. a., München.

Gutenberg, Erich (1926), Die Struktur der Bilanzwerte, in: ZfB, 3. Jg., Nr. 7/8, S. 497–511 und S. 598–614, zit. nach Eibelshäuser (1983), S. 251.

Habib, Ahsan/Hasan, Mostafa M./Al-Hadi, Ahmed (2017), Financial statement comparabi-lity and corporate cash holdings, in: Journal of contemporary accounting & economics, 13. Jg., Nr. 3, S. 304–321.

Hager, Günter (2009), Rechtsmethoden in Europa, Tübingen.

Haller, Axel/Froschhammer, Matthias/Groß, Tobias (2010), Die Bilanzierung von Entwick-lungskosten nach IFRS bei deutschen börsennotierten Unternehmen – Eine empirische Analyse, in: DB, 63. Jg., Nr. 13, S. 681–689.

Hanke, Anika (2020), Herausforderungen für das Bilanzierungsobjekt "Künstliche Intelli-genz", in: WPg, 73. Jg., Nr. 9, S. 506–511.

Harr, Uwe/Walber, Matthias (2006), Problembereiche der IFRS-Umstellung bei mittelstän-dischen Unternehmen, in: IRZ, 1. Jg., Nr. 3, S. 169–178.

Havermann, Hans (2000), Konzernrechnungslegung – quo vadis?, in: WPg, 53. Jg., Nr. 3, S. 121–127.

Hax, Herbert (1989), Investitionsrechnung und Periodenerfolgsmessung, in: Der Integrationsgedanke in der Betriebswirtschaftslehre – Helmut Koch zum 70. Geburtstag, hrsg. v. W. Delfmann, Wiesbaden, S. 153–170.

Hayes, Rick S./Baker, Richard C. (2004), Using a folk story to generate discussion about substance over form, in: Accounting Education, 13. Jg., Nr. 2, S. 267–284.

Healy, Paul M./Wahlen, James M. (1999), A Review of the Earnings Management Literature and its Implications for Standard Setting, in: Accounting Horizons, 13. Jg., Nr. 4, S. 365–383.

Heidemann, Christian (2005), Die Kaufpreisallokation bei einem Unternehmenszusammenschluss nach IFRS 3, Düsseldorf.

Heinen, Edmund (1986), Handelsbilanzen, Wiesbaden.

Heintzen, Markus (2001), EU-Verordnungsentwurf zur Anwendung von IAS: Kein Verstoß gegen Unionsverfassungsrecht, in: BB, 56. Jg., Nr. 16, S. 825–829.

Helmrich, Herbert (1985), Zur Umsetzung der 4. und 7. EG-Richtlinie in deutsches Handels- und Gesellschaftsrecht, in: ZfbF, 37. Jg., Nr. 9, S. 723–734.

Henckel, Niels-Frithjof/Ludwig, Thomas/Lüdke, Thomas (2008), Behandlung von Forschungs- und Entwicklungskosten nach HGB und IFRS unter Berücksichtigung der durch das BilMoG geplanten Änderungen, in: DB, 61. Jg., Nr. 5, S. 196–199.

Hennrichs, Joachim (2005), Zur normativen Reichweite der IFRS. Zugleich Anmerkungen zu den Urteilen des EuGH und des FG Hamburg in der Rechtssache „BIAO", in: NZG, 8. Jg., Nr. 19, S. 783–787.

Hennrichs, Joachim (2013): § 246 HGB, in: Münchener Kommentar zum Bilanzrecht, Band 1, hrsg. v. J. Hennrichs u. a., München (Loseblatt).

Hennrichs, Joachim (2014): Einführung in die Rechnungslegung nach International Financial Reporting Standards, in: Münchener Kommentar zum Bilanzrecht, Band 1, hrsg. v. J. Hennrichs u. a., München (Loseblatt).

Hennrichs, Joachim (2018): § 9, in: Steuerrecht, hrsg. v. K. Tipke/J. Lang, 23. Aufl., Köln.

Hennrichs, Joachim/Pöschke, Moritz (2009), Die Bedeutung der IFRS für die Auslegung und Anwendung des (Konzern-)Bilanzrechts nach dem BilMoG, in: DK, 7. Jg., Nr. 11, S. 532–540.

Hepers, Lars (2005), Entscheidungsnützlichkeit der Bilanzierung von Intangible Assets in den IFRS. Analyse der Regelungen des IAS 38 unter besonderer Berücksichtigung der ergänzenden Regelungen des IAS 36 sowie des IFRS 3, Lohmar, u. a.

Herzig, Norbert/Briesemeister, Simone (2009), Steuerliche Problembereiche des BilMoG-RegE, in: Die Unternehmensbesteuerung, 2. Jg., S. 157–168.

Heyd, Reinhard/Lutz-Ingold, Martin (2005), Immaterielle Vermögenswerte und Goodwill nach IFRS. Bewertung, Bilanzierung und Berichterstattung, München.

Himick, Darlene/Brivot, Marion/Henri, Jean-François (2016), An ethical perspective on accounting standard setting: Professional and lay-experts' contribution to GASB's Pension Project, in: Critical Perspectives on Accounting, 36. Jg., S. 22–38.

Hitz, Joerg-Markus (2007), The Decision Usefulness of Fair Value Accounting – A Theoretical Perspective, in: European Accounting Review, 16. Jg., Nr. 2, S. 323–362.

Hoffmann, Jörg (2003), Das DRSC und die Regulierung der Rechnungslegung, Frankfurt am Main.

Hoffmann, Sebastian/Detzen, Dominic (2012), Das Joint Conceptual Framework von IASB und FASB – Praktische Implikationen aus dem Abschluss der Phase A für kapitalmarktorientierte Unternehmen, in: KoR, 12. Jg., Nr. 2, S. 52–55.

Hoffmann, Wolf-Dieter (2016), Standardisierung zu den immateriellen Vermögensgegenständen, in: StuB, 18. Jg., Nr. 7, S. 245–256.

Hoffmann-Riem, Wolfgang (1996), Verfahrensprivatisierung als Modernisierung, in: Verfahrensprivatisierung im Umweltrecht, hrsg. v. W. Hoffmann-Riem, Baden-Baden.

Hofians, Robert (1992), Immaterielle Werte in Jahresabschluß, Steuerbilanz und Einheitswertermittlung, Wien.

Höll, Armin (2009), Property-Rights-Theorie, in: Theorien und Methoden der Betriebswirtschaft – Handbuch für Wissenschaftler und Studierende, hrsg. v. M. Schwaiger/A. Meyer, München, S. 149–162.

Homann, Karl (1999), Die Legitimation von Institutionen, in: Handbuch der Wirtschaftsethik, hrsg. v. W. Korff u. a., S. 50–95.

Homfeldt, Niklas B. (2013), Interessengeleitete Rechnungslegung. Internationale Angleichung und politische Ökonomie am Beispiel des "fair value", Wiesbaden.

Hommel, Michael (1997), Internationale Bilanzrechtskonzeptionen und immaterielle Vermögensgegenstände, in: ZfbF, 49. Jg., Nr. 4, S. 345–369.

Hommel, Michael (1998), Bilanzierung immaterieller Anlagewerte, Stuttgart.

Hommel, Michael (2014), Vermögenszurechnung und Ertragsrealisation nach HGB und IFRS, in: Rechnungslegung, Prüfung und Unternehmensbewertung – Festschrift zum 65. Geburtstag von Professor Dr. Dr. h.c. Wolfgang Ballwieser, hrsg. v. M. Dobler, Stuttgart, S. 347–364.

Hommel, Michael/Behnkel, Muriel/Wich, Stefan (2004), IFRS 3 Business Combinations: Neue Unwägbarkeiten im Jahresabschluss, in: BB, 59. Jg., Nr. 23, S. 1267–1273.

Hommel, Michael/Berndt, Thomas (2009), Das Realisationsprinzip – 1884 und heute, in: BB, 64. Jg., Nr. 41, S. 2190–2194.

Hommel, Michael/Wüstemann, Jens (2006), Synopse der Rechnungslegung nach HGB und IFRS. Eine qualitative Gegenüberstellung, München.

Hommelhoff, Peter/Schwab, Martin (1998), Gesellschaftliche Selbststeuerung im Bilanzrecht – Standard Setting Bodies und staatliche Regulierungsverantwortung nach deutschem Recht, in: BFuP, 50. Jg., Nr. 1, S. 38–56.

Hoogendoorn, Martin (2006), International Accounting Regulation and IFRS Implementation in Europe and Beyond – Experiences with First-time Adoption in Europe, in: Accounting in Europe, 3. Jg., Nr. 1, S. 23–26.

Hoogervorst, Hans (2017), The times, they are a-changin', Accountancy Europe, Brüssel.

Hüttche, Tobias (2009), Modernisierte Bilanzpolitik – Weichenstellungen mit Blick auf das BilMoG, in: BB, 64. Jg., Nr. 25, S. 1346–1351.

Hüttemann, Rainer (1994), Transferentschädigungen im Lizenzfußball als Anschaffungskosten eines immateriellen Wirtschaftsguts, in: DStR, 32. Jg., Nr. 14, S. 490–495.

IASB (2008): IAS 38 Immaterielle Vermögenswerte, Basis for Conclusions, London (zitiert als IAS 38.BC).

IASB (2008): IFRS 3 Unternehmenszusammenschlüsse, Basis for Conclusions, London (zitiert als IFRS 3.BC).

IASB (2008): IFRS 3 Unternehmenszusammenschlüsse, Illustrative Examples, London (zitiert als IFRS 3.IE).

IASB (2010): Conceptual Framework for Financial Reporting, London (zitiert als CF (2010)).

IASB (2013): Discussion Paper DP/2013/1, A Review of the Conceptual Framework for Financial Reporting, London (zitiert als DP/2013/1).

IASB (2013), Leases, Basis for Conclusions, Exposure Draft ED/2013/6, London.

IASB (2015): Exposure Draft ED/2015/3, Conceptual Framework for Financial Reporting, London (zitiert als ED/2015/3).

IASB (2015): Exposure Draft ED/2015/3 – Basis for Conclusions, Conceptual Framework for Financial Reporting, London (zitiert als ED/2015/3/BC).

IASB (2018): Conceptual Framework for Financial Reporting, London (zitiert als CF (2018)).

IASB (2018): Conceptual Framework for Financial Reporting, Basis for Conclusions, London (zitiert als CF (2018), BC).

IASB (2019), 2020 Agenda Consultation – Suggestions received for potential future projects, London.

IASB (2020), Discussion Paper: Business Combinations – Disclosures, Goodwill and Impairment, London.

IASC (1989): Framework for the Preparation and Presentation of Financial Statements, London (zitiert als CF (1989)).

IFRS for SMEs (2015), IFRS for SMEs. International Financial Reporting Standard (IFRS) for Small and Medium-sized Entities (SMEs), London.

IFRS Foundation (2020), Due Process Handbook, London.

IFRS Interpretations Committee (2009), Agenda Decision: IFRS 3 Business Combinations – Customer-related intangible assets, London.

IFRS Interpretations Committee (2019a), Tentative Agenda Decision: Player Transfer Payments (IAS 38), abrufbar unter: https://www.ifrs.org/projects/2020/player-transfer-payments/comment-letters-projects/tad-presentation-of-player-transfer-payments/ (zuletzt abgerufen am 22.4.2021).

IFRS Interpretations Committee (2019b), Agenda Paper 7: Customer's right to access the supplier's software hosted on the cloud (IAS 38), London.

IFRS Interpretations Committee (2019c), Agenda Decision: Holdings of Cryptocurrencies, London.

IFRS Interpretations Committee (2020), Agenda Decision: Player Transfer Payments (IAS 38 Intangible Assets).

Ijiri, Yuji (1983), On the Accountability-Based Conceptual Framework of Accounting, in: Journal of Accounting and Public Policy, 2. Jg., Nr. 2, S. 75–81.

Ijiri, Yuji/Jaedicke, Robert K. (1966), Reliability and Objectivity of Accounting Measurements, in: The Accounting Review, 41. Jg., Nr. 3, S. 474–483.

Intelis AG (2008), Veröffentlichung nach § 37q Abs. 2 Satz 1 WpHG, in: Bundesanzeiger.

Janke, Madeleine (1994), Periodisierung, Objektivierung und Vorsicht bei Vermögensgegenständen und Schulden, in: StuW, 71. Jg., Nr. 3, S. 214–231.

Jansen, Rudolf (1994), Transferentschädigung im Lizenzfußball, in: DStR, 32. Jg., Nr. 34, S. 1217–1219.

Jensen, Michael C./Meckling, William H. (1979), Theory of the Firm: Managerial Behavior, Agency Costs, and Ownership Structure, in: Economics Social Institutions – Insights from the Conferences on Analysis & Ideology, hrsg. v. K. Brunner, Dordrecht, S. 163–231.

Jessen, Ulf/Haaker, Andreas (2013), Implikationen der neuen Rechnungslegungsrichtlinie für die Fortentwicklung des deutschen Bilanzrechts, in: DB, 66. Jg., Nr. 30, S. 1617–1622.

Jochum, Georg (2006), Die Steuervergünstigung. Vergünstigungen und vergleichbare Subventionsleistungen im deutschen und europäischen Steuer-, Finanz- und Abgabenrecht, Berlin, u. a.

Johnson, Orace (1976), Contra-Equity Accounting for R&D, in: The Accounting Review, LI, Nr. 4, S. 808–822.

Jüttner, Uwe (1993), GoB-System, Einzelbewertungsgrundsatz und Imparitätsprinzip, Frankfurt am Main.

Kahle, Holger (2002), Internationale Rechnungslegung und ihre Auswirkungen auf Handels- und Steuerbilanz, Wiesbaden.

Kahle, Holger/Haas, Martin (2010), Herstellungskosten selbst geschaffener immaterieller Vermögensgegenstände des Anlagevermögens, in: WPg, 63. Jg., Nr. 1, S. 34–39.

Kahle, Holger/Schulz, Sebastian (2011), Harmonisierung der steuerlichen Gewinnermittlung in der Europäischen Union, in: BFuP, 63. Jg., Nr. 5, S. 455–475.

Kählert, Jens-Peter/Lange, Sabine (1993), Zur Abgrenzung immaterieller von materiellen Vermögensgegenständen, in: BB, 48. Jg., Nr. 9, S. 613–618.

Käufer, Anke (2010), Übertragung finanzieller Vermögenswerte nach HGB und IAS 39. Factoring, Pensionsgeschäfte und Wertpapierleihen im Vergleich, Berlin.

Kavvadias, Nico (2014), Forschungs- und Entwicklungskosten. Abschlusspolitische Gestaltungsspielräume und Determinanten für deren Ausübung, Frankfurt am Main.

Keitz, Isabel v. (1997), Immaterielle Güter in der internationalen Rechnungslegung. Grundsätze für den Ansatz von immateriellen Gütern in Deutschland im Vergleich zu den Grundsätzen in den USA und nach IASC, Düsseldorf.

Keitz, Isabel v. (2015), E-DRS 32: Bilanzierung von immateriellen Vermögensgegenständen, in: WPg, 68. Jg., Nr. 14, S. 687–692.

Keitz, Isabel v./Wenk, Oliver/Jagosch, Christian (2011), HGB-Bilanzierungspraxis nach BilMoG (Teil 1). Eine empirische Analyse von ausgewählten Familienunternehmen, in: DB, 64. Jg., Nr. 44, S. 2445–2450.

Kirchner, Christian (2005), Zur Interpretation von internationalen Rechnungslegungsstandards: das Problem „hybrider Rechtsfortbildung", in: Kritisches zu Rechnungslegung und Unternehmensbesteuerung – Festschrift zur Vollendung des 65. Lebensjahres von Theodor Siegel, hrsg. v. D. Schneider u. a., Berlin, S. 201–217.

Kirsch, Hanno (2008), Positionierung des Regierungsentwurfs des Bilanzrechtsmodernisierungsgesetzes zu den IFRS, in: PiR, 4. Jg., Nr. 7, S. 224–230.

Klostermann, Manfred E. (2000), Der Auftragsbestand als Wirtschaftsgut, Lohmar.

Knobbe-Keuk, Brigitte (1993), Bilanz- und Unternehmenssteuerrecht, 9. Aufl., Köln.

Knüppel, Mark/Federmann, Rudolf/Kleineidam, Hans-Jochen (2007), Bilanzierung von Verschmelzungen nach Handelsrecht, Steuerrecht und IFRS. Gemeinsamkeiten, Unterschiede und Grenzen der Konvergenz, Berlin.

Koch, Simone (2011), Bilanzierung von Nutzungsrechten nach GoB und IFRS, Düsseldorf.

Köhler, Stefan (1997), Die Behandlung des Auftragsbestands beim Unternehmenserwerb in Handels- und Steuerbilanz, in: DStR, 35. Jg., Nr. 8, S. 297–302.

KPMG (2020), Insights into IFRS, London.

Kronner, Markus (1995), GoB für immaterielle Anlagewerte und Tauschgeschäfte, Düsseldorf.

Krumm, Marcel (2021): § 5 EStG, in: EStG, KStG, GewStG, hrsg. v. W. Blümich/B. Heuermann, München (Loseblatt).

Kruse, Heinrich W. (1978), Grundsätze ordnungsmäßiger Buchführung. Rechtsnatur und Bestimmung, 3. Aufl., Köln.

Kühne, Mareike/Schwedler, Kristina (2005), Geplante Änderungen der Bilanzierung von Unternehmenszusammenschlüssen. ED of Proposed Amendments to IFRS 3 und ED of Proposed Amendments to IAS 27, in: KoR, 5. Jg., Nr. 9, S. 329–338.

Kuhner, Christoph/Pelger, Christoph (2015), On the Relationship of Stewardship and Valuation – An Analytical Viewpoint, in: Abacus, 51. Jg., Nr. 3, S. 379–411.

Kulosa, Egmont (2020): § 6 EStG, in: Schmidt: Einkommensteuergesetz, hrsg. v. H. Weber-Grellet, 39. Aufl., München.

Künkele, Peter/Zwirner, Christian (2010), Eigenständige Steuerbilanzpolitik durch das Bilanzrechtsmodernisierungsgesetz (BilMoG), in: StuB, 48. Jg., Nr. 9, S. 335–343.

Kupsch, Peter (1981), Die bilanzielle Behandlung von Baumaßnahmen auf fremden Grundstücken, in: BB, 36. Jg., Nr. 4, S. 212–219.

Kurz, Gerhard (2009), Das IASB und die Regulierung der Rechnungslegung in der EU. Eine Analyse von Legitimation und Lobbying, Frankfurt am Main, u. a.

Kußmaul, Heinz (1988), Bilanzierung von Nutzungsrechten an Grundstücken, in: StuW, 18. Jg., Nr. 65, S. 46–60.

Küting, Karlheinz (2011a), Der Objektivierungsgrundsatz im HGB- und IFRS-System, in: DB, 64. Jg., Nr. 25, S. 1404–1410.

Küting, Karlheinz (2011b), Unbestimmte Rechtsbegriffe im HGB und in den IFRS: Konsequenzen für Bilanzpolitik und Bilanzanalyse, in: BB, 66. Jg., Nr. 34, S. 2091–2095.

Küting, Karlheinz (2012), Zur Komplexität der Rechnungslegungssysteme nach HGB und IFRS, in: DB, Nr. 6, S. 297–304.

Küting, Karlheinz/Dawo, Sascha (2003), Die Bilanzierung immaterieller Vermögenswerte nach IAS 38 – gegenwärtige Regelungen und geplante Änderungen: Ein Beispiel für die Polarität von Vollständigkeitsprinzip und Objektivierungsprinzip, in: BFuP, 55. Jg., Nr. 3, S. 397–416.

Küting, Karlheinz/Eichenlaub, Raphael (2011), Einzelbewertungsgrundsatz im HGB- und IFRS-System, in: BB, 66. Jg., Nr. 19, S. 1195–1200.

Küting, Karlheinz/Ellmann, David (2010), Die Herstellungskosten von selbst geschaffenen immateriellen Vermögensgegenständen des Anlagevermögens, in: DStR, 48. Jg., Nr. 25, S. 1300–1306.

Küting, Karlheinz/Pfirmann, Armin/Ellmann, David (2008), Die Bilanzierung von selbsterstellten immateriellen Vermögensgegenständen nach dem RegE des BilMoG, in: KoR, 8. Jg., Nr. 11, S. 689–697.

Küting, Karlheinz/Strauß, Marc (2011), Der Objektivierungsgrundsatz im HGB- und IFRS-System. Eine vergleichende Darstellung und Würdigung, in: DB, 64. Jg., Nr. 25, S. 1404–1410.

Labrenz, Helfried (2015), Die IFRS-Leasingreform aus konzeptioneller Perspektive, in: KoR, 15. Jg., Nr. 7/8, S. 357–366.

Labrenz, Helfried (2018), Property-Rights-Strukturen im Konzern. Ökonomische Relevanz und Systematik einer Bilanzierung, Wiesbaden.

Lamers, Alfons (1981), Aktivierungsfähigkeit und Aktivierungspflicht immaterieller Werte, München.

Lanfermann, Josef (1992), Meinungen zum Thema: Neue Entwicklungen in der Harmonisierung der Rechnungslegung, in: BFuP, 44. Jg., Nr. 5, S. 441–455.

Lang, Joachim (1986), Grundsätze ordnungsmäßiger Buchführung I, in: Handwörterbuch unbestimmter Rechtsbegriffe im Bilanzrecht des HGB, hrsg. v. U. Leffson u. a., Köln, S. 221–239.

Larenz, Karl/Canaris, Claus-Wilhelm (1995), Methodenlehre der Rechtswissenschaft, 3. Aufl., Berlin.

Laubach, Wolfgang/Kraus, Silvia/Bornhofen, Martin C. (2009), Zur Durchführung der HGB-Modernisierung durch das BilMoG: Die Bilanzierung selbst geschaffener immaterieller Vermögensgegenstände, in: DB, 62. Jg., Beilage 5 zu Nr. 23, S. 19–24.

Leisner, Georg W. (2007), Gesetzmäßigkeit von Verwaltungsvorschriften im Steuerrecht. Legitimationswirkungen und Grenzen einer "Typisierung zur Vereinfachung", in: StuW, 84. Jg., Nr. 3, S. 241–250.

Lennard, Andrew (2007), Stewardship and the Objectives of Financial Statements: A Comment on IASB's Preliminary Views on an Improved Conceptual Framework for Financial Reporting: The Objective of Financial Reporting and Qualitative Characteristics of Decision-Useful Financial Reporting Information 1, in: Accounting in Europe, 4. Jg., Nr. 1, S. 51–66.

Lev, Baruch/Gu, Feng (2016), The end of accounting and the path forward for investors and managers, Hoboken, New Jersey.

Lev, Baruch/Sarath, Bharat/Sougiannis, Theodore (2005), R&D Reporting Biases and Their Consequences*, in: Contemporary Accounting Research, 22. Jg., Nr. 4, S. 977–1026.

Ley, Ursula (1987), Der Begriff „Wirtschaftsgut" und seine Bedeutung für die Aktivierung, 2. Aufl., Bergisch Gladbach, u. a.

Livne, Gilad/McNichols, Maureen (2009), An Empirical Investigation of the True and Fair Override in the United Kingdom, in: Journal of Business Finance & Accounting, 36. Jg., Nr. 1/2, S. 1–30.

Löcke, Jürgen (1998), Steuerrechtliche Aktivierungsgrundsätze und Property-Rights-Theorie. Ein neuer Ansatz der interdisziplinären Zusammenarbeit im Bilanzrecht?, in: StuW, 75. Jg., Nr. 2, S. 124–132.

Lorenz, Karsten (2002), Wirtschaftliche Vermögenszugehörigkeit im Bilanzrecht, Düsseldorf.

Lorson, Peter/Gattung, Andreas/Institut für Betriebswirtschaftslehre (2008), Die Forderung nach einer „Faithful Representation" – Verhältnis zur Objektivität, Neutralität und Nachprüfbarkeit, in: KoR, 8. Jg., 7/8, S. 556–565.

Lorson, Peter/Melcher, Winfried/Müller, Stefan/Velte, Patrick/Wulf, Inge/Zündorf, Horst (2015), Relevanz von Rechnungslegungsempfehlungen des Deutschen Rechnungslegungs Standards Committee (DRSC) unter besonderer Berücksichtigung des Deutschen Rechnungslegungsstandards Nr. (DRS) 20 (Konzernlagebericht), in: Zeitschrift für Unternehmens- und Gesellschaftsrecht, 44. Jg., Nr. 6.

Lübbig, Maike/Kühnel, Stephan (2020): § 2, in: Beck'sches IFRS-Handbuch – Kommentierung der IFRS/IAS, hrsg. v. J. Brune u. a., 6. Aufl., München.

Lüdenbach, Norbert/Freiberg, Jens (2009), Zweifelsfragen der abstrakten und konkreten Bilanzierungsfähigkeit immaterieller Anlagen, in: BFuP, 61. Jg., Nr. 2, S. 131–152.

Lüdenbach, Norbert/Freiberg, Jens (2019a), Der Fehlerbegriff zwischen Konsens, Dissens und offenen Fragen – Replik zu Böcking/Gros/Wirth, DB 2019 S. 2644, in: DB, 72. Jg., Nr. 48, S. 2647 f.

Lüdenbach, Norbert/Freiberg, Jens (2019b), Der objektive Fehlerbegriff des OLG Frankfurt – Eine deutsche Fehlinterpretation der IFRS?, in: DB, 72. Jg., Nr. 42, S. 2305–2309.

Lüdenbach, Norbert/Hoffmann, Wolf-Dieter/Freiberg, Jens (2020): §1, in: Haufe IFRS-Kommentar, hrsg. v. N. Lüdenbach u. a., 18. Aufl., Freiburg, u. a.

Lüdenbach, Norbert/Hoffmann, Wolf-Dieter/Freiberg, Jens (2020): § 13, in: Haufe IFRS-Kommentar, hrsg. v. N. Lüdenbach u. a., 18. Aufl., Freiburg, u. a.

Lüdenbach, Norbert/Hoffmann, Wolf-Dieter/Freiberg, Jens (2020): § 21, in: Haufe IFRS-Kommentar, hrsg. v. N. Lüdenbach u. a., 18. Aufl., Freiburg, u. a.

Lüdenbach, Norbert/Hoffmann, Wolf-Dieter/Freiberg, Jens (2020): § 28, in: Haufe IFRS-Kommentar, hrsg. v. N. Lüdenbach u. a., 18. Aufl., Freiburg, u. a.

Lüdenbach, Norbert/Hoffmann, Wolf-Dieter/Freiberg, Jens (2020): § 31, in: Haufe IFRS-Kommentar, hrsg. v. N. Lüdenbach u. a., 18. Aufl., Freiburg, u. a.

Lüdenbach, Norbert/Prusaczyk, Peter (2004a), Bilanzierung von „In-Process Research and Development" beim Unternehmenserwerb nach IFRS und US-GAAP, in: KoR, 4. Jg., Nr. 10, S. 415–422.

Lüdenbach, Norbert/Prusaczyk, Peter (2004b), Bilanzierung von Kundenbeziehungen in der Abgrenzung zu Marken und Goodwill, in: KoR, 4. Jg., Nr. 5, S. 204–214.

Lutz, Günter (1995), Der Vermögensgegenstand – ein Abbild der Gewinnerwartung?, in: Neuorientierung der Rechenschaftslegung – Eine Herausforderung für Unternehmer und Wirtschaftsprüfer ; 27.–28. Oktober 1994 in Stuttgart, hrsg. v. IDW, Düsseldorf, S. 81–100.

Lutz, Günter/Schlag, Angelika (2017): II/1, in: Handbuch des Jahresabschlusses – Bilanzrecht nach HGB, EStG, IFRS, hrsg. v. J. Schulze-Osterloh u. a., Köln.

Madeja, Felix (2007), Bilanzierung von "Spielervermögen" nach HGB und IAS/IFRS, Hamburg.

Maines, Laureen A./Wahlen, James M. (2006), The Nature of Accounting Information Reliability: Inferences from Archival and Experimental Research, in: Accounting Horizons, 20. Jg., Nr. 4, S. 399–425.

Marquard, Max (2012), Die Bilanzierung von selbst geschaffenen immateriellen Vermögensgegenständen mit besonderer Berücksichtigung selbst geschaffener Spielerwerte, Hamburg.

Marshall, Roger/Lennard, Andrew (2016), The Reporting of Income and Expense and the Choice of Measurement Bases, in: Accounting Horizons, 30. Jg., Nr. 4, S. 499–510.

Marx, Franz J. (1994), Objektivierungserfordernisse bei der Bilanzierung immaterieller Anlagewerte, in: BB, 49. Jg., Nr. 32, S. 2379–2388.

Marx, Franz J./Dallmann, Holger (2019), Bilanzierung und Bewertung virtueller Währungen nach HGB und Steuerrecht, in: StuB, 21. Jg., Nr. 6, S. 217–224.

Maul, Karl-Heinz (1975), Bilanzlehre als Gesetzesinterpretation, in: ZfbF, 27. Jg., Nr. 3, S. 150–170.

May, Erich (1970), Das Wirtschaftsgut. Kritische Analyse der steuerlichen Lehre vom Wirtschaftsgut aus betriebswirtschaftlicher Sicht, Wiesbaden.

McFarland, Walter B. (1961), Concept of objectivity, in: Jorunal of Accountancy, 112. Jg., Nr. 9, S. 29–32.

Meckling, William H. (1976), Values and the Choice of the Model of the Individual in the Social Sciences, in: Schweizerische Zeitschrift für Volkswirtschaft und Statistik, 112. Jg., Nr. 4, S. 545–560.

Mellwig, Winfried (1981), Erfolgsteuerliche Aktivierungsprobleme bei Mobilien-Leasingverträgen, in: BB, 36. Jg., Nr. 30, S. 1808–1815.

Merkert, Hubert/Koths, Daniel (1985), Verfassungsrechtliche gebotene Entkopplung von Handels- und Steuerbilanz, in: BB, 40. Jg., Nr. 27, S. 1765–1768.

Merkt, Hanno (2014), Das IFRS Conceptual Framework aus regelungsmethodischer Sicht, in: ZfbF, 66. Jg., Nr. 66, S. 477–504.

Merkt, Hanno (2021): § 248 HGB, in: Handelsgesetzbuch – Mit GmbH & Co., Handelsklauseln, Bank- und Börsenrecht, Transportrecht (ohne Seerecht), hrsg. v. A. Baumbach u. a., 40. Aufl., München.

Meyering, Stephan/Gröne, Matthias (2016), Die Neuregelung zu den Bestandteilen der steuerlichen Herstellungskosten – Wünschenswerte Reaktivierung der (umgekehrten) Maßgeblichkeit?, in: DStR, 54. Jg., Nr. 29, S. 1696–1702.

Michael, Lothar (2005), Private Standardsetter und demokratisch legitimierte Rechtsetzung, in: Demokratie in Europa, hrsg. v. H. Bauer u. a., Tübingen, S. 431–546.

Michaelis, Elke (1985), Organisation unternehmerischer Aufgaben. Transaktionskosten als Beurteilungskriterium, Frankfurt am Main.

Michaelis, Elke (1988), Planungs- und Kontrollprobleme in Unternehmungen und Property Rights-Theorie, in: Betriebswirtschaftslehre und Theorie der Verfügungsrechte, hrsg. v. D. Budäus u. a., Wiesbaden, S. 119–148.

Michaelis, Elke/Picot, Arnold (1987), Zur ökonomischen Analyse von Mitarbeiterbeteiligungsrechten, in: Mitarbeiterbeteiligung und Mitbestimmung im Unternehmen, hrsg. v. F. R. FitzRoy/K. Kraft, Berlin, S. 83–127.

Miller, Anthony D./Oldroyd, David (2018), An Economics Perspective on Financial Reporting Objectives, in: Australian Accounting Review, 28. Jg., Nr. 1, S. 104–108.

Miller, Paul B. W./Bahnson, Paul R. (2010), Continuing the Normative Dialog: Illuminating the Asset/Liability Theory, in: Accounting Horizons, 24. Jg., Nr. 3, S. 419–440.

Mindermann, Torsten (2008), Zur Aktivierung selbst erstellter immaterieller Vermögensgegenstände nach dem Entwurf eines Bilanzrechtsmodernisierungsgesetzes (BilMoG), in: WPg, 61. Jg., Nr. 7, S. 273–278.

Mindermann, Torsten (2009), Zum Aktivierungsverbot von weiterbildungsmaßnahmen nach IFRS, in: BFuP, 61. Jg., Nr. 2, S. 172–189.

Moonitz, Maurice (1961), The basic postulates of accounting, New York.

Mora, Araceli/Walker, Martin (2015), The implications of research on accounting conservatism for accounting standard setting, in: Accounting and Business Research, 45. Jg., Nr. 5, S. 620–650.

Morfeld, Markus (2020): § 22, in: Beck'sches IFRS-Handbuch – Kommentierung der IFRS/IAS, hrsg. v. J. Brune u. a., 6. Aufl., München.

Moxter, Adolf (1978), Die Aktivierungsvoraussetzung "entgeltlicher Erwerb" im Sinne von § 5 Abs. 2 EStG, in: DB, Nr. 38, S. 1804–1809.

Moxter, Adolf (1979), Immaterielle Anlagewerte im neuen Bilanzrecht, in: BB, 34. Jg., Nr. 22, S. 1102–1109.

Moxter, Adolf (1982), Betriebswirtschaftliche Gewinnermittlung, Tübingen.

Moxter, Adolf (1984a), Bilanzlehre Band I. Einführung in die Bilanztheorie, 3. Aufl., Wiesbaden.

Moxter, Adolf (1984b), Das Realisationsprinzip – 1984 und heute, in: BB, 39. Jg., Nr. 28, S. 1780–1787.

Moxter, Adolf (1987a), Selbständige Bewertbarkeit als Aktivierungsvoraussetzung, in: BB, 42. Jg., Nr. 27, S. 1846–1851.

Moxter, Adolf (1987b), Zum Sinn und Zweck des handelsrechtlichen Jahresabschlusses nach neuem Recht, in: Bilanz- und Konzernrecht – Festschrift zum 65. Geburtstag von Dr. Dr. h. c. Reinhard Goerdeler, hrsg. v. H. Havermann/R. Goerdeler, Düsseldorf, S. 361–374.

Moxter, Adolf (1988), Periodengerechte Gewinnermittlung und Bilanz im Rechtssinne, in: Handelsrecht und Steuerrecht – Festschrift für Dr. Dr. h. c. Georg Döllerer, hrsg. v. B. Knobbe-Keuk, Düsseldorf, S. 447–458.

Moxter, Adolf (1993a), Entwicklung der Theorie der handels- und steuerrechtlichen Gewinnermittlung, in: Ökonomische Analyse des Bilanzrechts: Entwicklungslinien und Perspektiven – Tagung des Ausschusses Unternehmensrechnung im Verein für Socialpolitik am 12. und 13. März 1993a in München, hrsg. v. F. W. Wagner, Düsseldorf, S. 61–84.

Moxter, Adolf (1993b), Grundsätze ordnungsmäßiger Buchführung – ein handelsrechtliches Faktum, von der Steuerrechtsprechung festgestellt, in: Festschrift 75 Jahre Reichsfinanzhof – Bundesfinanzhof, hrsg. v. Präsident des Bundesfinanzhofs, Bonn, S. 533–544.

Moxter, Adolf (1994), Die Helmrich-Konzeption des Bilanzrichtlinien-Gesetzes, Bedeutung und Bedrohung, in: Für Recht und Staat – Festschrift für Herbert Helmrich zum 60. Geburtstag, hrsg. v. K. Letzgus, München, S. 709–719.

Moxter, Adolf (1996), Entziehbarer Gewinn?, in: Rechnungslegung – warum und wie? – Festschrift für Hermann Clemm zum 70. Geburtstag, hrsg. v. W. Ballwieser u. a., München, S. 231–241.

Moxter, Adolf (1997), Grundwertungen in Bilanzrechtsordnungen. ein Vergleich von überkommenem deutschen Bilanzrecht und Jahresabschlußrichtlinie, in: Handelsbilanzen und Steuerbilanzen – Festschrift zum 70. Geburtstag von Heinrich Beisse, hrsg. v. W. D. Budde, Düsseldorf, S. 347–361.

Moxter, Adolf (1998), Deutsches Rechnungslegungs Standards Committee: Aufgaben und Bedeutung, in: DB, 51. Jg., Nr. 29, S. 1425–1428.

Moxter, Adolf (1999), Wege zur Vereinfachung des Bilanzsteuerrechts, in: Steuerrecht, Verfassungsrecht, Finanzpolitik – Festschrift für Franz Klein, hrsg. v. P. Kirchhof, Köln, S. 619–630.

Moxter, Adolf (2000), Rechnungslegungskonzeptionen im Widerstreit, in: Rechnungslegungskonzeptionen im Widerstreit – Beiträge zu den Wirtschaftswissenschaften; Verleihung der Ehrendoktorwürde der Wirtschaftswissenschaftlichen Fakultät der Universität Leipzig an Professor Dr. Dr. h. c. mult. Adolf Moxter am 2. Dezember 1999, hrsg. v. KPMG Deutsche Treuhand-Gesellschaft/PwC Deutsche Revision, Leipzig, S. 61–66.

Moxter, Adolf (2002), Grundsätze ordnungsmäßiger Buchführung, in: Handwörterbuch der Rechnungslegung und Prüfung, hrsg. v. W. Ballwieser, 3. Aufl., Stuttgart, Sp. 1042–1052.

Moxter, Adolf (2003), Grundsätze ordnungsgemäßer Rechnungslegung, Düsseldorf.

Moxter, Adolf (2006), Neue Leitprinzipien im Bilanzsteuerrecht?, in: Unternehmenssteuerung. Festschrift für Professor Dr. Hans G. Bartels zum 65. Geburtstag, hrsg. v. Y. Bellavite-Hövermann u. a., Stuttgart, S. 106–111.

Moxter, Adolf (2007), Bilanzrechtsprechung, 6. Aufl., Tübingen, u. a.

Moxter, Adolf (2008), Aktivierungspflicht für selbsterstellte immaterielle Anlagewerte?, in: DB, 61. Jg., Nr. 28/29, S. 1514–1517.

Moxter, Adolf (2009), IFRS als Auslegungshilfe für handelsrechtliche GoB?, in: WPg, 62. Jg., Nr. 1, S. 7–12.

Moxter, Adolf/Engel-Ciric, Dejan (2014), Erosion des bilanzrechtlichen Vorsichtsprinzips?, in: BB, 69. Jg., Nr. 9, S. 489–492.

Moxter, Adolf/Engel-Ciric, Dejan (2019), Grundsätze ordnungsgemäßer Bilanzierung. §§ 246–256a HGB, Düsseldorf.

Mujkanovic, Robin (2016), Bilanzierung immaterieller Güter nach DRS 24. Änderungen gegenüber E-DRS-32, in: StuB, Nr. 7, S. 247–250.

Mujkanovic, Robin/Raatz, Pascal (2008), Der Component Approach nach IAS 16 im HGB-Abschluss?, in: KoR, 8. Jg., Nr. 4, S. 245–250.

Müller, Claudia (2006), Wissen, intangible Assets oder interkulturelles Kapital – eine Begriffswelt in Diskussion, in: Immaterielle Vermögenswerte – Handbuch der intangible Assets, hrsg. v. K. Matzler u. a., Berlin, S. 3–22.

Müller, Welf (1994), Der Jahresabschluß im Spannungsfeld zwischen öffentlichem Recht und Gesellschaftsrecht, in: Bilanzrecht und Kapitalmarkt – Festschrift zum 65. Geburtstag von Professor Dr. Dr. h.c. Dr. h.c. Adolf Moxter, hrsg. v. W. Ballwieser, Düsseldorf, S. 75–99.

Mutze, Otto (1960), Aktivierung und Bewertung immaterieller Wirtschaftsgüter nach Handels- und Steuerrecht, Berlin.

Najderek, Anne (2009), Harmonisierung des europäischen Bilanzrechts. Problembestimmung und konzeptionelle Würdigung, Wiesbaden.

Napier, Christopher/Power, Michael (1992), Professional Research, Lobbying and Intangibles: A Review Essay, in: Accounting and Business Research, 23. Jg., Nr. 89, S. 85–95.

Nobes, Christopher (2015), IFRS Ten Years on: Has the IASB Imposed Extensive Use of Fair Value? Has the EU Learnt to Love IFRS? And Does the Use of Fair Value make IFRS Illegal in the EU?, in: Accounting in Europe, 12. Jg., Nr. 2, S. 153–170.

Nobes, Christopher/Stadler, Christian (2015), The qualitative characteristics of financial information, and managers' accounting decisions: evidence from IFRS policy changes, in: Accounting and Business Research, 45. Jg., Nr. 5, S. 572–601.

Nobes, Christopher W. (2005), Rules-Based Standards and the Lack of Principles in Accounting, in: Accounting Horizons, 19. Jg., Nr. 1, S. 25–34.

Nonnenmacher, Rolf (1993), Bilanzierung von Forschung und Entwicklung, in: DStR, 31. Jg., Nr. 33, S. 1231–1235.

Oesch, Matthias (2008), Differenzierung und Typisierung. Zur Dogmatik der Rechtsgleichheit in der Rechtsetzung, Bern.

Oldenburger, Iris (2000), Die Bilanzierung von Pensionsgeschäften nach HGB, US-GAAP und IAS. Die wirtschaftliche Betrachtungsweise als Konvergenzkriterium, Wiesbaden.

Ordelheide, Dieter (1989), Kapital und Gewinn. Kaufmännische Konvention als kapitaltheoretische Konzeption?, in: Zeitaspekte in betriebswirtschaftlicher Theorie und Praxis – 50. Wissenschaftliche Jahrestagung des Verbandes der Hochschullehrer für Betriebswirtschaft e. V., Köln, 24.–28. Mai 1988, hrsg. v. H. Hax/W. Kern, Stuttgart, S. 21–41.

Oser, Peter/Roß, Norbert/Wader, Dominic/Drögemüller, Steffen (2009), Änderungen des Bilanzrechts durch das Bilanzrechtsmodernisierungsgesetz (BilMoG), in: WPg, 62. Jg., Nr. 11, S. 573–583.

Paal, Boris (2020): § 342 HGB, in: Münchener Kommentar zum Handelsgesetzbuch, hrsg. v. K. Schmidt/W. F. Ebke, 4. Aufl., München.

Paal, Boris P. (2001), Rechnungslegung und DRSC, Baden-Baden.

Paton, William A./Littleton, Ananias C. (1940), An introduction to corporate accounting standards, Sarasota.

Pawlita, Cornelius (2021): § 103 SGB V, in: juris PraxisKommentar SGB V, hrsg. v. R. Schlegel/T. Voelzke, 4. Aufl.

Peasnell, Ken/Dean, Graeme/Gebhardt, Günther (2009), Reflections on the Revision of the IASB Framework by EAA Academics, in: Abacus, 45. Jg., Nr. 4, S. 518–527.

Pelger, Christoph (2009), Entscheidungsnützlichkeit in neuem Gewand: Der Exposure Draft zur Phase A des Conceptual Framework-Projekts, in: KoR, 9. Jg., Nr. 3, S. 156–163.

Pelger, Christoph (2011), Rechnungslegungszweck und qualitative Anforderungen im Conceptual Framework for Financial Reporting (2010). Der erste Stein im neuen Fundament der internationalen Rechnungslegung, in: WPg, 64. Jg., Nr. 19, S. 908–916.

Pelger, Christoph (2016), Practices of standard-setting – An analysis of the IASB's and FASB's process of identifying the objective of financial reporting, in: Accounting, Organizations and Society, 50. Jg., S. 51–73.

Pelger, Christoph (2020), The Return of Stewardship, Reliability and Prudence – A Commentary on the IASB's New Conceptual Framework, in: Accounting in Europe, 17. Jg., Nr. 1, S. 33–51.

Pelger, Christoph/Spieß, Nicole (2017), On the IASB's construction of legitimacy – the case of the agenda consultation project, in: Accounting and Business Research, 47. Jg., Nr. 1, S. 64–90.

Penman, Stephen H. (2009), Accounting for Intangible Assets: There is Also an Income Statement, in: Abacus, 45. Jg., Nr. 3, S. 358–371.

Penner, Silke (2018), Virtuelle Wirtschaftsgüter – ein Ansatz zur einkommensteuerlichen Erfassung von Einkünften aus virtuellen Welten, Hamburg.

Pfaff, Dieter/Nagel, Sibilla/Wittkowski, Ansas (2018): A. V. 4., in: Lizenzverträge – Formularkommentar, hrsg. v. C. Osterrieth, 4. Aufl., München.

Pfeiffer, Thomas (1982), Das immaterielle Wirtschaftsgut. Begriffsbestimmung und steuerliche Bilanzierung dem Grunde nach, § 5 Abs. 2 EStG, Dissertation, Universität Augsburg.

Pfeiffer, Thomas (1984), Begriffsbestimmung und Bilanzfähigkeit des immateriellen Wirtschaftsgutes, in: StuW, 61. Jg., Nr. 4, S. 326–339.

Pferdehirt, Henrik (2007), Die Leasingbilanzierung nach IFRS, Wiesbaden.

Philipps, Holger (2020), Reform des Enforcement. Wie soll es mit der Bilanzkontrolle in Deutschland weitergehen?, in: StuB, 58. Jg., Nr. 22, S. 880–885.

Picot, Arnold (1982), Transaktionskostenansatz in der Organisationstheorie. Stand der Diskussion und Aussagewert, in: Die Betriebs Wirtschaft, 42. Jg., Nr. 2, S. 267–284.

Picot, Arnold (1991), Ein neuer Ansatz zur Gestaltung der Leistungstiefe, in: ZfbF, 43. Jg., Nr. 4, S. 336–357.

Plaumann, Sabine (2013), Auslegungshierarchie des HGB. Eine Analyse der Auslegungsquellen und bestehender Wechselwirkungen, Wiesbaden.

Pöschke, Moritz (2019), Fehlerfeststellung im Enforcement-Verfahren bei unklarer Rechtslage. Zugleich Anmerkung zu OLG Frankfurt a.M. vom 04.02.2019 – WpÜG 3/16, WpÜG 4/16, in: WPg, 72. Jg., Nr. 16, S. 872–877.

Posner, Richard (1974), Theories of Economic Regulation, in: Bell Journal of Economics, 5. Jg., Nr. 2, S. 335–358.

Power, Michael (2010), Fair value accounting, financial economics and the transformation of reliability, in: Accounting and Business Research, 40. Jg., Nr. 3, S. 197–210.

Prinz, Ulrich (2020), Europäischer Grundsatz der Bilanzwahrheit – Gedanken zu EuGH vom 23.04.2020 in der Rechtssache Wagram Invest SA, in: DB, 73. Jg., Nr. 27/28, S. 1424–1426.

Psaros, Jim/Trotman, Ken T. (2004), The Impact of the Type of Accounting Standards on Preparers' Judgments, in: Abacus, 40. Jg., Nr. 1, S. 76–93.

Quick, Reiner/Hahn, Julian (2016), Aktivierung eigener Entwicklungskosten. Bedeutung für nicht-kapitalmarktorientierte Unternehmen im HGB-Konzernabschluss, in: WPg, 69. Jg., Nr. 20, S. 1125–1130.

Rade, Katja/Stobbe, Thomas (2009), Betriebswirtschaft: Auswirkungen des Bilanzrechtsmodernisierungsgesetzes auf die Bilanzierung von Fußballspielerwerten in der Handelsbilanz – Kriterien zur Aktivierung immaterieller Vermögensgegenstände nach altem und neuem Recht, in: DStR, 47. Jg., Nr. 22, S. 1109–1115.

Ramanna, Karthik (2013), Why "Fair Value" Is the Rule, in: Harvard Business Review, 91. Jg., Nr. 3, S. 99–101.

Rautenstrauch, Gabriele (2009), Die gemeinsame konsolidierte KSt-Bemessungsgrundlage (GKKB) als Vorbild für ein eigenständiges Bilanzsteuerrecht in Deutschland?, in: Finanz-Rundschau, 91. Jg., Nr. 3, S. 114–117.

Raz, Joseph (1972), Legal Principles and the Limits of Law, in: Yale Law Journal, 81. Jg., Nr. 5, S. 834–854.

Reiner, Günter (2020): § 264 HGB, in: Münchener Kommentar zum Handelsgesetzbuch, hrsg. v. K. Schmidt/W. F. Ebke, 4. Aufl., München.

Reuleaux, Susanne (1987), Immaterielle Wirtschaftsgüter. Begriff, Arten und Darstellung im Jahresabschluß, Wiesbaden.

Richardson, Alan J. (2008), Due Process and Standard-setting: An Analysis of Due Process in Three Canadian Accounting and Auditing Standard-setting Bodies, in: Journal of Business Ethics, 81. Jg., Nr. 3, S. 679–696.

Richardson, Alan J./Eberlein, Burkard (2011), Legitimating Transnational Standard-Setting: The Case of the International Accounting Standards Board, in: Journal of Business Ethics, 98. Jg., Nr. 2, S. 217–245.

Richter, Rudolf (1994), Institutionen ökonomisch analysiert. Zur jüngeren Entwicklung auf einem Gebiet der Wirtschaftstheorie, Tübingen.

Riekhof, Hans-Christian (1984), Unternehmensverfassungen und Theorie der Verfügungsrechte. Methodische Probleme, theoretische Perspektiven und exemplarische Fallstudien, Wiesbaden.

Rogler, Silvia/Schmidt, Marco/Tettenborn, Martin (2014), Ansatz immaterieller Vermögenswerte bei Unternehmenszusammenschlüssen. Diskussion bestehender Probleme anhand eines Fallbeispiels, in: KoR, 14. Jg., Nr. 12, S. 577–585.

Roland, Helmut (1980), Der Begriff des Vermögensgegenstandes im Sinne der handels- und aktienrechtlichen Rechnungslegungsvorschriften, Göttingen.

Rüdinger, Andreas (2004), Regelungsschärfe bei Rückstellungen. Normkonkretisierung und Anwendungsermessen nach GoB, IAS/IFRS und US-GAAP, Wiesbaden.

Ruhnke, Klaus/Nerlich, Christoph (2004), Behandlung von Regelungslücken innerhalb der IFRS, in: DB, 57. Jg., Nr. 8, S. 389–395.

Rupp, Marina (2020), Digitalisierungsprojekte im Rahmen der GKKB: Auswirkungen der Zuordnungsalternativen der Schlüsselgröße Umsatz, in: BFuP, 72. Jg., Nr. 5, S. 580–599.

Saage, Gustav (1969), Veränderte Grundlagen der Gewinnermittlung nach Handels- und Steuerrecht, in: DB, 22. Jg., S. 1661–1667 und S. 1709–1714.

SAP (2020), Integrated Report.

Samuelson, Richard A. (1996), The Concept of Assets in Accounting Theorie, in: Accounting Horizons, 10. Jg., Nr. 3, S. 147–157.

Schaflitzl, Andreas/Crezelius, Georg (2019), Rechtsentwicklungen im Bilanzrecht 2019, in: DB, 72. Jg., Beilage 3 zu Nr. 51/52, S. 3 f.

Scharpf, Fritz W. (1970), Demokratietheorie zwischen Utopie und Anpassung, Konstanz.

Scharpf, Fritz W. (1999), Regieren in Europa. Effektiv und demokratisch?, Frankfurt am Main.

Scharpf, Fritz W. (2004), Legitimationskonzepte jenseits des Nationalstaats, Working Paper, Max Planck Institut für Gesellschaftsforschung.

Scheffler, Eberhard (1999a), Der Deutsche Standardisierungsrat – Struktur, Aufgaben und Kompetenzen, in: BFuP, 51. Jg., Nr. 4, S. 407–417.

Scheffler, Eberhard (1999b), Internationale Rechnungslegung und deutsches Bilanzrecht, in: DStR, 37. Jg., Nr. 31, S. 1285–1292.

Scheffler, Wolfram (2016): B120, in: Beck'sches Handbuch der Rechnungslegung, hrsg. v. H.-J. Böcking u. a., München.

Schenke, Ralf P. (2007), Die Rechtsfindung im Steuerrecht. Konstitutionalisierung, Europäisierung, Methodengesetzgebung, Tübingen.

Schildbach, Thomas (2003), Prinzipienorientierung – wirksamer Schutz gegen Enronitis?, in: BFuP, 55. Jg., Nr. 3, S. 247–266.

Schildbach, Thomas (2009), Fair value-Statik und Information des Kapitalmarktes, in: BFuP, 61. Jg., Nr. 6, S. 581–598.

Schildbach, Thomas (2012), Fair value accounting und Information des Markts, in: ZfbF, 64. Jg., Nr. 5, S. 522–535.

Schipper, Katherine (2003), Principles-Based Accounting Standards, in: Accounting Horizons, 17. Jg., Nr. 1, S. 61–72.

Schleicher, Miriam (2017), Die Abschreckungswirkung von Enforcementmechanismen im Rahmen der Rechnungslegung, Hamburg.

Schmalenbach, Eugen (1919), Grundlagen dynamischer Bilanzlehre, in: Zeitschrift für handelswissenschaftliche Forschung, 13. Jg., S. 1–60 und S. 65–101.

Schmalenbach, Eugen (1948), Dynamische Bilanz, 9. Aufl., Leipzig.

Schmalenbach, Eugen (1962), Dynamische Bilanz, 13. Aufl., Köln.

Schmidt, Stefan/Holland, Bettina (2020): § 342 HGB, in: Beck'scher Bilanz-Kommentar – Handels- und Steuerbilanz, §§ 238 bis 339, 342 bis 342e HGB, hrsg. v. G. Adrian u. a., 12. Aufl., München.

Schmidt, Stefan/Usinger, Rainer (2020): § 243 HGB, in: Beck'scher Bilanz-Kommentar – Handels- und Steuerbilanz, §§ 238 bis 339, 342 bis 342e HGB, hrsg. v. G. Adrian u. a., 12. Aufl., München.

Schmidt, Stefan/Usinger, Rainer (2020): § 248 HGB, in: Beck'scher Bilanz-Kommentar – Handels- und Steuerbilanz, §§ 238 bis 339, 342 bis 342e HGB, hrsg. v. G. Adrian u. a., 12. Aufl., München.

Schneider, Dieter (1971), Aktienrechtlicher Gewinn und ausschüttungsfähiger Betrag, in: WPg, 24. Jg., Nr. 23, S. 607–617.

Schneider, Uwe H. (2020), Die Verantwortung der BaFin für die Bilanzkontrolle, in: NZG, 23. Jg., Nr. 36, S. 1401–1406.

Schnürbrand/Weber (2019): § 510 BGB, in: Münchener Kommentar zum Bürgerlichen Gesetzbuch, hrsg. v. F.-J. Säcker u. a., 8. Aufl., München.

Schober, Christoph (2020), Grundsätze ordnungsmäßiger Eigenkapitalbilanzierung nach GoB und IFRS. Derivate auf eigene Anteile und strukturierte Finanzinstrumente, Wiesbaden.

Scholz, Stephan C. (2021), Handelsrechtliche Bilanzierung von Forschungszulagen nach dem FZulG. Auswirkungen auf Personen- und Kapitalgesellschaften sowie Implikationen auf Auschüttungs- und Abführungssperren, in: StuB, 59. Jg., Nr. 4, S. 143–149.

Schön, Wolfgang (2004), Kompetenzen der Gerichte zur Auslegung von IAS/IFRS, in: BB, 59. Jg., Nr. 12, S. 763–768.

Schreyögg, Georg (1988), Die Theorie der Verfügungsrechte als allgemeine Organisationstheorie, in: Betriebswirtschaftslehre und Theorie der Verfügungsrechte, hrsg. v. D. Budäus u. a., Wiesbaden, S. 149–167.

Schröder, Damian/Specht, Volker (2020), Spielertransfers im Profifußball. Bilanzierung vom Anfang bis zum Ende der Vertragslaufzeit eines Spielers, in: WPg, 73. Jg., Nr. 16, S. 959–965.

Schruff, Wienand (2011), Die IFRS-Rechnungslegung im Spannungsfeld zwischen Cashflow-Prognose und Rechenschaft, in: WPg, 64. Jg., Nr. 18, S. 855–860.

Schubert, Wolfgang J./Gadek (2020): § 255 HGB, in: Beck'scher Bilanz-Kommentar – Handels- und Steuerbilanz, §§ 238 bis 339, 342 bis 342e HGB, hrsg. v. G. Adrian u. a., 12. Aufl., München.

Schubert, Wolfgang J./Huber, Frank (2020): § 247 HGB, in: Beck'scher Bilanz-Kommentar – Handels- und Steuerbilanz, §§ 238 bis 339, 342 bis 342e HGB, hrsg. v. G. Adrian u. a., 12. Aufl., München.

Schuetze, Walter P., What Is An Asset?, Vortrag im Rahmen der American Institute of Certified Public Accountants' Twentieth Annual National Conference on Current SEC Developments, S. 1–7.

Schülke, Thilo (2010), Zur Aktivierbarkeit selbstgeschaffener immaterieller Vermögensgegenstände, in: DStR, 48. Jg., Nr. 19, S. 992–998.

Schulze-Osterloh, Joachim (2004), Internationalisierung der Rechnungslegung und ihre Auswirkungen auf die Grundprinzipien des deutschen Rechts, in: DK, 2. Jg., Nr. 3, S. 173–177.

Schulze-Osterloh, Joachim (2013), Das Ende des subjektiven Fehlerbegriffs bei der Anwendung des Bilanzrechts. Besprechung des Beschlusses des Großen Senats des BFH vom 31.1.2013 – GrS 1/10, BB 2013, 1006 ff., in: BB, 68. Jg., Nr. 19, S. 1131–1134.

Schunk, Melanie/Chadha, Stephanie/Stollenwerk, Roman (2020), Bilanzierung von IT-Kosten nach IFRS, in: WPg, 73. Jg., Nr. 23, S. 1411–1416.

Schütz, Robert (2002), Der Maßgeblichkeitsgrundsatz gemäß § 5 Abs. 1 EStG – ein Fossil?, Münster, u. a.

Seidel, Björn/Grieger, Stephanie/Muske, Roland (2009), Bilanzierung von Entwicklungskosten nach dem BilMoG, in: BB, 64. Jg., Nr. 24, S. 1286–1290.

Selchert, Friedrich W. (1999), Internationalisierung der Rechnungslegung und Maßgeblichkeitsprinzip, in: Unternehmenspolitik und internationale Besteuerung – Festschrift für Lutz Fischer zum 60. Geburtstag, hrsg. v. H.-J. Kleineidam, Berlin, S. 913–933.

Senger, Thomas/Brune, Jens (2014): IAS 37, in: Münchener Kommentar zum Bilanzrecht, Band 1, hrsg. v. J. Hennrichs u. a., München (Loseblatt).

Senger, Thomas/Brune, Jens (2020): § 34, in: Beck'sches IFRS-Handbuch – Kommentierung der IFRS/IAS, hrsg. v. J. Brune u. a., 6. Aufl., München.

Senger, Thomas/Brune, Jens W.: § 315a HGB, in: Münchener Kommentar zum Bilanzrecht, Band 1, hrsg. v. J. Hennrichs u. a., München (Loseblatt).

Sessar, Christopher (2007), Grundsätze ordnungsmässiger Gewinnrealisierung im deutschen Bilanzrecht. Objektivierung des Realisationszeitpunkts in wirtschaftlicher Betrachtungsweise, Düsseldorf.

Siegel, Theodor (1994), Saldierungsprobleme bei Rückstellungen und die Subventionswirkung des Maßgeblichkeitsprinzips, in: BB, 49. Jg., Nr. 32, S. 2237–2245.

Siegel, Theodor (1997), Der Auftragsbestand – Immaterieller Vermögensgegenstand oder schwebendes Geschäft?, in: DB, 50. Jg., Nr. 19, S. 941–943.

Simon, Herman (1899), Die Bilanzen der Aktiengesellschaften und der Kommanditgesellschaften auf Aktien., 3. Aufl., Berlin.

Situm, Mario/Pernsteiner, Helmut/Sorrentino, Giuseppe (2020), Immaterielle Vermögenswerte und Allokation von Kaufpreisen, in: WPg, 73. Jg., Nr. 11, S. 629–635.

Söffing, Günther (1978/79), Zum Begriff Wirtschaftsgut, in: JbFfStR, S. 199–227.

Solmecke, Henrik (2009), Auswirkungen des Bilanzrechtsmodernisierungsgesetzes (BilMoG) auf die handels- rechtlichen Grundsätze ordnungsmäßiger Buchführung, Düsseldorf.

Sommerhoff, Dominic (2010), Die handelsrechtliche Berichterstattung über das selbsterstellte immaterielle Anlagevermögen im Vergleich zu internationalen Rechnungslegungsnormen. Eine theoretische und empirische Analyse, Düsseldorf.

Spanheimer, Jürgen (2000), Spezifische Problemfelder des gesetzlichen Standardisierungsauftrages an den DSR gemäß § 342 Abs. 1 Nr. 1 HGB, in: WPg, 53. Jg., Nr. 20, S. 997–1007.

Spengel, Christoph/Malke, Christiane (2008), Comprehensive Tax Base or Residual Reference to GAAP or Domestic Tax Law?, in: Common Consolidated Corporate Tax Base, hrsg. v. M. Lang u. a., Wien, S. 63–92.

Sprouse, Robert/Moonitz, Maurice (1962), A tentative set of broad accounting principles for business enterprises, New York.

Stamp, Edward (1981), Why Can Accounting Not Become a Science Like Physics?, in: Abacus, 17. Jg., Nr. 1, S. 13–27.

Storey, Reed K./Storey, Sylvia (1998), FASB Special Report: The Framework of Financial Accounting Concepts and Standards, Norwalk, CT.

Störk, Ulrich/Hoffmann, Karl (2020): § 309 HGB, in: Beck'scher Bilanz-Kommentar – Handels- und Steuerbilanz, §§ 238 bis 339, 342 bis 342e HGB, hrsg. v. G. Adrian u. a., 12. Aufl., München.

Störk, Ulrich/Schellhorn, Mathias (2020): § 264 HGB, in: Beck'scher Bilanz-Kommentar – Handels- und Steuerbilanz, §§ 238 bis 339, 342 bis 342e HGB, hrsg. v. G. Adrian u. a., 12. Aufl., München.

Ströfer, Joachim (1982), "Berufsfußballspieler" als "Aktivposten" in den Steuerbilanzen der Bundesligavereine?, in: BB, 37. Jg., Nr. 18, S. 1087–1098.

Sutton, David B./Cordery, Carolyn J./van Zijl, Tony (2015), The Purpose of Financial Reporting: The Case for Coherence in the Conceptual Framework and Standards, in: Abacus, 51. Jg., Nr. 1, S. 116–141.

Sutton, Timothy G. (1984), Lobbying of accounting standard-setting bodies in the U.K. and the U.S.A.: A Downsian analysis, in: Accounting, Organizations and Society, 9. Jg., Nr. 1, S. 81–95.

Terberger, Eva (1994), Neo-institutionalistische Ansätze. Entstehung und Wandel – Anspruch und Wirklichkeit, Wiesbaden.

Theile, Carsten (2008), Immaterielle Vermögensgegenstände nach RegE BilMoG – Akzentverschiebung beim Begriff des Vermögensgegenstands?, in: WPg, 61. Jg., Nr. 22, S. 1064–1069.

Thiel, Jochen (2010), Die modernisierte Maßgeblichkeit – § 5 Abs. 1 EStG in der Neufassung durch das Bilanzrechtsmodernisierungsgesetz (BilMoG), in: Festschrift für Wienand Meilicke, hrsg. v. A. Herlinghaus/H. Hirte, Baden-Baden, S. 733–752.

Thiele, Stefan/Kühle, Ulf (2018): IAS 38, in: Internationales Bilanzrecht – Rechnungslegung nach IFRS, hrsg. v. S. Thiele u. a., Bonn.

Thies, Angelika (1996), Rückstellungen als Problem der wirtschaftlichen Betrachtungsweise, Frankfurt am Main.

Thormann, Bettina/Zempel, Ingo (2020): VI, in: Rechnungslegung nach IFRS – Kommentar auf der Grundlage des deutschen Bilanzrechts, hrsg. v. J. Baetge u. a., Stuttgart.

Tiedchen, Susanne (1991), Der Vermögensgegenstand im Handelsbilanzrecht, Köln.

Tietzel, Manfred (1981), Die Ökonomie der Property Rights: Ein Überblick, in: Zeitschrift für Wirtschaftspolitik, 30. Jg., Nr. 1, S. 207–244.

Tokar, Mary B. (2019), Discussion of "Assets and Liabilities: When Do They Exist?", in: Contemporary Accounting Research, 36. Jg., Nr. 2, S. 584–587.

Tweedie, David (2007), Can Global Standards be Principle Based?, in: The Journal of Applied Research in Accounting and Finance, 2. Jg., Nr. 1, S. 3–8.

van Mourik, Carien/Walton, Peter (2018), The European IFRS Endorsement Process – in Search of a Single Voice, in: Accounting in Europe, 15. Jg., Nr. 1, S. 1–32.

Velte, Patrick (2008), Intangible Assets und Goodwill im Spannungsfeld zwischen Entscheidungsrelevanz und Verlässlichkeit. Eine normative, entscheidungsorientierte und empirische Analyse vor dem Hintergrund internationaler und nationaler Rechnungslegungs- und Prüfungsstandards, Wiesbaden.

Wagenhofer, Alfred (2009), Internationale Rechnungslegungsstandards IAS/IFRS. Grundlagen und Grundsätze; Bilanzierung, Bewertung und Angaben; Umstellung und Analyse, 6. Aufl., München.

Wagenhofer, Alfred (2014), Die Zukunft der internationalen Rechnungslegung. Perspektiven im geplanten neuen Rahmenkonzept des IASB, in: Der Schweizer Treuhänder, 61. Jg., Nr. 6/7, S. 539–550.

Wagenhofer, Alfred (2015), The Never Ending Story of Prudence and IFRS, abrufbar unter: http://www.ifac.org/global-knowledge-gateway/business-reporting/discussion/never-ending-story-prudence-and-ifrs (zuletzt abgerufen am 21. 9. 2020).

Wagner, John W. (1965), Defining Objectivity in Accounting, in: The Accounting Review, 40. Jg., S. 599–605.

Walter, Norbert (1982), Zur Ansatzfähigkeit immaterieller Anlagewerte in der Handels- und Steuerbilanz. Eine Untersuchung aus betriebswirtschaftlicher Sicht, Dissertation, Technische Universität Berlin.

Walton, Peter (2018), Discussion of Barker and Teixeira ([2018]. Gaps in the IFRS Conceptual Framework. Accounting in Europe, 15) and Van Mourik and Katsuo ([2018]. Profit or loss in the IASB Conceptual Framework. Accounting in Europe, 15), in: Accounting in Europe, 15. Jg., Nr. 2, S. 193–199.

Watts, Ross L. (2006), What has the Invisible Hand Achieved?, in: Accounting and Business Research, 36. Jg., Nr. S1, S. 51–61.

Weber-Grellet, Heinrich (2001), Steuern im modernen Verfassungsstaat. Funktionen, Prinzipien und Strukturen des Steuerstaats und des Steuerrechts, Köln.

Weber-Grellet, Heinrich (2013), Abschied vom subjektiven Fehlerbegriff. Anmerkung zum Beschluss vom 31.1.2013, GrS 1/10, in: DStR, 51. Jg., Nr. 15, S. 729–733.

Weber-Grellet, Heinrich (2016), Entwicklungstendenzen und Zukunftsperspektiven des Maßgeblichkeitsgrundsatzes, in: DB, 69. Jg., Nr. 22, S. 1279–1284.

Weber-Grellet, Heinrich (2021), Der Betriebs-Berater als Forum bilanzrechtlicher Entwicklungen, in: BB, 76. Jg., Nr. 24, S. 1452–1455.

Wehrheim, Michael/Fross, Ingo (2010), Erosion handelsrechtlicher GoB durch das Bilanzrechtsmodernisierungsgesetz, in: ZfB, 80. Jg., Nr. 1, S. 71–109.

Wehrum, Konstantin (2011), Ansatz und Bewertung immaterieller Wirtschaftsgüter beim Unternehmenserwerb, Münster.

Weinand, Martin/Wolz, Matthias (2010), Forschungs- und Entwicklungskosten im Mittelstand: Zur faktischen Irrelevanz eines Aktivierungswahlrechtes, in: KoR, 10. Jg., Nr. 3, S. 130–138.

Whittington, Geoffrey (2008a), Fair Value and the IASB/FASB Conceptual Framework Project. An Alternative View, in: Abacus, 44. Jg., Nr. 2, S. 139–168.

Whittington, Geoffrey (2008b), Harmonisation or discord? The critical role of IASB conceptual framework review, in: Journal of Accounting and Public Policy, 27. Jg., Nr. 6, S. 495–502.

Whittington, Geoffrey (2015), Fair value and IFRS, in: The Routledge companion to financial accounting theory, hrsg. v. S. Jones, London, u. a., S. 217–235.

Wich, Stefan (2009), Entfernungsverpflichtungen in der kapitalmarktorientierten Rechnungslegung der IFRS, Wiesbaden.

Winnefeld, Robert (2015), Bilanz-Handbuch. Handels- und Steuerbilanz, rechtsformspezifisches Bilanzrecht, bilanzielle Sonderfragen, Sonderbilanzen, IAS/IFRS-Rechnungslegung, 5. Aufl., München.

Wirecard AG (2008), Veröffentlichung nach § 37q Abs. 2 Satz 1 WpHG, in: Bundesanzeiger.

Wohlgemuth, Michael/Radde, Jens (2021): I/4, in: Handbuch des Jahresabschlusses – Bilanzrecht nach HGB, EStG, IFRS, hrsg. v. J. Schulze-Osterloh u. a., Köln.

Wojdak, Joseph F. (1970), Levels of Objectivity in the Accounting Process, in: The Accounting Review, 45. Jg., Nr. 1, S. 88–97.

Wolf, Klaus-Dieter (2006), Private actors and the legitimacy of governance beyond the state: conceptional outlines and empirical explorations, in: Governance and democracy – Comparing national, European and international experiences, hrsg. v. A. Benz/Y. Papadopoulos, London, S. 220–227.

Wolf, Sandra (2010), Bilanzierung von Zuschüssen nach HGB und IFRS, Wiesbaden.

Wulf, Inge/Sackbrock, Jürgen L. (2020): § 266 HGB, in: HGB Bilanz-Kommentar, hrsg. v. K. Bertram u. a., 11. Aufl., Freiburg im Breisgau.

Wüstemann, Jens (1996), US-GAAP: Modell für das deutsche Bilanzrecht?, in: WPg, 49. Jg., Nr. 11, S. 421–431.

Wüstemann, Jens (1999), Generally accepted accounting principles. Zur Bedeutung und Systembildung der Rechnungslegungsregeln der USA, Berlin.

Wüstemann, Jens (2002), Insitutionenökonomik und internationale Rechnungslegungsordnungen, Tübingen.

Wüstemann, Jens/Bischof, Jannis/Kierzek, Sonja: International Financial Reporting Standards: Zur Bedeutung und Systembildung der internationalen Rechnungslegungsregeln, in: Handbuch des Jahresabschlusses – Bilanzrecht nach HGB, EStG, IFRS, hrsg. v. J. Schulze-Osterloh u. a., Köln.

Wüstemann, Jens/Bischof, Jannis/Wüstemann, Sonja (2012), The Economics of Private Law, in: Privates Recht, hrsg. v. C. Bumke/A. Röthel, Tübingen, S. 157–186.

Wüstemann, Jens/Kierzek, Sonja (2005), Ertragsvereinnahmung im neuen Referenzrahmen von IASB und FASB – internationaler Abschied vom Realisationsprinzip?, in: BB, 60. Jg., Nr. 8, S. 427–434.

Wüstemann, Jens/Kierzek, Sonja (2006), True and Fair View Revisited – A Reply to Alexander and Nobes, in: Accounting in Europe, 3. Jg., Nr. 1, S. 91–116.

Wüstemann, Jens/Kierzek, Sonja (2007), Transnational legalization of accounting: the case of international financial reporting standards, in: Law and legalization in transnational relations, hrsg. v. C. Brütsch/D. Lehmkuhl, London, S. 33–57.

Wüstemann, Jens/Neumann, Simone (2011), Vermögenswert, in: Lexikon des Rechnungswesens – Handbuch der Bilanzierung und Prüfung, der Erlös-, Finanz-, Investitions- und Kostenrechnung, hrsg. v. W. Busse von Colbe u. a., 5. Aufl., München, S. 817–821.

Wüstemann, Jens/Wüstemann, Sonja (2010a), Das System der Grundsätze ordnungsmäßiger Buchführung nach dem Bilanzrechtsmodernisierungsgesetz, in: Besteuerung, Rechnungslegung und Prüfung der Unternehmen – Festschrift für Professor Dr. Norbert Krawitz, hrsg. v. H. Baumhoff u. a., Wiesbaden, S. 751–780.

Wüstemann, Jens/Wüstemann, Sonja (2010b), Why Consistency of Accounting Standards Matters: A Contribution to the Rules-Versus-Principles Debate in Financial Reporting, in: Abacus, 46. Jg., Nr. 1, S. 1–27.

Wüstemann, Jens/Wüstemann, Sonja (2012a), Maßgeblichkeit der handelsbilanziellen wirtschaftlichen Zurechnung für die Steuerbilanz, in: BB, 67. Jg., Nr. 50, S. 3127–3128.

Wüstemann, Jens/Wüstemann, Sonja (2012b), The Asset/Liability Theory – A Contribution to the Revived Debate on Normative Accounting Theory, Working Paper, Universität Mannheim.

Wüstemann, Jens/Wüstemann, Sonja (2013), Substance and Form. An Interdisciplinary Inquiry, Working Paper, Universität Mannheim.

Wüstemann, Jens/Wüstemann, Sonja (2014), Grundsätze für die Erfassung von Umsatzerlösen aus Verträgen mit Kunden – IFRS 15 "Revenue from Contracts with Customers", in: WPg, 67. Jg., Nr. 18, S. 929–937.

Wüstemann, Jens/Wüstemann, Sonja/Jendreck, Annekatrin (2017): IFRS 15, in: Rechnungslegung nach IFRS – Kommentar auf der Grundlage des deutschen Bilanzrechts, hrsg. v. J. Baetge u. a., Stuttgart.

Wüstemann, Jens/Wüstemann, Sonja/Müller, Jana (2019): IV/1, in: Handbuch des Jahresabschlusses – Bilanzrecht nach HGB, EStG, IFRS, hrsg. v. J. Schulze-Osterloh u. a., Köln.

Wüstemann, Sonja (2013), Does Faithful Representation Mean Reliability?, Working Paper, Goethe-Universität Frankfurt am Main.

Zeff, Stephen A. (2013), The objectives of financial reporting. A historical survey and analysis, in: Accounting and Business Research, 43. Jg., Nr. 4, S. 262–327.

Zehetmair, Katrin (2013), Perspektiven der steuerlichen Gewinnermittlung nach BilMoG im Spannungsfeld der Internationalisierung der Rechnungslegung, Hamburg.

Zhang, Ivy X./Zhang, Yong (2017), Accounting Discretion and Purchase Price Allocation After Acquisitions, in: Journal of Accounting, Auditing & Finance, 32. Jg., Nr. 2, S. 241–270.

Zhang, Yugian/Zoysa, Anura de/Cortese, Corinne (2019), Uncertainty Expressions in Accounting: Critical Issues and Recommendations, in: Australasian Accounting, Business and Finance Journal, 13. Jg., Nr. 4, S. 4–22.

Zitzelsberger, Siegfried (1998), Überlegungen zur Einrichtung eines nationalen Rechnungslegungsgremiums in Deutschland, in: WPg, 51. Jg., Nr. 7, S. 246–259.

Zwirner, Christian (2014), Neue Rechnungslegungsvorschriften ab 2016. EU-Rechnungslegungsrichtlinie: Zusammenfassung und Überarbeitung der Bilanz- und Konzernbilanzrichtlinie, in: DStR, 52. Jg., Nr. 9, S. 439–445.

Zwirner, Christian/Künkerle, Kai P. (2009), Die Bedeutung der Neuregelungen des BilMoG im Kontext der zunehmenden Anwendung der IFRS: Annäherung statt Übernahme, in: KoR, 9. Jg., Nr. 11, S. 639–648.

Zwirner, Christian/Zieglmaier, Hannes/Heyd, Steffen (2019), Bilanzierung und Besteuerung digitaler Leistungen. Ausgewählte handelsrechtliche, steuerbilanzielle und (umsatz-)steuerliche Aspekte, in: StuB, 21. Jg., Nr. 9, S. 1–20.

Verzeichnis zitierter Rechtsprechung

Urteil, BFH vom 19.7.1955, I 149/54 S, in: BStBl. III 1955, S. 266 f.

Urteil, BFH vom 21.10.1955, III 121/55 U, in: BStBl. II 1955, S. 343 f.

Urteil, BFH vom 13.3.1956, I 209/55 U, in: BStBl. II 1956, S. 149 f.

Urteil, BFH vom 13.8.1957, I 46/57U, in: BStBl. III 1957, 350 f.

Urteil, BFH vom 9.7.1958, I 207/57 U, in: BStBl. III 1958, S. 416 f.

Urteil, BFH vom 14.1.1960, IV 103/58U, in: BStBl. III 1960, S. 137–139.

Urteil, BFH vom 29.4.1965, IV 403/62 U, in: BStBl. III 1965, S. 414–416.

Urteil, BFH vom 12.5.1966, IV 472/60, in: BStBl. III 1966, S. 371–374.

Urteil, BFH vom 31.5.1967, I 208/63, in: BStBl. III 1967, S. 607–609.

Urteil, BFH vom 4.4.1968, IV 210/61, in: BStBl. II 1968, S. 411–413.

Urteil, BFH vom 20.8.1968, I R 151/82, in: BFH/NV 1987, 468 f.
Beschluss, BFH vom 3.2.1969, Gr. S. 2/68, in: BStBl. II 1969, S. 291–294.
Beschluss, BFH vom 2.3.1970, Gr. S. 1/69, in: BStBl. II 1970, S. 382 f.
Urteil, BFH vom 6.3.1970, III R 20/66, in: BStBl. II 1970, S. 489–492.
Urteil, BFH vom 5.8.1970, I R 180/66, in: BStBl. II 1970, S. 804–806.
Urteil, BFH vom 16.9.1970, I R 196/67, in: BStBl. II 1971, S. 175 f.
Urteil, BFH vom 30.6.1972, III R 23/71, in: BStBl. II 1972, S. 752–754.
Urteil, BFH vom 14.2.1973, I R 89/71, in: BStBl. II 1973, S. 580.
Urteil, BFH vom 29.11.1973, IV R 181/71, in: BStBl. II, 1974, S. 202–205.
Urteil, BFH vom 30.5.1974, III R 75/73, in: BStBl. II 1974, S. 654–656.
Urteil, BFH vom 26.2.1975, I R 72/73, in: BStBl. II 1976, S. 13–16.
Urteil, BFH vom 18.6.1975, I R 24/73, in: BStBl. II 1975, S. 809–811.
Urteil, BFH vom 20.10.1976, I R 112/75, in: BStBl. II 1977, S. 278 f.
Urteil, BFH vom 26.1.1978, V R 137/75, in: BStBl. II 1978, S. 280–283.
Urteil, BFH vom 6.12.1978, I R 35/78, in: BStBl. II 1979, S. 262 f.
Urteil, BFH vom 14.3.1979, I R 37/75, in: BStBl. II 1979, S. 470–473.
Urteil, BFH vom 8.11.1979, IV R 145/77, in: BStBl. II 1980, S. 146 f.
Urteil, BFH vom 26.2.1980, VIII R 80/77, in: BStBl. II 1980, S. 687 f.
Urteil, BFH vom 25.11.1981, I R 54/77, in: BStBl. II 1982, S. 189–192.
Urteil, BFH vom 29.7.1982, IV R 49/78, in: BStBl. II 1982, S. 650–652.
Urteil, BFH vom 25.5.1984, III R 30/79, in: BStBl. II 1984, S. 616 f.
Urteil, BFH vom 30.5.1984, I R 146/81, in: BStBl. II 1984, S. 825–827.
Urteil, BFH vom 13.12.1984, VIII R 249/80, in: BStBl. II 1985, S. 289–291.
Urteil, BFH vom 24.4.1985, I R 65/80, in: BStBl. II 1986, S. 324–327.
Urteil, BFH vom 7.11.1985, IV R 7/83, in: BStBl. II 1986, S. 176–178.
Urteil, BFH vom 9.7.1986, I R 218/82, in: BStBl. II 1987, S. 14–16.
Urteil, BFH vom 3.7.1987, III R 7/86, in: BStBl. II 1987, S. 728–732.
Urteil, BFH vom 28.10.1987, II R 224/82, in: BStBl. II 1988, S. 50–53.
Urteil, BFH vom 1.2.1989, VIII R 361/83, in: BFH/NV 1989, S. 778 f.
Urteil, BFH vom 22.3.1989, II R 15/86, in: BStBl. II 1989, S. 644–646.
Urteil, BFH vom 26.7.1989, I R 49/85, in: BFH/NV 1990, S. 442–444.
Urteil, BFH vom 10.8.1989, X R 176–177/87, in: BStBl. II 1990, S. 15–17.
Beschluss, BFH vom 16.2.1990, III B 90/88, in: BStBl. II 1990, S. 794 f.
Urteil, BFH vom 28.3.1990, II R 30/89, in: BStBl. II 1990, S. 569 f.
Urteil, BFH vom 4.12.1991, I R 148/90, in: BStBl. II 1992, S. 383–385.
Urteil, BFH vom 22.1.1992, I R 43/91, in: BStBl. II 1992, S. 529–531.
Urteil, BFH vom 26.8.1992, I R 24/91, in: BStBl. II 1992, S. 977–981.
Urteil, BFH vom 10.12.1992, XI R 45/88, in: BStBl. II 1993, S. 538–543.
Urteil, BFH vom 26.4.1995, I R 92/94, in: BStBl. II 1995, S. 594–598.
Urteil, BFH vom 27.11.1996, X R 92/92, in: BStBl. II 1998, S. 97–100.
Urteil, BFH vom 18.12.1996, I R 128–129/95, in: BStBl. II 1997, S. 546–548.
Urteil, BFH vom 27.11.1997, IV R 95/96, in: BStBl. II 1998, S. 375–377.
Urteil, BFH vom 17.2.1998, VIII R 28/95, in: BStBl. II 1998, S. 505–509.
Urteil, BFH vom 28.5.1998, IV R 48/97, in: BStBl. II 1998, S. 775–777.
Beschluss, BFH vom 7.8.2000, GrS 2/99, in: BStBl. II 2000, S. 632–638.
Urteil, BFH vom 30.1.2002, I R 68/00, in: BStBl. II 2002, S. 688–690.

Urteil, BFH vom 20.3.2003, IV R 27/01, in: BStBl. II 2003, S. 878–881.
Urteil, BFH vom 24.6.2004, III R 50/01, in: BStBl. II 2005, S. 80–82.
Urteil, BFH vom 15.9.2004, I R 5/04, in: BStBl. II 2009, S. 100–106.
Urteil, BFH vom 19.10.2006, III R 6/05, in: BStBl. II 2007, S. 301–304.
Urteil, BFH vom 22.8.2007, X R 2/04, in: BStBl. II 2008, S. 109–113.
Urteil, BFH vom 5.6.2008, IV R 67/05, in: BStBl. II 2008, S. 960–965.
Urteil, BFH vom 16.10.2008, IV R 1/06, in: BStBl. II 2010, S. 28–31.
Urteil, BFH vom 29.4.2009, IX R 33/08, in: BStBl. II 2010, S. 958–961.
Urteil, BFH vom 26.11.2009, III R 40/07, in: BStBl. II 2010, S. 609–611.
Urteil, BFH vom 17.3.2010, IV R 3/08, in: BStBl. II 2014, S. 512 f.
Urteil, BFH vom 25.8.2010, I R 103/09, in: BStBl. II 2011, S. 215–218.
Urteil, BFH vom 30.9.2010, IV R 28/08, in: BStBl. II 2011, S. 406–409.
Urteil, BFH vom 21.10.2010, IV R 23/08, in: BStBl. II 2011, S. 277–281.
Beschluss, BFH vom 8.4.2011, VIII B 116/10, in: DB, 64. Jg., Nr. 22, S. 1255 f.
Urteil, BFH vom 14.4.2011, IV R 46/09, in: BStBl. II 2011, S. 696–701.
Urteil, BFH vom 18.5.2011, X R 26/09, in: BStBl. II 2011, S. 865–868.
Urteil, BFH vom 9.8.2011, VIII R 13/08, in: BStBl. II 2011, S. 875–878.
Beschluss, BFH vom 5.10.2011, I R 94/10, in: BStBl. II 2012, S. 244–246.
Urteil, BFH vom 14.12.2011, I R 108/10, in: BStBl. II 2012, S. 238–243.
Urteil, BFH vom 29.8.2012, XI R 1/11, in: BStBl. II 2013, S. 301–303.
Beschluss, BFH vom 31.1.2013, GrS 1/10, in: BStBl. II 2013, S. 317–324.
Urteil, BFH vom 26.11.2014, X R 20/12, in: BStBl. II 2015, S. 325–329.
Urteil, BFH vom 16.12.2014, VIII R 45/12, in: BStBl. II 2015, S. 759–763.
Urteil, BFH vom 21.2.2017, VIII R 7/14, in: BStBl. II 2017, S. 689–694.
Urteil, BFH vom 21.2.2017, VIII R 56/14, in: BStBl. II 2017, S. 694–698.
Urteil, BFH vom 6.12.2017, VI R 65/15, in: BStBl. II 2018, S. 353–355.
Urteil, BFH vom 26.4.2018, III R 5/16, in: BStBl. II 2018, S. 536–539.
Urteil, BFH vom 6.9.2018, IV R 26/16, in: DStRE 2018, S. 1473–1478.
Urteil, BFH vom 12.3.2020, IV R 9/17, in: BStBl. II 2021, S. 226.
Beschluss, BGH vom 4.10.1982, GSZ 1/82, in: NJW, 36. Jg., Nr. 5, S. 228–230.
Urteil, BGH vom 25.3.1983, V ZR 268/81, in: BB, 38. Jg., Nr. 21, S. 1308.
Beschluss, BGH vom 4.5.1994, XII ARZ 36/93, in: NJW, 47. Jg., Nr. 45, S. 2956 f.
Urteil, BGH vom 6.11.1995, II ZR 164/94, in: NJW, 49. Jg., Nr. 7, S. 458–461.
Urteil, BGH vom 5.7.2005, VII ZB 5/05, in: NJW, 58. Jg., Nr. 46, S. 3353 f.
Urteil, BSG vom 10.5.2000, B 6 KA 67/88 R, in: NJW, 54. Jg., Nr. 38, S. 2823 f.
Urteil, EuGH vom 30.6.1966, C-61/65, in: Slg. 1966, S. 586–609.
Urteil, EuGH vom 18.10.1990, C-297/88 und C-197/89, in: Slg. I 1990, S. 3763–3802.
Urteil, EuGH vom 16.7.1993, C-67/91, in: Slg. I, S. 4788–4838.
Urteil, EuGH vom 27.6.1996, Rs. C-234/94, in: Slg. I 1996, S. 3133–3157.
Urteil, EuGH vom 7.1.2003, C-306/99, in: Slg. I 2003, S. 1–77.
Urteil, EuGH vom 23.4.2020, Rs. C-640/18, in: BeckRS 2019, 29222.
Urteil, FG Baden-Württemberg vom 3.5.2017, 4 K 173/14, in: BB, 72. Jg., Nr. 41, S. 2416–2419.
Urteil, FG Düsseldorf vom 20.2.2003, 15 K 7704/00 F, in: EFG 2003, S. 1291 f.
Urteil, FG Hamburg vom 28.11.2003, III 1/01, in: BB, 59. Jg., Nr. 22, S. 1220.
Urteil, FG München vom 10.6.2010, 8 K 460/10, in: EFG 2011, S. 47 f.

Urteil, FG Münster vom 1.2.2008, 9 K 2367/03, in: EFG, 2008, S. 1449–1452.
Urteil, FG Nürnberg vom 23.9.2014, 1 K 1894/12, in: EFG, 2015, S. 361–365.
Beschluss, OLG Frankfurt a. M. vom 22.1.2009, WpÜG 1, 3/08, in: BeckRS 2009, S. 5509.
Beschluss, OLG Frankfurt a. M. vom 7.1.2016, WpÜG 2/15, in: BeckRS 2016, S. 8792.
Beschluss, OLG Frankfurt a. M. vom 4.2.2019, WpÜG 3/16, WpÜG 4/16, in: BeckRS 2019, S. 6427.
Urteil, RFH vom 27.10.1931, VI A 2002/29, in: RFHE, 30. Jg. 1931, S. 142–148.

Verzeichnis zitierter amtlicher Drucksachen

Drucksache des Deutschen Bundestags (BT-DrS) 10/4268 vom 18.11.1985: Beschlußempfehlung und Bericht zum Entwurf eines Gesetzes zur Durchführung der Vierten Richtlinie des Rates der Europäischen Gemeinschaften zur Koordination des Gesellschaftsrechts (Bilanzrichtlinie-Gesetz) und zum Entwurf eines Gesetzes zur Durchführung der Siebten und Achten Richtlinie des Rates der Europäischen Gemeinschaften zur Koordinierung des Gesellschaftsrechts.

Drucksache des Deutschen Bundestags (BT-DrS) 13/10038 vom 4.3.1998: Beschlußempfehlung und Bericht zum Entwurf eines Gesetzes zur Kontrolle und Transparenz im Unternehmensbereich (KonTraG), zum Entwurf eines Gesetzes zur Verbesserung von Transparenz und Beschränkung von Machtkonzentration in der deutschen Wirtschaft (Transparenz- und Wettbewerbsgesetz), zum Entwurf eines Gesetzes zur Steigerung der Effizienz von Aufsichtsräten und zur Begrenzung der Machtkonzentration bei Kreditinstituten infolge von Unternehmensbeteiligungen, zum Antrag zur Begrenzung der Bankenmacht und Verbesserung der Unternehmenskontrolle – Voraussetzung für mehr Transparenz und Innvoation.

Drucksache des Deutschen Bundestags (BT-DrS) 15/3421 vom 24.6.2004: Entwurf eines Gesetzes zur Kontrolle von Unternehmensabschlüssen (Bilanzkontrollgesetz – BilKoG).

Drucksache des Bundesrats (BR-DrS) 344/08 vom 23.5.2008: Entwurf eines Gesetzes zur Modernisierung des Bilanzrechts (Bilanzrechtsmodernisierungsgesetz – BilMoG).

Drucksache des Deutschen Bundestags (BT-DrS) 16/10067 vom 30.7.2008: Entwurf eines Gesetzes zur Modernisierung des Bilanzrechts (Bilanzrechtsmodernisierungsgesetz – BilMoG).

Drucksache des Deutschen Bundestags (BT-DrS) 16/12407 vom 24.3.2009: Beschlußempfehlung und Bericht zum Entwurf eines Gesetzes zur Modernisierung des Bilanzrechts (Bilanzrechtsmodernisierungsgesetz – BilMoG).

Drucksache des Bundesrats (BR-DrS) 23/15 vom 23.1.2015: Entwurf eines Gesetzes zur Umsetzung der Richtlinie 2013/34/EU des Europäischen Parlaments und des Rates vom 26. Juni 2013 über den Jahresabschluss, den konsolidierten Abschluss und damit verbundene Berichte von Unternehmen bestimmter Rechtsformen und zur Änderung der Richtlinie 2006/43/EG des Europäischen Parlaments und des Rates und zur Aufhebung der Richtlinie 78/660/EWG und 83/349/EWG des Rates (Bilanzrichtlinien-Umsetzungsgesetz – BilRuG).

Richtlinie 2013/34/EU des Europäischen Parlaments und des Rates vom 26.6.2013 über den Jahresabschluss, den konsolidierten Abschluss und damit verbundene Berichte von

Unternehmen bestimmter Rechtsformen und zur Änderung der Richtlinie 2006/43/EG des Europäischen Parlaments und des Rates und zur Aufhebung der Richtlinien 78/660/EWG und 83/349/EWG des Rates, in: ABl. Nr. L 182 vom 29.6.2013, S. 19–76 (zitiert als: EU-Bilanzrichtlinie).

Verordnung (EG) Nr. 1606/2002 des Europäischen Parlaments und des Rates vom 19. Juli 2002 betreffend die Anwendung internationaler Rechnungslegungsstandards, in: Amtsblatt der Europäischen Gemeinschaften Nr. L 243/1 vom 11.09.2002 (zitiert als: IAS-Verordnung).

Verordnung (EU) Nr. 2016/679 des Europäischen Parlaments und des Rates vom 27. April 2016 zum Schutz natürlicher Personen bei der Verarbeitung personenbezogener Daten, zum freien Datenverkehr und zur Aufhebung der Richtlinie 95/46/EG (Datenschutz-Grundverordnung), in: Amtsblatt der Europäischen Union Nr. L 119/1 vom 4.5.2016 (zitiert als: DSGVO).

Verzeichnis zitierter Gesetze

Einkommensteuergesetz (EStG) in der Fassung der Bekanntmachung vom 8.10.2009 (BGBl. I S. 3366, ber. S. 3862); zuletzt geändert durch Gesetz vom 11.2.2021 (BGBl. I S. 154).

Gaststättengesetz (GastG) in der Fassung der Bekanntmachung vom 20.11.1998 (BGBl. I S. 3418); zuletzt geändert durch Gesetz vom 10.3.2017 (BGBl. I S. 420).

Gesetz über die Bundesanstalt für Finanzdienstleistungsaufsicht (Finanzdienstleistungsaufsichtsgesetz – FinDAG) in der Fassung vom 22.4.2002 (BGBl. I S. 1310); zuletzt geändert durch Gesetz vom 3.6.2021 (BGBl. I S. 1568).

Gesetz zur Stärkung der Finanzmarktintegrität (Finanzmarktintegritätsstärkungsgesetz – FISG) in der Fassung vom 3.6.2021 (BGBl. I S. 1534).

Gesetz über die Rechnungslegung von bestimmten Unternehmen und Konzernen (Publizitätsgesetz – PublG) in der Fassung der Bekanntmachung vom 15.8.1969 (BGBl. I S. 1189); zuletzt geändert durch Gesetz vom 20.12.2020 (BGBl. I S. 3256).

Gesetz zur Wahrung der Einheitlichkeit der Rechtsprechung der obersten Gerichtshöfe des Bundes (RsprEinhG) in der Fassung vom 19.6.1968 (BGBl. I S. 661), zuletzt geändert durch Verordnung vom 31.8.2015 (BGBl. I S. 1474).

Grundgesetz für die Bundesrepublik Deutschland (GG) in der Fassung der Bekanntmachung vom 23.5.1949 (BGBl. III, Gliederungsnummer 100–1), zuletzt geändert durch Gesetz vom 29.9.2020 (BGBl. I S. 2048).

Handelsgesetzbuch (HGB) in der Fassung der Bekanntmachung vom 10.5.1897 (RGBl. S. 219); zuletzt geändert durch Gesetz vom 22.12.2020 (BGBl. I S. 3256).

IAS 1 Darstellung des Abschlusses, in: Verordnung (EG) Nr. 1274/2008 vom 17.12.2008 (ABl. EU Nr. L 339 S. 3, 5); zuletzt geändert durch Verordnung (EU) 2019/2104 vom 29.11.2019 (ABl. L Nr. 318 S. 74).

IAS 8 Rechnungslegungsmethoden, Änderungen von rechnungslegungsbezogenen Schätzungen und Fehler, in: Verordnung (EG) Nr. 1126/2008 vom 3. 11. 2008 (ABl. EU Nr. L 320 S. 1, 34); zuletzt geändert durch Verordnung (EU) 2019/2104 vom 29.11.2019 (ABl. L Nr. 318 S. 74).

IAS 20 Bilanzierung und Darstellung von Zuwendungen der öffentlichen Hand, in: Verordnung (EG) Nr. 1126/2008 vom 3.11.2008 (ABl. EU Nr. L 320 S. 1, 130); zuletzt geändert durch Verordnung (EU) 2016/2067 vom 22.11.2016 (ABl. EU Nr. L 323 S. 1)

IAS 37 Rückstellungen, Eventualverbindlichkeiten und Eventualforderungen, in Verordnung (EG) Nr. 1126/2008 vom 3. 11. 2008 (ABl. EU Nr. L 320 S. 1, 241); zuletzt geändert durch Verordnung (EU) 2019/2104 vom 29.11.2019 (ABl. L Nr. 318 S. 74).

IAS 38 (2004) Immaterielle Vermögenswerte a. F., in: Verordnung (EG) Nr. 1725/2003 vom. 29.11.2003 (ABl. EU Nr. L 261, S. 1, 336); geändert durch Verordnung (EG) Nr. 2236/2004 vom 29.12.2004 (ABl. EU L 392, S.1, 120).

IAS 38 Immaterielle Vermögenswerte, in: Verordnung (EG) Nr. 1126/2008 vom 3.11.2008 (ABl. EU Nr. L 320 S. 1); zuletzt geändert durch Verordnung (EU) 2019/2075 vom 29.11.2019 (ABl. L Nr. 316 S. 10).

IFRS 3 Unternehmenszusammenschlüsse, in: Verordnung 1126/2008 vom 3.11.2008 (ABl. EU Nr. L 320, S. 1) i. V. mit Verordnung (EG) Nr. 495/2008 vom 3.6.2009 (ABl. EU Nr. L 149, S. 22); zuletzt geändert durch Verordnung (EU) 2020/551 vom 21.4.2020 (ABl. EU Nr. L 127 S. 13).

IFRS 15 Erlöse aus Verträgen mit Kunden, in: Verordnung (EU) Nr. 2016/1905 vom 22. 9. 2016 (ABl. EU Nr. L 295 S. 19); zuletzt geändert durch Verordnung (EU) 2017/1987 vom 31.10.2017 (ABl. EU Nr. L 291 S. 63).

IFRS 16 Leasingverhältnisse, in: Verordnung (EU) Nr. 2017/1986 vom 31.10.2017 (ABl. EU Nr. L 291, S. 1), zuletzt geändert durch Verordnung (EU) 2021/15 vom 13.1.2021 (ABl. EU Nr. L 11 S. 7).

SIC-32 Immaterielle Vermögenswerte – Kosten von Internetseiten, in: Verordnung (EG) Nr. 1126/2008 vom 3.11.2008 (ABl. Nr. L 320 S. 479).

Vertrag über die Arbeitsweise der Europäischen Union (AEUV) in der Fassung des am 1.12.2009 in Kraft getretenen Vertrags von Lissabon (Konsolidierte Fassung bekanntgemacht im ABl. EG (?) Nr. C 115, S. 47; zuletzt geändert durch die Akte über die Bedingungen des Beitritts der Republik Kroatien und der Anpassung des Vertrags über die Europäische Union, des Vertrags über die Arbeitsweise er Europäischen Union und des Vertrags zur Gründung der Europäischen Atomgemeinschaft (ABl. EU L 112, S. 21).

Wertpapierhandelsgesetz (WpHG) in der Fassung der Bekanntmachung vom 9.9.1998 (BGBl. I S. 2708); zuletzt geändert durch Gesetz vom 9.12.2020 (BGBl. I S. 2773).

The manufacturer's authorised representative in the EU is Springer
Nature Customer Service Centre GmbH, Europaplatz 3, 69115 Heidelberg,
Germany. If you have any concerns regarding our products, please
contact ProductSafety@springernature.com

Printed and bound by CPI Group (UK) Ltd, Croydon, CR0 4YY
24/04/2026
02096341-0005